MINISTÈRE
DE LA CULTURE
Liberté
Égalité
Fraternité

ISBN : 978-2-7177-2886-6

VISAGES DE L'EXPLORATION AU XIXe SIÈCLE

Cet ouvrage est publié à l'occasion de l'exposition « Visages de l'exploration au XIXe siècle. Du mythe à l'histoire », présentée par la Bibliothèque nationale de France sur le site François-Mitterrand, Petite Galerie, du 10 mai au 21 août 2022.

Cette exposition a été réalisée en partenariat avec la Société de géographie.

Société de Géographie

Exposition

Commissariat
Hélène Blais (École normale supérieure-PSL)
Olivier Loiseaux (BnF)

Production
Service des expositions de la BnF,
sous la direction de Clémence Maillard

Cheffes de projet
Aurélie Brun, avec Elsa Rigaux
Assistance : David Pujos puis Justine Delnegro

Régie des œuvres
Vincent Desjardins puis Alice Cousin

Lumière et régie technique
Lucie Balavoine-Coutel, avec Nicolas Ulliac
Charly Thicot
Anderson Vital-Tavares
Damien Lebrun, Vincent Moreau

Restauration, préparation et encadrement des documents
Atelier de Restauration des documents graphiques et maquettes
Atelier de préparation des expositions internes
Atelier d'encadrement du département des Estampes et de la photographie, avec l'atelier Pinçon

Scénographie
Véronique Dollfus

Graphisme
Atelier JBL

Aménagement
GAMA

Travaux graphiques
MÉDICIS

Éclairage
Sarah Scouarnec

Prêteurs
Archives nationales d'outre-mer
Bibliothèque L'Heure joyeuse
École nationale des Beaux-Arts de Paris
Médiathèque Jean-Jaurès de Nevers
Musée de l'Armée
Musée national des Arts asiatiques – Guimet
Muséum national d'Histoire naturelle
Musée du Louvre
Musée du quai Branly – Jacques Chirac
Société de géographie

Remerciements

Les commissaires d'exposition tiennent à remercier :

à la BnF,
Laurence Engel, présidente,
Marie de Laubier, directrice des Collections ,
Jeanne Brun, directrice du Développement culturel et du Musée,
Claire Nénert, directrice du département du Musée, des expositions et des manifestations ;
au département des Cartes et plans,
Eve Netchine, Julie Garel-Grislin, Sébastien Rat et Maël Philippot ;
au département des Estampes et de la photographie,
Sylvie Aubenas et Marie-Claude Thompson ;
au département Littérature et arts,
Jean-Marie Compte et Ségolène Blettner ;
au département des Manuscrits,
Isabelle Le Masne de Chermont et Guillaume Fau ;
au département des Monnaies, médailles et antiques,
Frédérique Duyrat et Mathilde Avisseau-Broustet ;
au département Philosophie, histoire, sciences de l'homme, Fabien Plazannet et Florence Köll ;
au département Images et prestations numériques,
Sébastien Petratos et Claude da Costa ;

à la Société de géographie,
Jean-Robert Pitte, Jacques Gonzales,
François Bellec, Sylvie Rivet ;

aux Archives nationales d'outre-mer,
Isabelle Dion ;

à la bibliothèque de l'École nationale des Beaux-Arts de Paris,
Marc Petit, Christine Delaunoy-Perraut ;

à la bibliothèque L'Heure joyeuse,
Hélène Valloteau, Viviane Ezratty ;

à la médiathèque Jean-Jaurès de Nevers,
Isabelle Bayet-Blaessinger, Jean-François Lefébure ;

au musée de l'Armée,
Général Henri de Medlège, Ariane James-Sarazin,
Colonel Christophe Bertrand, Émilie Robbe,
Antoine Tromski, Émilie Prud'hom ;

au musée national des Arts asiatiques - Guimet,
Sophie Makariou, Pierre Baptiste,
Laurence Berlandier, Adil Boulghallat ;

au Muséum national d'Histoire naturelle,
Gildas Illien, Joëlle Garcia, Serge Bahuchet,
Véronique Laborde, Michèle Kergus,
Véronique Van de Ponseele ;

au musée du Louvre,
Laurence des Cars, Jean-Luc Martinez,
Jannic Durand, Laurent Creuzet, Yves Baury ;

au musée du quai Branly - Jacques Chirac,
Emmanuel Kasarhérou, Christine Barthe,
Daria Cevoli, Hélène Joubert, Sarah Puech ;

Jérôme Hayaux du Tilly ;

pour leurs conseils précieux,
Marie-Noëlle Bourguet Seckel, Felix Driver,
Patrick Guérin, Camille Lefebvre.

VISAGES DE L'EXPLORATION AU XIXe SIÈCLE

Du mythe à l'histoire

Sous la direction
d'Hélène Blais et Olivier Loiseaux

Bibliothèque nationale de France

60
45
30
15
0
30
15
0
15
30

Annexes

Globe terrestre, 1834 [EXP. 54]
Félix Delamarche (cartographie),
A. Pelicier (gravure)

Préface

Laurence Engel
présidente de la Bibliothèque nationale de France

Il y a deux cents ans était créée à Paris une nouvelle institution savante, la Société de géographie, se donnant pour but d'encourager l'exploration du monde. La connaissance des lointains est pour les Européens du XIXe siècle un horizon d'attente aux enjeux multiples: il s'agit de faire avancer les sciences géographiques, de nourrir des savoirs naissants comme l'anthropologie, mais également d'évaluer les richesses exploitables, à l'heure où les nations européennes étendent leurs empires coloniaux.

Initiant des voyages, guidant des explorateurs et les distinguant par des prix, la Société de géographie est le lieu d'une abondante documentation autour de ce mouvement. Les cartes et croquis des voyageurs, carnets de notes et relevés divers, récits de voyage et collections photographiques, conservés en dépôt à la Bibliothèque nationale de France, constituent un fonds exceptionnel, dont de nombreuses pièces sont pour la première fois exposées.

Cette exposition entend donner à voir une autre histoire que celle longtemps véhiculée par une imagerie héroïque et héroïsée de l'exploration. Les figures mythiques des explorateurs, qui ont nourri et nourrissent encore aujourd'hui la littérature d'aventure, le cinéma bien sûr, et le désir d'ailleurs, sont replacées dans leur contexte et confrontées à d'autres regards. L'exposition est également l'occasion d'incarner des parcours trop longtemps passés sous silence ou restés invisibles, ceux de femmes exploratrices, d'intermédiaires ou d'explorateurs non européens, qui jouèrent un rôle crucial. Si quelques-uns furent médaillés par la Société de géographie, beaucoup demeurèrent sans nom dans les récits de voyage, et difficiles à identifier sur les photographies. Ils sont pourtant bien là, dès lors que l'on commence à les chercher dans les archives, même si les traces écrites, visuelles ou sonores sont ténues.

L'exploration fut bien sûr une aventure savante. L'exposition en montre les contours et les regards, articulés autour d'une immense richesse de disciplines et de formes d'expertises et de savoirs. Elle fut aussi une forme d'appropriation du monde. Appropriation matérielle d'abord, palpable à travers quantité d'objets rapportés des lointains. Appropriation politique, ensuite. Le lien entre exploration et colonisation, sans être systématique, fut omniprésent. En dressant la carte du monde, les explorateurs ont ouvert des perspectives à son exploitation.

Comprendre nos manières d'appréhender le monde aujourd'hui passe par un retour nécessaire sur ce moment de l'histoire européenne, et par la mise en perspective de la curiosité savante et des « découvertes ». À l'heure où toutes les grandes institutions culturelles dans le monde s'interrogent sur l'origine de leurs collections, sur leur mise en contexte et les modalités de leur exposition aux différents publics, il était essentiel que la BnF célèbre le bicentenaire de la Société de géographie en donnant à voir les multiples facettes et tous les visages de l'exploration au XIXe siècle. En collaboration étroite avec nos partenaires, notamment le musée du quai Branly - Jacques Chirac, le Muséum national d'Histoire naturelle, les Archives nationales d'outre-mer et le musée national des Arts asiatiques - Guimet, nous contribuons aujourd'hui à l'écriture d'une nouvelle page de cette histoire qui reste encore à découvrir.

« Cte Savorgnan de Brazza », 1886 [EXP. 1]
Nadar (Paris)

L'exploration : mythes et réalités

Hélène Blais et Olivier Loiseaux

« Ils sont heureux, les explorateurs auxquels surviennent des aventures extraordinaires, qui ont à vaincre les éléments, à lutter contre d'inextricables périls. Moi, je vais tristement dans la lumière crue et blanche du soleil équatorial, n'ayant plus la curiosité des premiers voyages où l'étrangeté des formes des végétaux géants me ravissait[1]. »

Le désenchantement d'Octavie Coudreau, parcourant en 1900 le bassin de l'Amazone sur les traces de son mari décédé l'année précédente au cours d'une expédition, relève autant du drame intime que d'un mythe collectif : désolée par la perte de son époux, l'exploratrice exprime aussi une difficulté à trouver sa place au sein du grand récit de l'exploration qui s'est construit tout au long du XIXe siècle. Une histoire glorieuse, menée par une cohorte d'aventuriers portés au rang de véritables surhommes : Alexander von Humboldt, René Caillié, David Livingstone, Désiré Charnay, Auguste Pavie, Percy Fawcett... À l'aube du XXe siècle, la liste est longue de tous ces hommes occidentaux qui semblent avoir bravé tous les périls pour découvrir le monde et l'offrir en partage.

La fabrique des héros

Au cours du XIXe siècle, voyages et explorations connaissent un essor sans précédent. À la suite des tours du monde à la voile de James Cook (1768-1771 ; 1772-1775 ; 1776-1779), Louis-Antoine de Bougainville (1766-1769) et Jean-François de Lapérouse (1785-1788), qui répondent à l'esprit de curiosité des Lumières, après l'expédition d'Égypte

1 Coudreau, 1901, p. 53.

entreprise par Napoléon et faisant avancer de concert l'armée et les savants (1798-1801), l'exploration du monde devient le symbole de la puissance et de la modernité européennes. Alexander von Humboldt et Aimé Bonpland sur le sommet du Chimborazo inventent la géographie des plantes (1802); Charles Darwin profite d'une escale aux Galapagos pour mettre au point sa théorie de l'évolution (1835); René Caillié atteint la cité interdite de Tombouctou (1828); Henri Mouhot révèle les merveilles d'Angkor au public français (1859-1860); Mary Kingsley laisse sa carte de visite au sommet du mont Cameroun (1893). Autant d'« exploits » qui constituent un panthéon de l'exploration. L'attrait des lointains fait écho à la curiosité savante, mais se double aussi d'une entreprise d'appropriation, en résonance avec l'appétit colonial des puissances européennes, qui étendent leur emprise partout dans le monde.

Dans ce contexte, les explorateurs font figure de héros. En 1886, le photographe Nadar immortalise Pierre Savorgnan de Brazza le regard plein de certitudes, la tête haute, enturbanné dans un chèche, pieds nus. Voilà bien une icône de l'explorateur du XIXe siècle: ce cliché cristallise les attentes des sociétés européennes d'alors, avides d'aventures, de découvertes géographiques, et d'appropriation symbolique et matérielle des lointains. Le portrait, qui s'inscrit dans une longue série, révèle la culture de l'exploration qui se met en place, reposant sur l'exaltation virile des vertus de courage et de tempérance, sur la valorisation de la force physique, de la connaissance et du progrès; qualités d'autant plus remarquables qu'elles s'affirment face à l'altérité et dans une confrontation avec l'inconnu et le danger.

L'explorateur est perçu comme un homme exceptionnel, capable d'affronter avec détermination les multiples risques du voyage, qu'ils proviennent du milieu - « climat malsain », « déserts inhabitables » - ou des populations rencontrées - « fanatisme religieux », « sauvagerie », « fourberies et traîtrises », « mœurs étranges »... Traversant des latitudes censées être à l'opposé de la clémence du climat européen, l'explorateur est celui qui est prêt à donner sa vie sur l'autel de la connaissance. Dans la littérature, les formules sont fréquentes qui célèbrent son « sacrifice »: explorateurs « enlevés à la science », « tombés sur ces routes fatales », « missionnaires assassinés », « voyageurs à la santé détruite[2] ». La carte de l'« Afrique nécrologique » publiée dans le *Bulletin de la Société de géographie* en 1874, qui recense tous ceux qui ne sont pas revenus, concourt à cette opération de glorification. Les explorateurs participent à une œuvre collective qui dépasse leur destin individuel, la série constitue le mythe.

Chaque voyageur tombé ou disparu en invite un autre à reprendre le flambeau. Des explorateurs partent ainsi à la recherche de leurs prédécesseurs, à l'instar de Hugh Clapperton se lançant sur les traces de Mungo Park, disparu sur le fleuve Niger en 1805,

2 Bory, 1889.

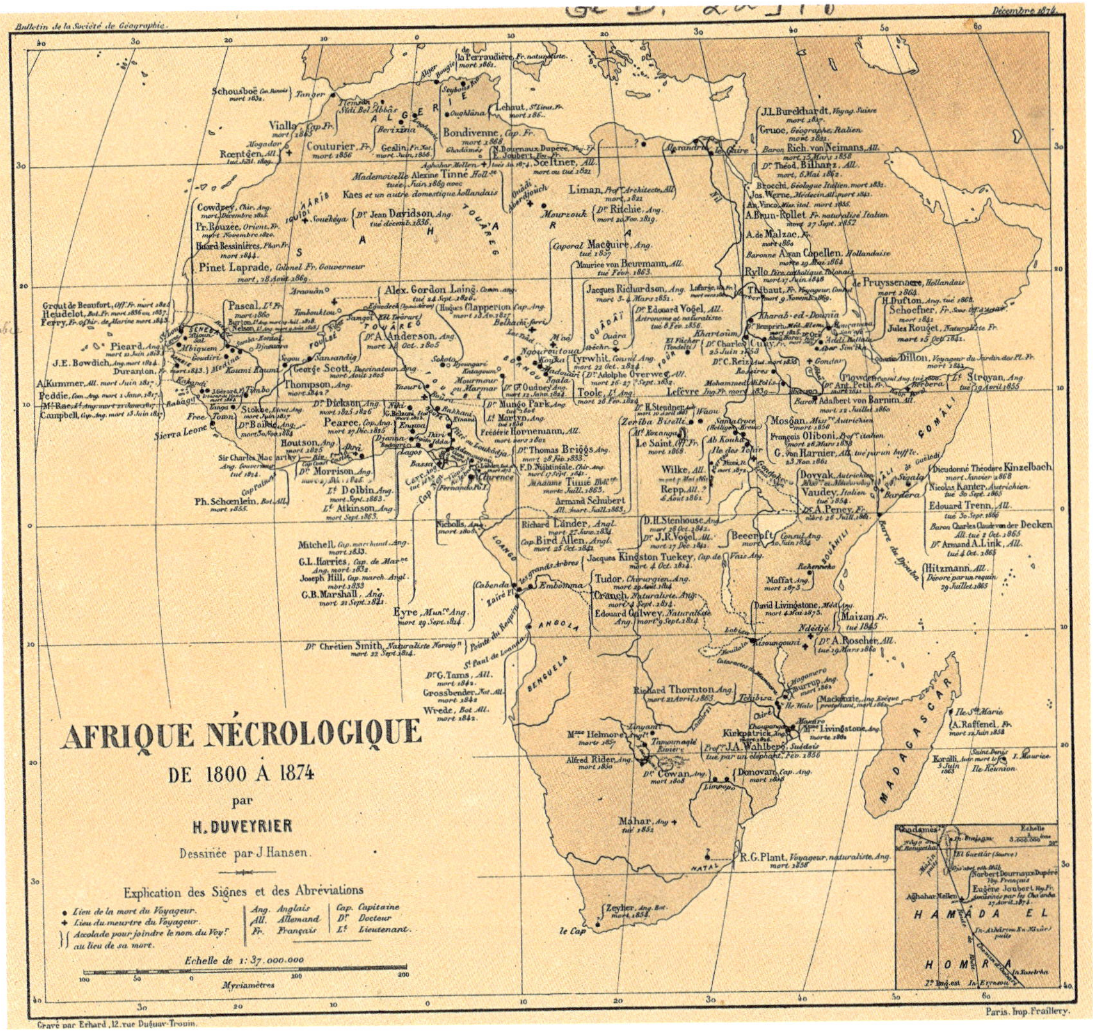

***Afrique nécrologique de 1800 à 1874*, 1874** [EXP. 35]

Henri Duveyrier (auteur), Jules Hansen (cartographie), Erhard (gravure)

Indiquant les lieux et dates de mort des explorateurs européens partis en Afrique pour ne jamais en revenir, cette carte jalonne le continent de signes lugubres, mettant en valeur les dangers du métier. Elle participe ainsi à l'élaboration d'un mythe de l'explorateur dévoué corps et âme au progrès scientifique et justifie, en creux, la nécessité de voyager en armes.

***René Caillié, 1799-1838. René Caillié devant Tombouctou « avril 1828 »,* c. 1900-1910** [EXP. 39]

Lithographie parisienne (Paris)

Page de droite

***C[olo]nel Marchand né en 1863. La mission Marchand à Loango « 1897 »,* c. 1900-1910** [EXP. 40]

Lithographie parisienne (Paris)

Les vignettes publicitaires que l'on trouve dans les paquets de chocolats ou de thé renvoient à la manière dont la culture de l'exploration est convoquée pour vendre des denrées exotiques. En médaillon, les figures héroïsées des explorateurs, dont la geste est rappelée par des scènes d'aventures mettant en avant le courage, les grands espaces ou l'invincibilité des Européens dans l'adversité.

***How I found Livingstone, travels, adventures and discoveries in Central Africa, including four months' residence with Dr. Livingstone,* 1872** [EXP. 36]

Henry M. Stanley

En couverture, l'éditeur propose une image à la symbolique forte : deux hommes européens, en couleur or, se saluent devant d'autres personnages, en noir, invisibles, presque fondus dans le décor. En filigrane, l'iconographie suggère que le voyageur occidental apporte avec lui la lumière de la connaissance, illuminant les ténèbres africaines…

d'Émile-Arthur Thouar sur celles de Jules Crevaux, mort en 1882 sur les rives du fleuve Pilcomayo en Argentine, de Jules Dumont d'Urville sur celles de Jean-François de Lapérouse, englouti sous les mers de l'Océanie vers 1788. L'histoire de Henry Stanley, journaliste du *New York Herald* parti pour retrouver le docteur Livingstone sur les bords du lac Tanganyika en 1871, devient emblématique. Après avoir accompli sa mission, Stanley publie à son retour le récit de son voyage : « Doctor Livingstone, I presume ? » aurait-il demandé au célèbre explorateur, lui répondant « Yes, that is my name »... Le mythe est en marche. L'exploration fait rêver : c'est au milieu du XIXe siècle que le roman d'aventures émerge en tant que genre littéraire à part entière[3]. Jules Verne, lui-même auteur d'un ouvrage sur *Les Voyageurs du XIXe siècle* (1880), puise très largement dans les récits d'exploration pour fabriquer ses fictions. L'un des plus emblématiques de ses « Voyages extraordinaires » est le premier publié chez Pierre-Jules Hetzel, en 1863, *Cinq semaines en ballon*, survol du continent africain de Zanzibar au fleuve Sénégal par trois Anglais missionnés par la Royal Geographical Society. Toponymes et ethnonymes abondent dans l'ouvrage et renvoient à toute une anthologie de récits de voyages, cartes et dictionnaires spécialisés[4]. Les 129 noms d'explorateurs cités dans le premier chapitre témoignent de la documentation mobilisée.

Les revues illustrées spécialisées dans le voyage qui se multiplient tout au long du siècle participent également à la construction

3 Venayre, 2002.
4 « *Cinq semaines en ballon* ou l'Afrique escamotée », *in* Seillan, 2006.

d'un mythe de l'exploration et à la fabrique des héros. En 1833, le *Magasin pittoresque*, créé par Édouard Charton, inaugure ce type de publications de « journaux de famille », mais c'est surtout *Le Tour du monde*, conçu par le même éditeur en 1860, qui va faire vivre en images la geste des explorateurs au grand public. Si la mention « d'après photographie » est souvent utilisée comme gage d'authenticité des nombreux dessins qui accompagnent la publication, l'illustrateur accentue le trait, dramatise les situations, exalte le fantasme et l'imaginaire. À partir de 1877, le *Journal des voyages* publié chaque dimanche vise un public plus populaire et fait entrer dans les foyers l'aventure lointaine des expéditions.

Au même moment, outre-Manche, le *Penny Illustrated Paper* fait son apparition : la figure polymorphe de l'explorateur, « héros de l'aventure, souvent héraut de la connaissance et parfois agent de la conquête[5] », devient familière et dit beaucoup de la manière dont l'Occident envisage son rapport à l'autre et à l'ailleurs. Les rendez-vous réguliers que ces revues proposent au lecteur le confortent dans sa confiance vis-à-vis du progrès, du bien-fondé du voyage d'exploration, et de l'œuvre « civilisatrice » de la mère-patrie.

Le mythe se prolonge également dans le champ pédagogique. Atlas pour enfants, manuels scolaires, puzzles par continents façonnent les imaginaires en diffusant des stéréotypes géographiques et anthropologiques. La vision ethnocentriste de l'explorateur européen partant à la découverte du monde invite le jeune public à s'identifier à cette figure héroïque. Quand les tableaux colorés des dioramas proposent un tour du monde en images, les cycloramas font éprouver les étapes du voyage de l'explorateur, les paysages traversés, les périls encourus. L'héroïsation est aussi affaire de publicité : l'imagerie populaire s'empare à son tour de la figure de l'explorateur, à l'heure où les procédés d'impression et de reproduction rendent la diffusion d'illustrations en couleurs plus aisée. Abécédaires, vignettes à collectionner insérées dans des boîtes de chocolats, de biscuits ou de thé, déclinent par aire géographique ou par nationalité les grandes figures de l'exploration.

Porté par une culture visuelle aux multiples facettes, l'explorateur a désormais sa place dans le grand récit national aux côtés du souverain, du militaire, du scientifique ou de l'écrivain. Est-ce pour autant un métier d'homme ? Leurs noms sont moins illustres, leurs parcours ont été moins publicisés, mais les femmes qui, au XIXe siècle, ont parcouru le globe, souvent déguisées en homme, sont nombreuses : depuis le tour du monde de Jeanne Barret, embarquée sous une fausse identité dans l'expédition de Bougainville (1766-1769), jusqu'aux voyages d'Isabelle Eberhardt dans le Sud-oranais (1899-1901), en passant par Jane Dieulafoy, Mary Kingsley, Isabelle Massieu, Gabrielle Vassal, Octavie Coudreau… Dans l'ombre, elles participent elles aussi, en contrepoint, à la culture de l'exploration.

5 P. Chapelle, « Édouard Charton et *Le Tour du monde* », *in* Bondaz, 2018, p. 67.

***Die Reise nach Afrika*, 1889** [EXP. 38]

AS [Adolf Sala] Luxus Papierfabrik (Berlin)

Conçu pour le jeune public, ce cyclorama à monter soi-même permet de faire défiler grâce à une manivelle 22 tableaux qui racontent « un voyage en Afrique ». Les scènes représentées rendent compte des stéréotypes de l'époque entourant le voyage d'exploration (un climat hostile, une faune dangereuse, la rencontre avec l'« autre »...) : 1. Port espagnol, 2. Embarquement, 3. Le vaisseau en mer, 4. Approche de la tempête, 5. Orage en mer, 6. Essais de sauvetage, 7. Une épave, 8. Port Saïd, 9. Le Caire, 10. Caravansérail, 11. La caravane dans le désert, 12. Le sirocco, 13. La caravane en détresse, 14. Lion attaquant des girafes, 15. Le désert, 16. Chasse à l'autruche, 17. Coucher du soleil, 18. Crépuscule, 19. Camp de nuit, 20. Aube, 21. Chasse au crocodile, 22. Arrivée chez les musulmans. L'éditeur livre ici une vision aimable du voyage d'exploration alors même que les puissances européennes sont engagées dans le partage colonial de l'Afrique.

« Fred'k Schwatka lieutenant US Army », c. 1873-1878 [EXP. 3]
Bradley & Rulofson (San Francisco)

« Sir Samuel White Baker », c. 1865-1870 [EXP. 12]
Maull & Co. (Londres)

« Campement de Lanjora. Un guide Taveta », 1894 [ILL. 1]
Joseph Chanel (attribué à)

Largement diffusées à l'époque, toutes ces images d'aventuriers recouvrent cependant une réalité complexe : sur les portraits des explorateurs, le fusil n'est jamais loin. Censé éloigner les dangers, il permet aussi de se prémunir contre les réactions hostiles des « explorés ». L'exploration est une intrusion en terre étrangère rarement aussi vierge qu'on le dit, qui doit être négociée. Parfois, elle nécessite le recours à la force. Étymologiquement, l'*explorator* n'est-il pas l'éclaireur de l'armée romaine ? Des années 1770 aux années 1830, les tours du monde à la voile, l'expédition d'Égypte, celle de Morée ou encore d'Algérie disent l'alliance du savoir et des armes, alliance qui connaît une nouvelle vigueur à la fin du XIXe siècle, quand l'Europe conquérante trouve en Asie et en Afrique des terrains qui permettent de conjuguer découverte scientifique et prise de possession coloniale. Du point de vue des populations « explorées », la différence entre l'explorateur et l'envahisseur est parfois ténue.

Combler les blancs de la carte et s'approprier le monde

Depuis Jean-Baptiste Bourguignon d'Anville, qui publie en 1749 une carte de l'Afrique réduite aux seuls itinéraires connus, les géographes ne peuplent plus leurs cartes d'illustrations figuratives (à l'image des « sauvages » et des éléphants du poème « On Poetry » de Jonathan Swift[6]) pour masquer les lacunes de la connaissance : ils assument de ne représenter que ce qu'ils savent localiser. Seuls

6 « [...] So geographers, in Afric maps, / With savage pictures fill their gaps, / And o'er unhabitable downs Place elephants for want of towns [...] » (« Alors les géographes, sur les cartes de l'Afrique, / Comblent par des vues sauvages leurs lacunes, / Et sur des bas-fonds inhabitables placent des éléphants faute de villes »)

« Type chamelier », 1896 [EXP. 279]
Désiré Charnay (attribué à), Molteni (contretype)

Isabelle Eberhardt, 1897 [ILL. 2]
Auteur non identifié

Fanny Bullock Workman, c. 1905 [EXP. 34]
Auteur non identifié

certains grands mythes géographiques conservent leur traduction cartographique au cours du XIXe siècle : les Monts de la Lune qui situent les sources du Nil perdurent sur les cartes jusqu'aux découvertes britanniques des années 1850 ; les Monts de Kong, chaîne montagneuse traversant d'est en ouest la zone soudanaise, ne seront définitivement déclarés imaginaires qu'en 1888, après l'expédition de Louis Binger.

Ailleurs, les « blancs de la carte », moteurs d'un renouveau de l'exploration, s'affichent sans scrupule. Ces espaces inconnus des Européens sont alors investis de réalités possibles et d'horizons fantasmés, comme l'Eldorado ou l'Atlantide. Puissantes invitations à la découverte, ils exercent une formidable séduction sur des générations d'explorateurs en herbe, avides d'entreprendre la réduction systématique de ces vides, de cerner ces taches de l'ignorance : combler les blancs de la carte, tel est désormais l'un des buts du voyage d'exploration[7]. Car le blanc de la carte est aussi l'espace caché, qui n'appelle qu'à être dévoilé : « Something hidden. Go and find it. Go and look behind the Ranges. Something lost behind the Ranges. Lost and waiting for you. Go[8] ! » En 1898, les vers du poème de Rudyard Kipling, « The Explorer », traduisent ainsi l'idée d'un territoire passif attendant qu'on le découvre, un monde qui n'existe qu'à partir du moment où l'homme européen le révèle. Par métonymie, les blancs des cartes suggèrent un espace vidé de son contenu, déqualifié dans ses réalités, une *terra nullius* que chacun peut s'approprier. Ces blancs seront bientôt marqués aux couleurs du colonisateur[9].

7 I. Surun, « Le blanc de la carte, matrice de nouvelles représentations des espaces africains », *in* Surun, 2004.

8 « Quelque chose se cache. Va et trouve-le. Va voir par-delà les montagnes. Quelque chose de perdu, par-delà les montagnes. Perdu, et qui t'attend. Va ! »

9 Avila, 2015.

***Carte d'Afrique divisée en ses principaux états avec les découvertes faites dans les derniers voyages*, 1820** [EXP. 64]
Eustache Hérisson

Cette carte montre l'état des connaissances des Européens au moment de la création de la Société de géographie. De grandes taches blanches y côtoient des zones cartographiées avec beaucoup d'approximations. Des chaînes de montagnes imaginaires sont représentées et la cartographie des principaux bassins hydrographiques est incertaine, erronée ou absente.

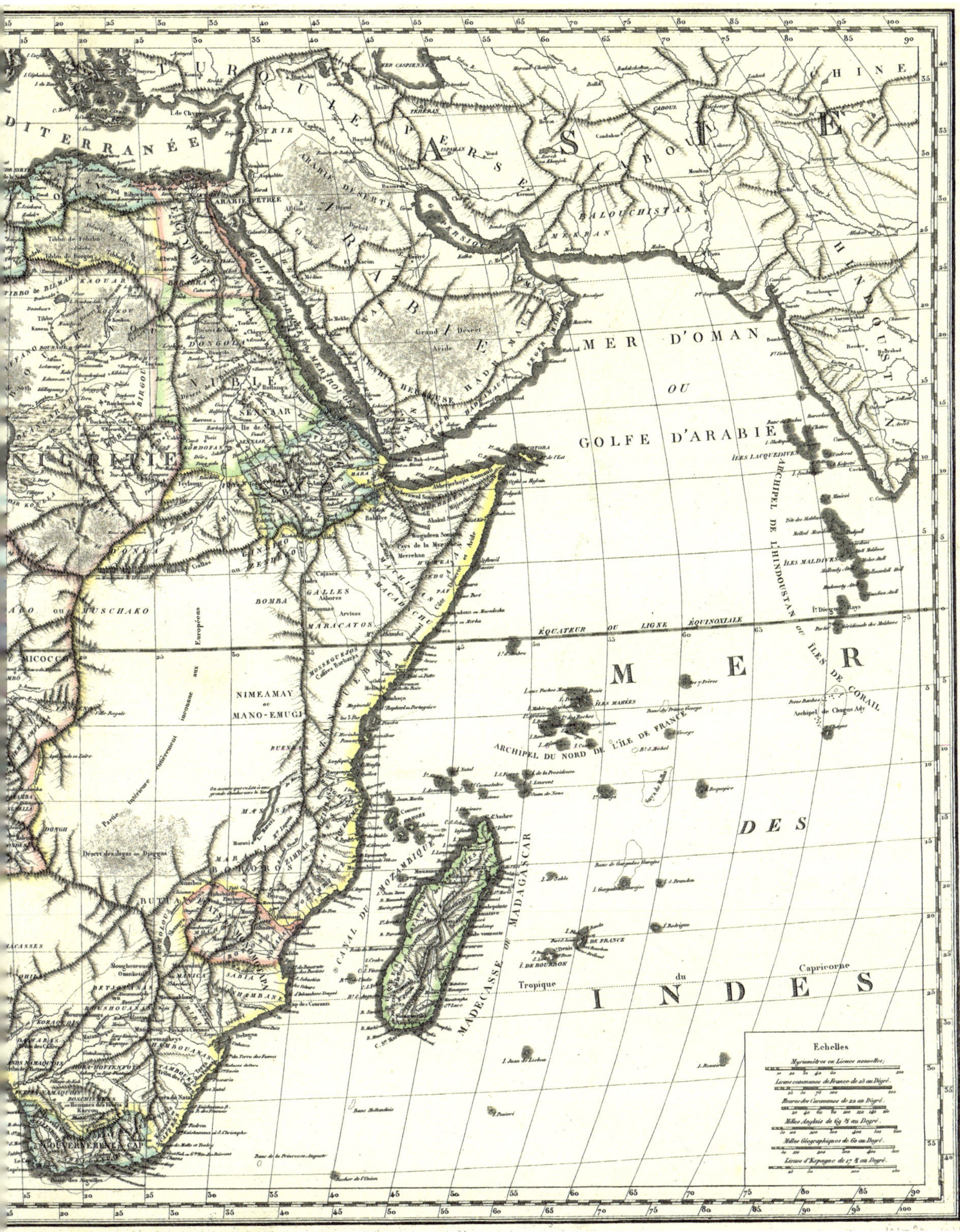
TURQUIE
MÉDITERRANÉE
ASIE
PERSE
ARABIE
CABOUL
BALOUCHISTAN
CHINE
HINDOUSTAN
MER D'OMAN
OU
GOLFE D'ARABIE
NUBIE
SENNAAR
NIGRITIE
MUSCHAKO
NIMEAMAY
ou
MANO-EMUGI
BOMBA
GALLES
MARACATOS
ZANGUEBAR
ÉQUATEUR OU LIGNE ÉQUINOXIALE
MER DES INDES
ÎLES LACQUEDIVES
ARCHIPEL DE L'HINDOUSTAN
ÎLES MALDIVES
ou ÎLES DE CORAIL
Archipel de Chagos
ARCHIPEL DU NORD DE L'ÎLE DE FRANCE
ÎLES MAHÉS
CANAL DU MOZAMBIQUE
MADECASSE ou MADAGASCAR
Tropique du Capricorne
Î. DE BOURBON
Î. DE FRANCE
GOUVERNEMENT DU CAP
Echelles

L'exploration n'est pas seulement la mise en œuvre de l'esprit de curiosité, elle repose aussi sur des enjeux politiques, économiques, sociaux, qui souvent dépassent largement la seule figure iconique de l'explorateur. La question de l'appropriation est au cœur du voyage. Celle-ci peut-être intellectuelle. Les explorateurs sont des savants qui œuvrent à une meilleure connaissance du monde : en le cartographiant, en le mesurant, en le nommant, ils posent les jalons d'un quadrillage de la Terre dont le cadre est européen. Pourtant, des itinéraires en jours de marche, des toponymes transcrits sur les cartes, des grammaires et des vocabulaires patiemment collectés témoignent d'une co-production des savoirs. Si l'explorateur est souvent représenté seul, l'exploration est rarement individuelle. Que dire de tous ceux dont on ignore souvent les noms, mais qui ont secondé, accompagné, soutenu les explorateurs ? Qualifiées de « guides » ou d'interprètes, ces figures invisibles ont parfois reçu un soupçon d'attention[10]. Quelques patronymes surgissent des archives : Apatou accompagnant Jules Crevaux, Nain Singh recevant une médaille de la Royal Geographical Society, le cheikh El-Tounsy suscitant la curiosité des savants orientalistes pour ses voyages au Ouadây. En l'an 2000, Matthew Henson, Afro-Américain né en 1866, descendant d'esclaves, qui avait accompagné Robert Peary dans ses explorations, est reconnu comme le premier homme à avoir atteint le pôle Nord en 1909. Longtemps éclipsé au profit de l'explorateur américain, il a reçu, à titre posthume, une médaille de la National Geographic Society. L'invisibilisation de ce voyageur, noir de peau, aura duré près d'un siècle.

Les découvertes scientifiques liées aux explorations n'ont été possibles que parce qu'il y a eu des contacts, des échanges et des interactions : la reconnaissance des contreforts de l'Himalaya est d'abord le fait de « pundits » indiens, auxquels les Britanniques délèguent la cartographie des marches de leur Empire. Dans les années 1820, l'explorateur Hugh Clapperton demande au sultan de Sokoto, Mohammed Bello, de lui dresser des cartes de son territoire, témoignant d'un véritable intérêt pour les connaissances géographiques vernaculaires, et notamment l'hydrographie du bassin du Niger[11]. Pourtant centrales dans l'appropriation savante du monde, les connaissances des populations locales, réduites au statut d'informations, sont soumises au doute systématique des explorateurs et de ceux qui valident leur expérience.

L'appropriation peut aussi être matérielle : objets du quotidien, objets artistiques, pierres, plantes ou animaux constituent de grandes collections destinées aux musées européens. Les explorateurs glanent, collectent, fouillent, échangent, pillent également. Des vases et des crânes trouvés dans un cimetière d'Indiens Piaroas par Jules Chaffanjon ont sans doute été extraits de leur environnement

10 L'exposition organisée en 2009 par la Royal Geographical Society à Londres, « Hidden histories of exploration », constitue un jalon important dans cette nouvelle réécriture de l'histoire des explorations (Driver, Jones, 2009).

11 Lefebvre, Surun, 2008.

« Cimetière d'Indiens Piaroas : ossements et urnes funéraires, grotte du Cerro de los Muertos, 24 septembre 1886 » [EXP. 46]

Jean Chaffanjon

« À trois kilomètres d'Atures [...], une petite montagne isolée, cerro de los Muertos, possède une grotte basse et profonde qui est le cimetière des Piaroas du Cataniapo. [...] Dans la partie basse se trouve un grand nombre de catumares [paniers de palmes tressées ou en écorce servant à recueillir les corps des défunts] possédant encore des squelettes plus ou moins complets. L'absence des Piaroas dans les environs me permet de recueillir une ample collection de crânes de Catumares, divers objets apportés là par les parents, enfin deux squelettes de chefs complets. Toutes ces pièces figurent aujourd'hui à notre musée national du Trocadéro. »
– Jean Chaffanjon, « Voyage aux sources de l'Orénoque », *Le Tour du monde,* juillet 1888

Subrepticement ramassés dans un cimetière, les ossements rapportés par Chaffanjon sont les témoins de pratiques de collectes illégales, dont l'explorateur est conscient puisqu'il agit le plus discrètement possible, et qui sont pourtant banales. Si le pillage n'est pas l'unique modalité de collecte d'objets, il demeure une réalité à l'origine d'une partie des collections des musées européens.

sans que l'explorateur ne demande l'autorisation à personne. Les bracelets, couteaux et autres pièces dont on connaît la valeur comme monnaie d'échange dans les sociétés visitées ont pu être troqués, ou volés. La documentation manque souvent pour préciser les conditions de collecte : dons, contre-dons, échanges, larcins, exactions... On peut retrouver des traces de transactions dans les artefacts qui intègrent miroirs, clouterie ou tissus importés par les explorateurs. La nature de ces interactions demeure incertaine, mais il existe assurément une forme de curiosité et d'intérêt qui, en même temps qu'elle enrichit la société des explorateurs, appauvrit celle des explorés.

L'exploration, enfin, constitue-t-elle les prémisses d'une appropriation territoriale ? La proximité chronologique des événements ne suffit pas à établir une causalité entre exploration et colonisation[12]. Il faut cependant rattacher les pratiques d'exploration au contexte culturel et politique de l'Europe du XIXe siècle, marqué, de manière de plus en plus intense à partir des années 1860, par des conquêtes territoriales, par l'affirmation d'une domination politique et économique sur une large partie du monde. La logique impériale, soutenue par l'idéologie des « 3 C » (Civilisation, Christianisme et Commerce), est celle qui guide nombre d'explorateurs, tel Brazza en Afrique dans le dernier tiers du siècle[13]. Cela ne signifie pas que tous les explorateurs étaient au service de la colonisation, ou que leur geste même participait nécessairement à la légitimation d'une forme d'appropriation du monde. La question n'est pas tant celle des velléités individuelles que celle d'une entreprise collective, motivée par des commanditaires aux objectifs variés et se réalisant dans un paysage politique bien spécifique. Les savoirs produits à l'issue des explorations, même avec les meilleures intentions, sont susceptibles de conforter des hiérarchies aux conséquences politiques majeures : les mesures de crânes d'un Dumoutier accompagnant Dumont d'Urville autour du monde inaugurent un siècle d'anthropologie raciale œuvrant à légitimer une pseudo-supériorité européenne. Il faut aussi interroger les usages publics de l'exploration, magnifiée par des littérateurs, mise en scène, vulgarisée, au risque de creuser l'écart entre deux mondes, l'un sauvage, l'autre civilisé... À chaque étape de l'exploration, la question du lien avec la colonisation mérite d'être posée, soupesée, sans pour autant céder à une explication systématique qui ôterait toute capacité de réaction aux sujets explorés, en reproduisant finalement le discours des hommes du XIXe siècle sur la passivité de ces populations.

Acteurs et actrices de l'exploration, Européens et non-Européens : autant de figures consignées dans les archives, autant de voix qui se croisent et parfois s'entrechoquent, pour former une histoire des voyages et de l'exploration aux multiples visages[14]. À l'occasion des

12 Surun, 2006.

13 M'Bokolo, 1992 ; Hugon, 1991.

14 Bertrand, 2019.

célébrations du bicentenaire de la Société de géographie, fondée en 1821, la Bibliothèque nationale de France, dépositaire des fonds exceptionnels de cette institution savante, propose d'entendre ces voix et d'interroger à travers elles le mythe de l'exploration et son envers, pour mieux comprendre comment, au XIXe siècle, les hommes et les femmes – explorateurs, explorés, savants, lecteurs et spectateurs – ont appréhendé le monde et les relations qui s'y nouent. Il est temps de décentrer les regards, de raconter aussi l'histoire de tous ceux et celles qui n'ont pas été intégrés dans le grand récit, même si nous devons admettre que nous les entendrons toujours comme en sourdine. Par cette attention aux traces les plus ténues, l'exposition « Visages de l'exploration au XIXe siècle. Du mythe à l'histoire » vise à renouveler les regards et la curiosité[15].

15 Driver, Jones, 2009.

G. Roux
PANNEMAKER

« Accroître la masse des connaissances positives sur ce globe » : la Société de géographie au XIXe siècle

Jacques Gonzales

La Société de géographie, la plus ancienne du monde, ne s'appelle ni de Paris, ni de France, car elle se voulait universelle. Lancée en juillet 1821, elle est fondée officiellement le 15 décembre par Louis-Mathieu Langlès avec Charles-Athanase Walckenaer, Jean-Denis Barbié du Bocage, Edme-François Jomard, tous membres de l'Institut, et Conrad Malte-Brun, un diplomate d'origine danoise. D'emblée, sa renommée dépasse les frontières de la France, sa vocation étant de fédérer tous les savoirs scientifiques de l'Europe. Malte-Brun, le secrétaire général de la Société, indique dans un texte de 1823 : « Nous avons un but déterminé ; nous voulons accroître la masse des connaissances positives sur ce globe que nous habitons et sur les peuples qui s'en partagent le domaine[1]. » S'étant ainsi fixé pour but de « concourir aux progrès de la géographie », la Société de géographie sera reconnue d'utilité publique en 1827.

Beaucoup de ses 217 fondateurs, des savants recrutés par Gaspard Monge, Claude-Louis Berthollet et Joseph Fourier, s'étaient connus lors de la campagne d'Égypte de 1798. Parmi eux, Jomard fait paraître de 1809 à 1828 un énorme ouvrage collectif rassemblant tous les apports de cette expédition : la *Description de l'Égypte*. Il devient alors directeur d'un département des Cartes et collections géographiques à la Bibliothèque royale, tout en restant un pilier de la Société, présidée depuis sa création par des personnalités reconnues, aux talents très variés, comme le marquis de Laplace, François-René de Chateaubriand, Georges Cuvier, François Guizot ou Jules Dumont d'Urville. À l'initiative de Jomard, la Société encourage les découvertes en récompensant des explorateurs : en 1828, René Caillié est primé en tant que premier Européen revenu de Tombouctou ; en 1835, Alcide d'Orbigny, pour son voyage en Amérique du Sud ; en 1836, Camille Callier, spécialiste de l'Asie Mineure ; en 1841, Dumont d'Urville, qui a retrouvé les traces de Lapérouse en Océanie ; en 1857, Livingstone pour ses recherches des sources du Nil...

« Ne vous emportez pas, mes amis ! », 1898 [EXP. 49]
George Roux (illustration)
Jules Verne, *Le Superbe Orénoque*, 1898

Au début de ce roman qui s'inspire directement du voyage de Jean Chaffanjon aux sources de l'Orénoque, trois géographes confrontent leurs théories sur le cours du fleuve et s'opposent dans de vifs débats. Jules Verne évoque ici le travail préparatoire indispensable à toute expédition, impliquant une large communauté scientifique. Fondée en 1821 à Paris, la Société de géographie est un acteur de premier plan des entreprises d'exploration, encourageant des expéditions à travers le monde entier et récompensant les voyageurs pour leurs découvertes.

En 1845, Alexander von Humboldt est élu président de la Société, bien que non Français. Ses travaux menés outre-Atlantique avec Aimé Bonpland sur les liens de la végétation avec l'altitude, le magnétisme terrestre, le volcanisme, sont fondamentaux. Avec Carl Ritter, dès 1828, il a fondé à Berlin une société de géographie sur le même modèle que son aînée, puis ont été créées celles de Londres (1830), de Mexico (1833), de Saint-Pétersbourg (1845). On en compte 46 dans le monde en 1899.

Au début des années 1860, la Société de géographie connaît un tournant important, avec les décès de ses derniers fondateurs historiques et le constat d'effectifs qui n'ont pas progressé. Il est décidé que le mandat des présidents doit désormais être durable : se succèdent le marquis de Chasseloup-Laubat, ministre de la Marine et des Colonies, et l'amiral La Roncière-Le Noury. Ce dernier indique dans un discours de 1875 que « l'obligation de connaître la terre et d'en faire la conquête » associe désormais géographie, exploration et colonisation[2]. C'est ainsi que Francis Garnier et Ernest Doudart de Lagrée ont reçu conjointement en 1869 le Grand Prix de la Société pour leur exploration de l'Indochine. Cette orientation ne fait que suivre la politique des grandes puissances européennes, une ambition commerciale et territoriale. Jusqu'ici prévalaient pour l'institution les considérations scientifiques, même lorsqu'en 1826, le ministre Chabrol de Crouzol avait demandé aux explorateurs de rapporter du quinquina du Pérou pour ses vertus médicinales afin d'en cultiver en Guyane.

En 1867, Charles Maunoir devient secrétaire général de la Société et il le restera jusqu'en 1896. Son rôle est central dans le développement de l'institution, dont le nombre de membres, comptant des souverains du monde entier, croît au fil des ans et dépasse les 2 500 en 1885. Il est en contact avec de nombreux voyageurs et explorateurs dont il recueille les notes et croquis de terrain avant de les publier dans le *Bulletin*, et rédige chaque année un *Rapport sur les progrès des sciences géographiques*, compte rendu des principaux voyages d'exploration.

À partir de 1878, le siège de la Société est situé dans un immeuble construit spécialement au 184, boulevard Saint-Germain, à Paris. L'année suivante, Ferdinand de Lesseps y organise un congrès pour déterminer le tracé du canal de Panama. Le projet est arrêté dans la grande salle de conférences qui peut accueillir plus de 400 auditeurs. De Lesseps triomphant devient président de la Société en 1881. Celle-ci continue de financer des expéditions par un fonds de voyage, de conseiller au préalable les explorateurs, et de récompenser les découvertes au retour. Sont notamment distingués : en 1872, Alfred Grandidier, spécialiste de Madagascar ; en 1879, Pierre Savorgnan de Brazza, explorateur du Congo ; en 1885, Charles de Foucauld, grand connaisseur du Maroc et du Sahara ;

Lettre de David Livingstone à Edme-François Jomard, Hadley Green, Barnet [Londres], 22 juillet 1857 [EXP. 61]

Premier Européen à avoir traversé d'ouest en est l'Afrique australe, David Livingstone, médecin, missionnaire et explorateur écossais, est accueilli en héros à son retour en Angleterre en décembre 1856. Quelques mois plus tard, la Société de géographie lui décerne, à l'unanimité de ses membres, sa grande médaille d'or pour ses voyages de découverte durant huit années passées sur le continent africain. Livingstone remercie Jomard pour cette distinction par une lettre et promet de lui envoyer un exemplaire du récit de son voyage dès qu'il sera publié.

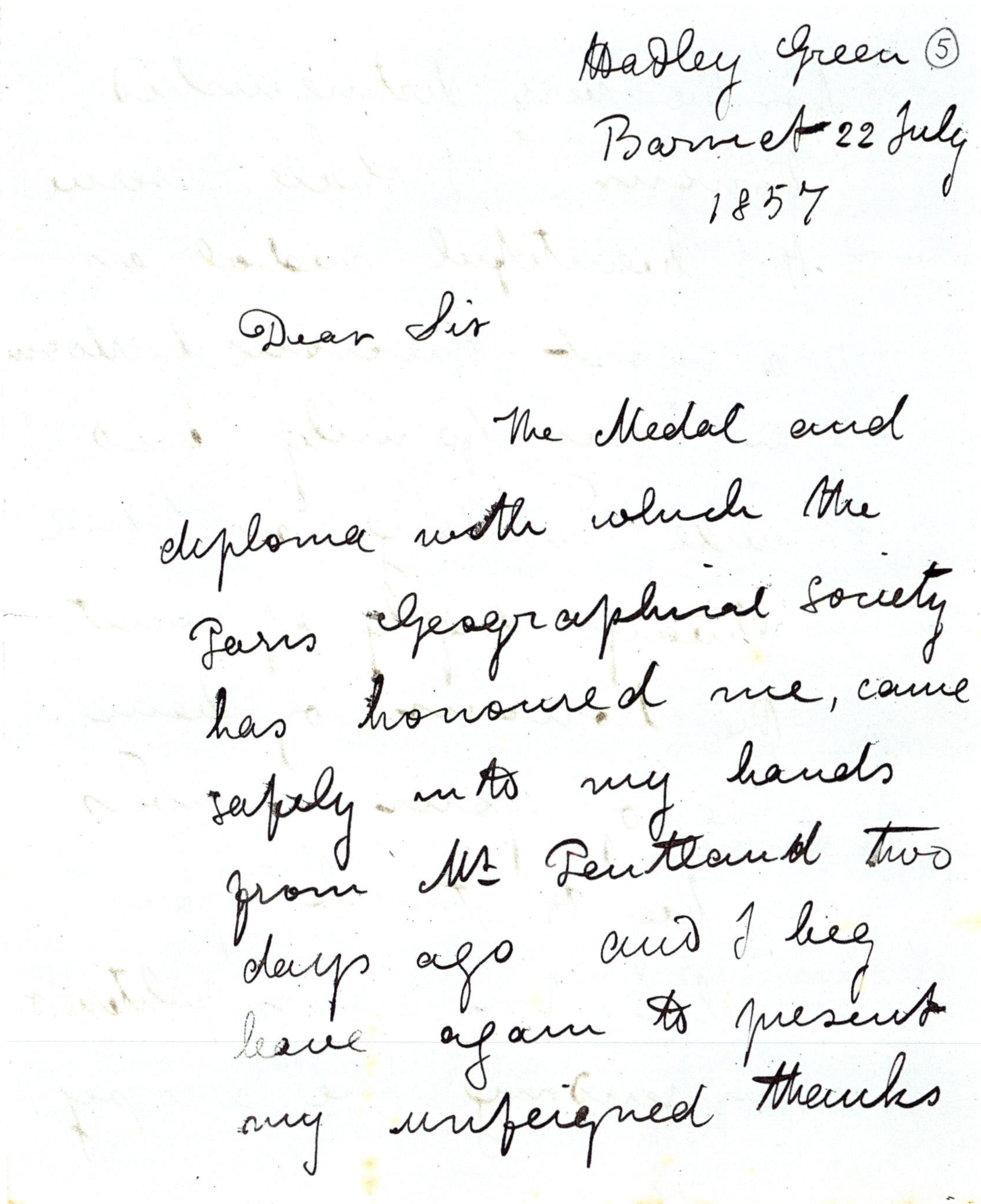
Hadley Green ⑤
Barnet 22 July
1857

Dear Sir

The Medal and diploma with which the Paris Geographical Society has honoured me, came safely into my hands from Mr Pentland two days ago and I beg leave again to present my unfeigned thanks

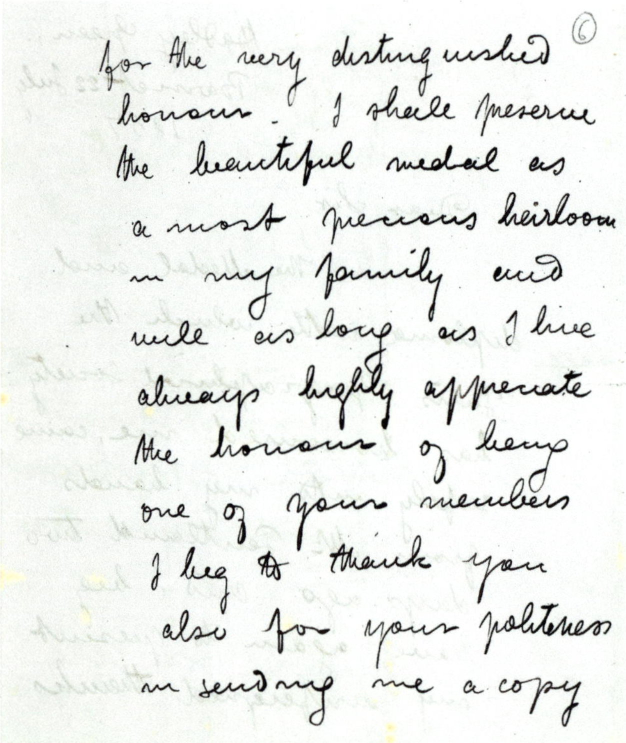

(6)

for the very distinguished
honour. I shall preserve
the beautiful medal as
a most precious heirloom
in my family and
will as long as I live
always highly appreciate
the honour of being
one of your members
I beg to thank you
also for your politeness
in sending me a copy

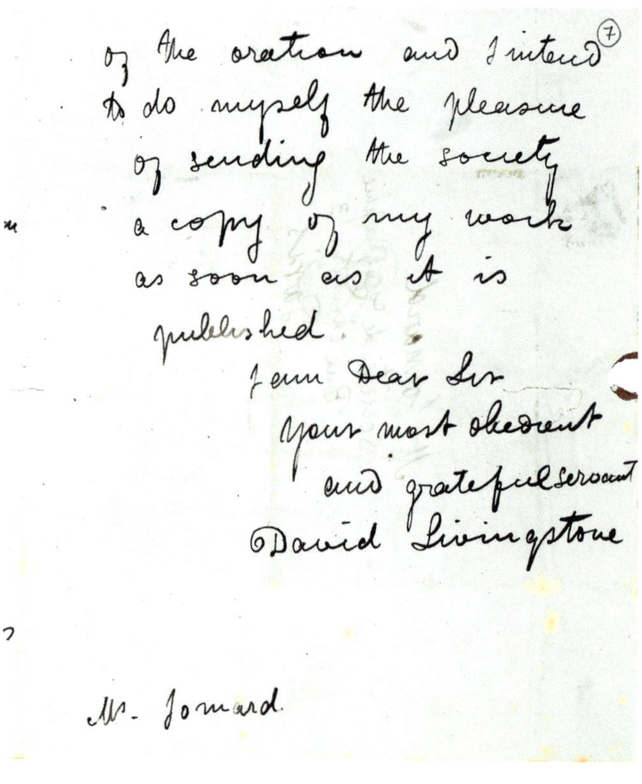

(7)

of the oration and I intend
to do myself the pleasure
of sending the society
a copy of my work
as soon as it is
published
I am Dear Sir
Your most obedient
and grateful servant
David Livingstone

Mr. Jomard

Cher Monsieur,

La médaille et le diplôme dont la Société de géographie de Paris m'a honoré me sont parvenus, par l'intermédiaire de M. Pentland, il y a deux jours, et je vous prie de bien vouloir accepter une nouvelle fois mes remerciements les plus sincères pour cette distinction inestimable. Je transmettrai au sein de ma famille cette belle médaille comme un héritage des plus précieux et goûterai toujours, aussi longtemps que je vivrai, l'honneur de compter parmi vos membres. Je vous remercie également de la courtoisie dont vous avez fait preuve en m'adressant une copie du discours de remise du prix. Dès que mon travail sera publié, j'en enverrai avec grand plaisir une copie à la Société.

Je suis, cher Monsieur, votre très humble et reconnaissant serviteur,

David Livingstone

en 1898, Édouard Foà, découvreur de l'Afrique australe; en 1901, Fernand Foureau qui a assuré avec le commandant Lamy une « Mission saharienne ». Sont aussi récompensés Gabriel Bonvalot en 1888, visiteur de l'Asie centrale et du Tibet, Lucien Fournereau, pour son périple dans le Siam, en 1891, et Auguste Pavie, en mission au Cambodge puis au Laos, en 1903.

En dehors des explorateurs partis en Afrique et en Asie, continents dont elle favorise la découverte de l'intérieur des terres, la Société de géographie récompense par ailleurs, en 1880, Jules Crevaux, pour ses voyages en Guyane, et Adolf Erick Nordenskiöld, qui est allé d'Europe au Japon par le nord de la Sibérie; en 1884, Désiré Charnay, témoin du passé mexicain; en 1888, Jean Chaffanjon, pour ses études de l'Orénoque en Amérique du Sud.

L'enseignement de la géographie a été également une priorité pour la Société, notamment après le désastre militaire de 1870, mis sur le compte de l'absence de connaissances géographiques par l'armée française. Des géographes de renom jouent un rôle essentiel dans son développement: Paul Vidal de La Blache, sociétaire dès 1881, devient célèbre par ses cartes qui tapissent les salles de classe pour des décennies. Élisée Reclus, autre géographe majeur de l'époque, ami de Nadar et passionné comme lui par la photographie, devient sociétaire en 1859. Auteur de *La Nouvelle Géographie universelle*, il entraîne ses frères à adhérer à l'institution: Onésime rédige des manuels géographiques et Armand travaille auprès de Lucien Napoléon Bonaparte-Wyse pour le projet de percement d'un canal transocéanique.

Certains sociétaires ont été à l'origine d'associations ouvertes sur des champs nouveaux, comme l'alpinisme avec le Club alpin français, le tourisme avec le Touring Club de France, la francophonie avec l'Alliance française. D'autres encore ont permis d'entrevoir des espaces insoupçonnés: Édouard-Alfred Martel, père de la spéléologie, un futur président, ou Milne Edwards, père et fils, deux présidents qui, avec le prince Albert Ier de Monaco accompagné de Jean-Baptiste Charcot, sont fascinés par la biologie maritime. La géographie fait alors rêver: Jules Verne, sociétaire de 1865 à 1894, s'en est constamment inspiré pour son œuvre.

Roland Bonaparte, petit-fils de Lucien, frère de Napoléon Bonaparte, préside la Société de 1910 à 1924. Cet amoureux de géographie possède dans son hôtel une très importante bibliothèque consacrée à sa passion, léguée à sa mort à la Société qui reçoit depuis son origine des dons. Cet ensemble, d'une richesse exceptionnelle, est déposé depuis 1942 au département des Cartes et plans de la Bibliothèque nationale de France qui en assure la conservation et la diffusion auprès du public.

En 2021, l'institution continue à promouvoir la géographie, un carrefour pour de multiples approches scientifiques, socioculturelles, géopolitiques, environnementales. De surcroît, elle doit continuer à faire rêver, en particulier les jeunes, par son dynamisme inépuisable[3].

1 Malte-Brun, 1823.

2 Déclaration de l'Amiral La Roncière-Le Noury au Congrès international de géographie de Paris, 1875.

3 Gonzales, 2021.

2e Pie Pl. X EXPLORATION DE L'INDO-CHINE
Dirigée par Mr le Capne de frégate Doudart de Lagrée

INDO-CHINE MERIDIONALE

Janet Lange del. d'après L. Delaporte

COSTUMES ANNAMITES, CAMBODGIENS ET SIAMOIS.

Siamois

Sauvages esclaves — Annamites — Mandarins Annamites et leurs femmes

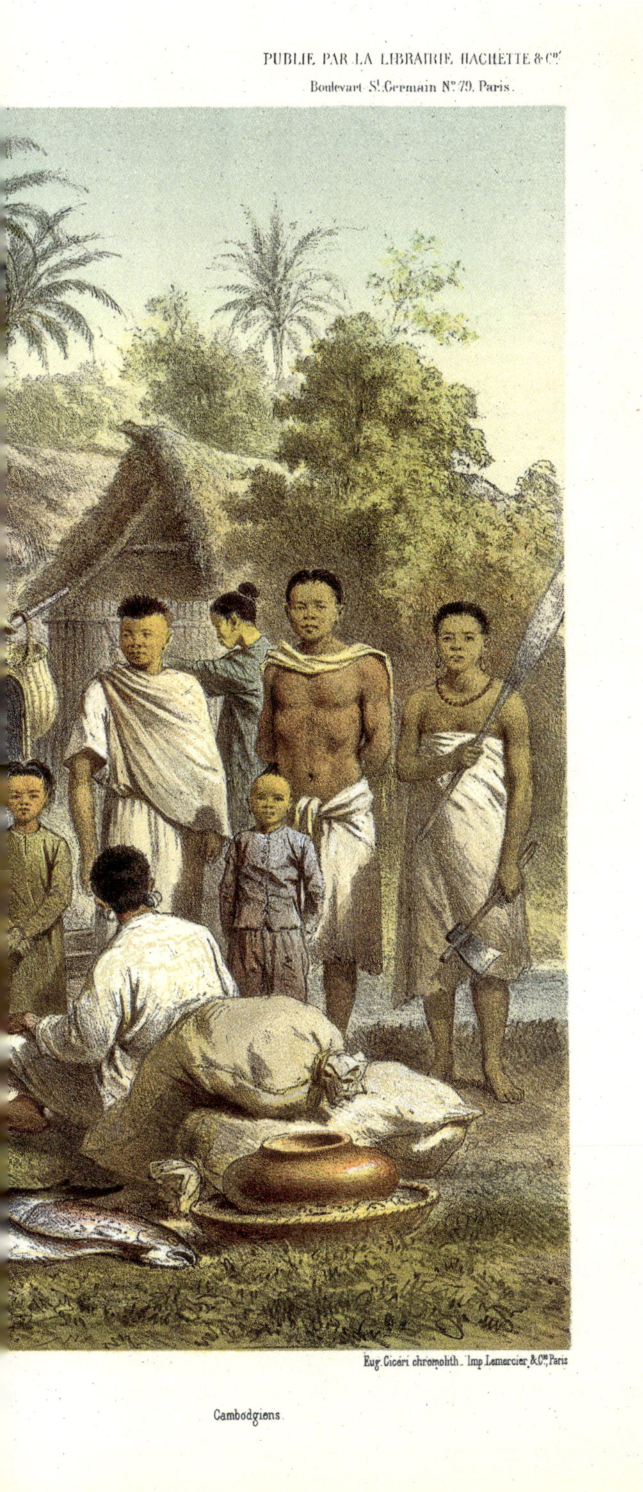

« Costumes annamites, cambodgiens et siamois », 1873 [ILL. 3]

Louis Delaporte (d'après), Janet-Lange (dessin), Eugène Cicéri (lithographie)

Francis Garnier (dir.), *Atlas du Voyage d'exploration en Indo-Chine effectué pendant les années 1866, 1867 et 1868 par une commission française présidée par M. le capitaine de frégate Doudart de Lagrée*, 2e partie, album pittoresque, 1873

Au mitan des années 1860, la France, souhaitant accroître son influence territoriale et commerciale dans la péninsule indochinoise et contrer les ambitions britanniques sur la région, se met en quête de nouvelles voies d'accès à la Chine. Le Mékong apparaît comme une route possible : le ministre de la Marine, le marquis de Chasseloup-Laubat, également président de la Société de géographie, décide en avril 1865 de lancer une mission d'exploration dont le commandement est confié au capitaine Ernest Doudart de Lagrée, secondé par l'officier de marine Francis Garnier. Des savants se joignent au voyage. Parmi eux, Louis Delaporte rapporte notamment des dessins du site d'Angkor. Ernest Doudart de Lagrée ne reviendra pas de ce voyage : il meurt de maladie à Tong-Tchouen.

JULES VERNE
LE SUPERBE
ORÉNOQUE
VOYAGES
EXTRAORDINAIRES
COLLECTION HETZEL

De Jean Chaffanjon à Jules Verne,
de l'Orénoque au *Superbe Orénoque*

Lionel Dupuy

Pour l'écriture des 62 romans composant la série des « Voyages extraordinaires », Jules Verne s'est souvent inspiré d'explorations passées ou en cours. Le romancier s'appuie sur les publications scientifiques de son époque afin d'asseoir son récit dans un réel géographique plausible, dont il se détache progressivement au cours de l'écriture, pour basculer vers une géographie plus imaginaire où le mythe occupe parfois une place centrale. Dans cette production figure un titre peu connu du grand public, *Le Superbe Orénoque*, paru en 1898. La trame semble relativement simple : accompagné de son oncle, Jean de Kermor remonte jusqu'aux sources du fleuve vénézuélien, afin de retrouver la trace de son père disparu. Ce roman géographique est directement inspiré de l'expédition de Jean Chaffanjon aux sources de l'Orénoque, et particulièrement du récit que celui-ci tira de son voyage, *L'Orénoque et le Caura*, publié en 1889. Dans une lettre adressée à l'explorateur, datée du 14 août 1900, Jules Verne le précise d'ailleurs lui-même : « Cette lecture m'a donné la pensée de puiser dans votre œuvre des éléments d'un volume pour la série des Voyages extraordinaires, parmi lesquels le vôtre doit être rangé au premier rang. »

La première technique employée par Verne pour ancrer son roman dans une géographie identifiable consiste à y intégrer (parfois littéralement) des descriptions issues de ses lectures. Avec le récit de Chaffanjon, la *Nouvelle Géographie universelle* (tome XVIII, *Amérique du Sud. Les régions andines*, 1893) d'Élisée Reclus est la deuxième source principale utilisée ici par Jules Verne. Il se trouve que celle-ci évoque, carte à l'appui, le légendaire lac Parime au bord duquel serait située Manoa, l'imaginaire petite ville autrement connue sous le nom d'Eldorado, censée être fabuleusement riche en or. Mythe et réalité se conjuguent dès lors sous la plume de l'écrivain : remonter jusqu'aux sources de l'Orénoque, c'est aussi remonter le temps, explorer un territoire inconnu, un angle mort de la connaissance géographique qui alimente les représentations les plus diverses. Jules Verne met d'ailleurs en scène à la fin de son roman une improbable et hypothétique mission évangélique qui constitue en quelque sorte un avatar romanesque de Manoa.

Si les travaux d'Élisée Reclus servent à planter le décor général du *Superbe Orénoque*, l'ouvrage de Jean Chaffanjon apporte les précisions dont l'auteur a besoin pour construire son récit. Jules Verne l'oriente toujours en fonction des informations données par l'explorateur : si ce dernier décrit un village en expansion,

***Le Superbe Orénoque*, 1898** [EXP. 41]
Jules Verne (auteur), Georges Roux (illustration)

immanquablement le romancier poursuit cette dynamique, le village ayant gagné quelques habitants depuis le passage du voyageur français. Si celui-ci décrit un village qui dépérit, Jules Verne accentue son déclin. Reprenant systématiquement les données fournies par Chaffanjon, il procède par extrapolation, prenant ainsi peu à peu de la distance avec la réalité évoquée.

Au terme de leur expédition, les héros verniens atteignent la mission de « Santa-Juana ». Pure invention romanesque, celle-ci procède d'un merveilleux géographique, dans une aventure qui s'appuie donc en grande partie sur un récit de voyage réel. La localisation de la mission de Santa-Juana participe directement du mythe de l'Eldorado. Située à une cinquantaine de kilomètres en amont du rio Torrida, lui-même affluent imaginaire de l'Orénoque, elle s'inscrit au cœur d'un territoire que Jean Chaffanjon n'a cependant pas visité. Jules Verne peut par conséquent laisser libre cours à son imagination, évoquer une forme de paradis terrestre où les hommes et les femmes vivent en harmonie avec la nature. La mission de Santa-Juana est dirigée par le père Espérante qui n'est autre que le père de Jean de Kermor, lequel est en fait une jeune femme : Jeanne de Kermor, qui s'est fait passer pour un homme afin de faciliter son voyage.

Jean Chaffanjon est cité directement 36 fois dans le roman, sans compter les nombreuses périphrases : « explorateur français », « audacieux explorateur », « hardi explorateur ». Dans sa lettre de 1900, Jules Verne utilise également cette dernière expression pour s'adresser au voyageur : « le hardi explorateur que vous êtes ». La figure de Jean Chaffanjon est donc fondamentale dans le récit vernien. Les héros de Jules Verne suivent ses pas, empruntent le même itinéraire, au point que la carte qui figure dans le roman est exactement la même que celle présentée dans le récit de Jean Chaffanjon. À une différence près, comme nous l'avons vu précédemment : le rio Torrida et la mission de Santa-Juana sont de pures inventions. Le merveilleux et le mythe alimentent ici une géographie imaginaire qui permet de combler dès lors les parties non explorées par Jean Chaffanjon au cours d'un voyage qui, lui, fut bien réel. Si la fiction romanesque permet d'aller au-delà du récit d'exploration, ce dernier en demeure cependant le préalable nécessaire, conduisant à l'écriture d'un *voyage* littéralement *extraordinaire*. En effet, les lecteurs de l'époque ne connaissaient évidemment pas ces territoires, lesquels étaient souvent porteurs de mythes, légendes et autres représentations singulières. L'extraordinaire est donc présent dans ces deux voyages, mais il y est décliné différemment. Là où Jean Chaffanjon accomplit un voyage extraordinaire en décrivant dans son récit les épreuves qu'il a endurées, les exploits qu'il a accomplis, Jules Verne, en romancier, met en scène un autre voyage, toujours aux sources de l'Orénoque, mais où l'extraordinaire prend la forme d'une mission évangélique qui n'est pas sans rappeler le mythe de l'Eldorado.

Bien qu'ayant eu un succès limité, *Le Superbe Orénoque* constitue, avec d'autres « Voyages extraordinaires » de Jules Verne, l'une des figures de proue du roman géographique, un genre qui permettait de s'instruire tout en se divertissant et où l'exploration, associant réel et imaginaire, constituait déjà une réflexion sur les relations complexes qui se développent entre les hommes, les sociétés et les territoires.

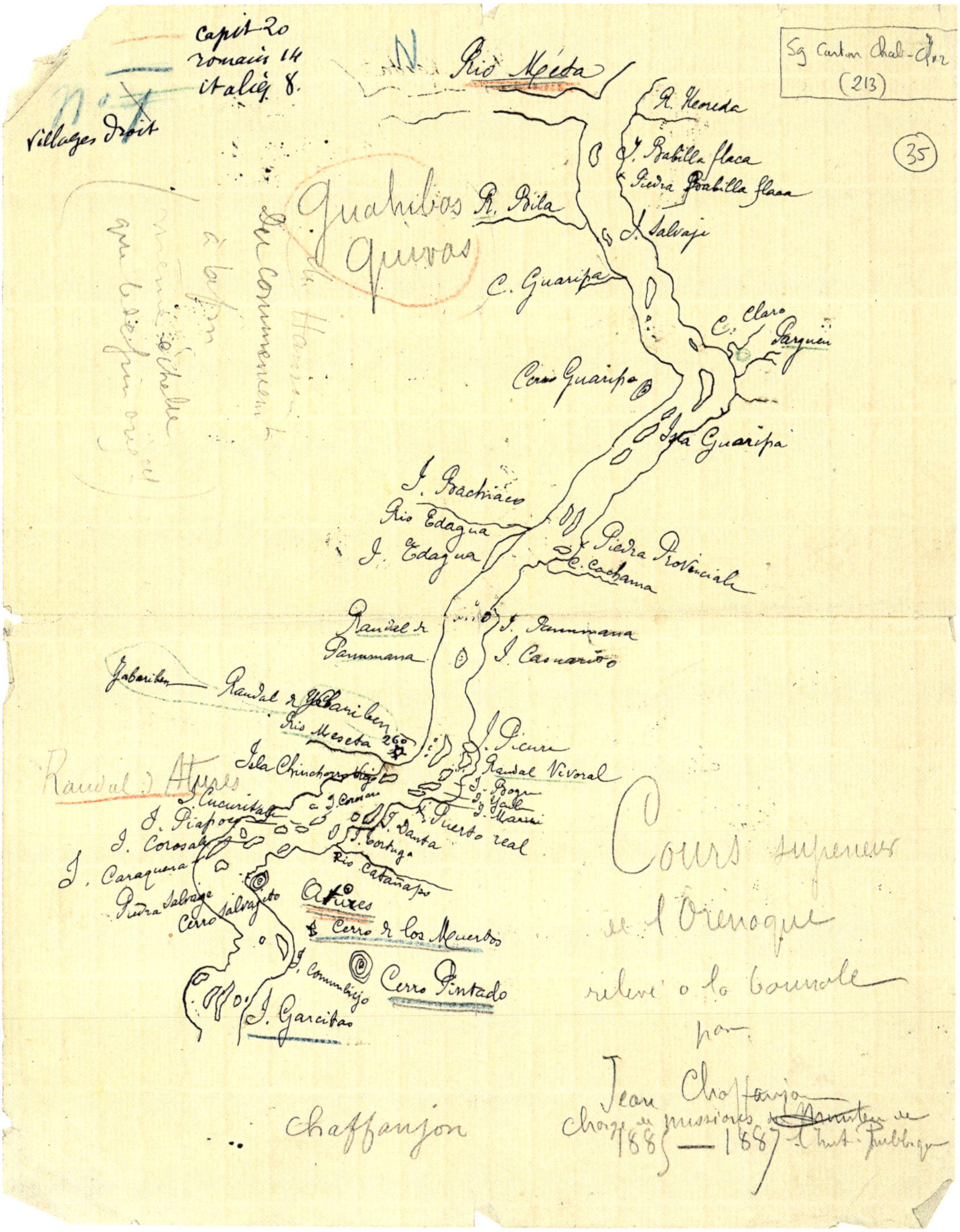

« Cours supérieur de l'Orénoque relevé à la boussole », 1886 [EXP. 45]
Jean Chaffanjon

Pirogue de l'expédition Jean Chaffanjon sur le haut Orénoque, 1886 [EXP. 43]

Auteur non identifié

En 1884-1885, Jean Chaffanjon entreprend une première mission dans le bassin inférieur de l'Orénoque, qu'il parvient à remonter jusqu'au confluent du Rio Meta. Un an plus tard, il entame une seconde expédition pour explorer cette fois le haut Orénoque et en découvrir les sources. S'il n'a pas atteint son but, l'explorateur a largement contribué à documenter la géographie du fleuve.

Page de droite

« Pour varier votre ordinaire ! dit M. Miguel », 1898 [ILL. 4]

Georges Roux (illustration)

Jules Verne, *Le Superbe Orénoque*, 1898

Georges Roux, pour illustrer le roman de Jules Verne, semble s'être directement inspiré des photographies prises au cours de l'expédition de Jean Chaffanjon. Le lien entre les deux aventures, la réelle et la fictionnelle, n'en est que plus fort.

« POUR VARIER VOTRE ORDINAIRE ! » DIT M. MIGUEL. (Page 73.)

CHAPITRE I

Politiques de l'exploration

Olivier Loiseaux

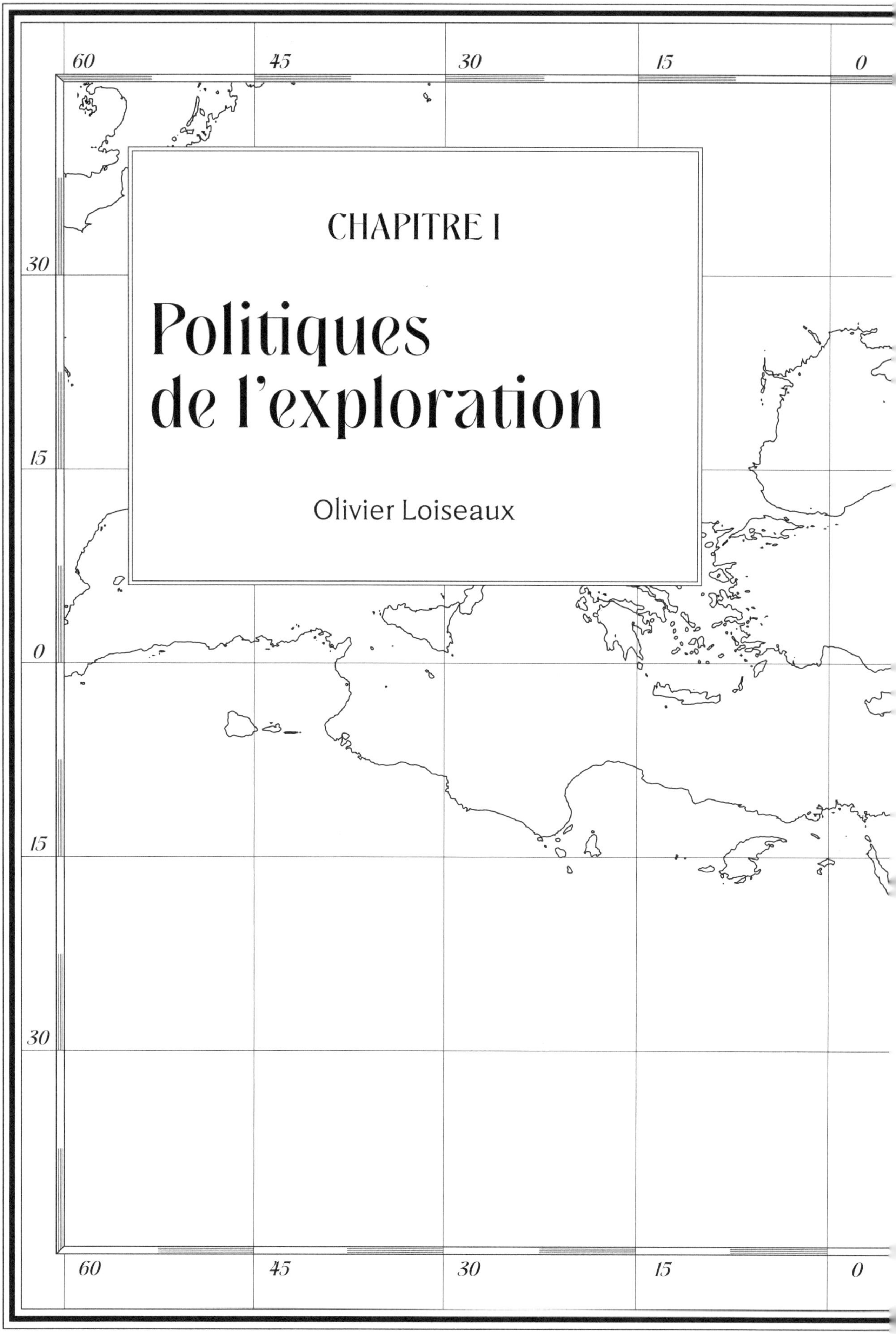

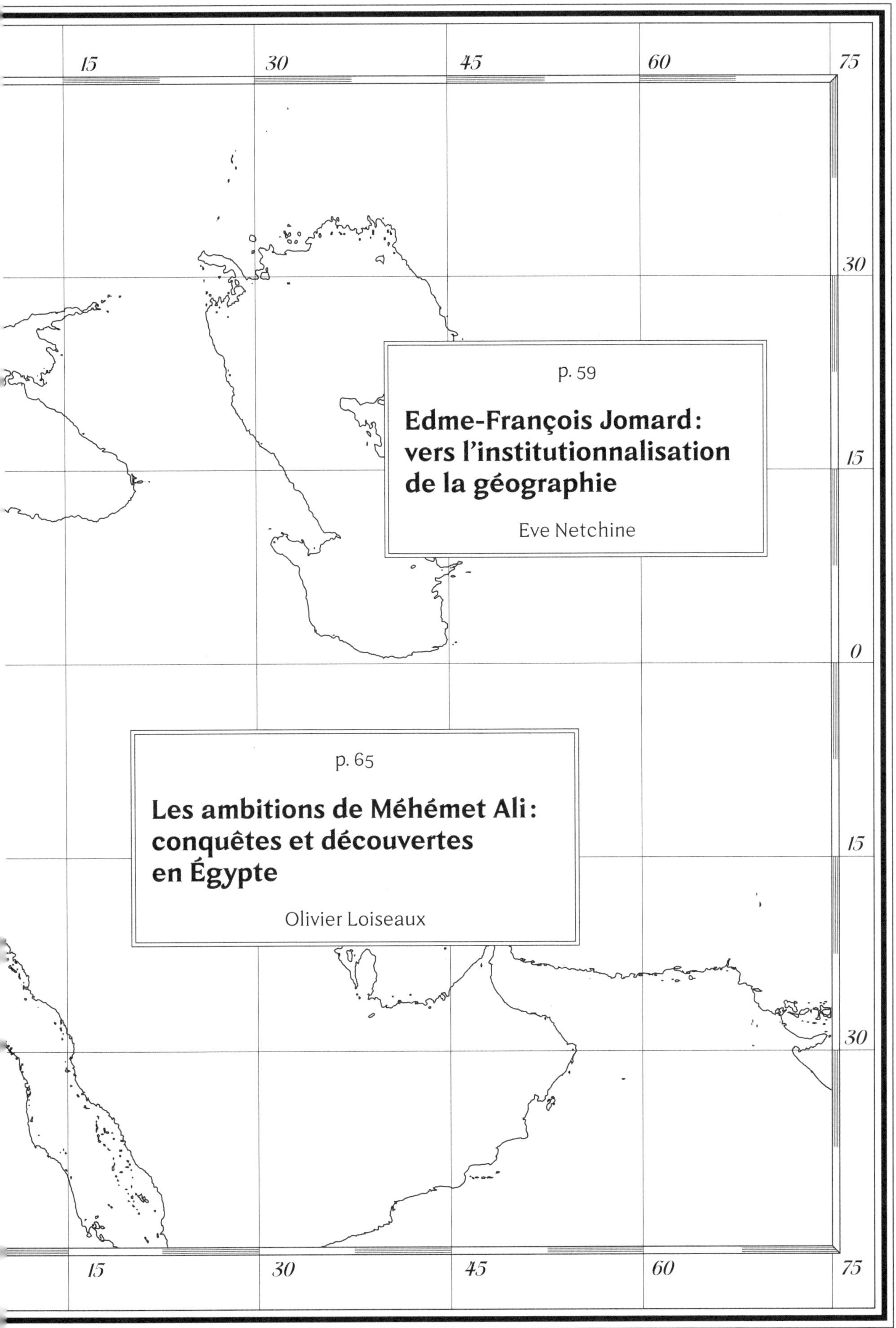

Le *Salazie* [?], paquebot des Messageries maritimes, Annam, c. 1904-1907 [EXP. 268]
Gabrielle Vassal

Les bouleversements techniques du XIXe siècle modifient les manières d'explorer, et suscitent l'intérêt des voyageurs. Par cette photographie prise sur la côte vietnamienne et projetée lors d'une conférence donnée à la Société de géographie le 17 mars 1911, l'exploratrice Gabrielle Vassal souligne le contraste entre une embarcation traditionnelle et les progrès des machines à vapeur, qui permettent de transporter hommes et matériel à l'assaut des lointains.

Politiques de l'exploration

Olivier Loiseaux

Au sortir des guerres de l'Empire, qui ont concentré les énergies sur le continent européen jusqu'au mitan des années 1810, les voyages d'exploration connaissent un renouveau qui s'étend sur près d'un siècle. Les progrès techniques liés à la Révolution industrielle en changent alors radicalement les conditions : la machine à vapeur permet des expéditions maritimes et fluviales plus rapides, les progrès de l'armement rendent possibles les voyages vers l'intérieur des continents, le chemin de fer qui se développe transporte hommes et matériels beaucoup plus facilement.

Tout au long du XIXe siècle, les motivations qui animent les expéditions sont multiples et souvent imbriquées. Impliquant de très nombreux acteurs, individuels ou collectifs, ces voyages s'inscrivent dans le contexte économique, scientifique et politique de l'expansion européenne dans le monde. La curiosité scientifique, le désir d'aller percer le mystère de régions encore inconnues des Européens, la volonté de découvrir et de décrire des réalités nouvelles, telles sont certes les ambitions premières du voyage d'exploration. Le goût de l'aventure est à lui seul une puissante motivation qui a d'ailleurs déterminé de très nombreux engagements individuels. À ces préoccupations s'en ajoutent d'autres, notamment économiques : la recherche de matières premières, l'exploitation de ressources, la conquête de débouchés commerciaux sous-tendent nombre d'expéditions, ou en sont la raison principale. Par ailleurs, les enjeux politiques qui s'affirment au cours de la seconde moitié du XIXe siècle et l'impérialisme européen orientent également fortement le voyage de découvertes. Le dernier quart du siècle ouvre l'ère de l'exploration nationaliste et colonialiste ;

« L'Explorateur », 1894 [ILL. 5]
Athanase Fossé (sculpture),
Roland Bonaparte (photographie)

La scène sculptée par Athanase Fossé, saisie par l'appareil photographique de Roland Bonaparte, témoigne de l'imaginaire racial qui entoure au XIXe siècle les entreprises d'exploration : debout, l'explorateur « blanc » semble montrer ici le chemin de la civilisation à l'« indigène », à genoux et comme enchaîné au bras de son maître. Destinée au ministère des Colonies, la statue a été offerte en 1894 à Théophile Delcassé.

le voyage et la somme d'informations géographiques que celui-ci permet de récolter deviennent alors les préludes à l'occupation du territoire reconnu. Convaincue de la supériorité de son modèle et des devoirs qui lui incombent, l'Europe doit assumer le « fardeau de l'homme blanc », selon les mots de Rudyard Kipling : l'évangélisation, la « mission civilisatrice », l'action des « philanthropes » dans la lutte contre l'esclavage ont aussi constitué le terreau idéologique de nombreuses entreprises d'exploration.

Curiosité scientifique, puissances coloniales et développement économique

Les États sont les premiers commanditaires de voyages lointains. En France, les ministères de la Marine, de la Guerre et des Colonies jouent tout au long du XIXe siècle un rôle de premier plan dans l'organisation d'expéditions au cours desquelles opérations de conquête territoriale et missions d'exploration sont étroitement associées. Jules Dumont d'Urville, Ernest Doudart de Lagrée ou encore Pierre Savorgnan de Brazza sont des officiers de Marine qui explorent et prennent possession de territoires au nom de la France. L'État est aussi à l'initiative de grandes campagnes d'investigation scientifique, menées à la suite de guerres de conquête ou de campagnes militaires : description de l'Égypte (1809-1822), Commission d'exploration scientifique de l'Algérie (1839-1842), Commission scientifique du Mexique (1864-1867). Chaque fois, un collège de spécialistes de diverses disciplines est mobilisé pour conduire un inventaire général du territoire.

L'État répond aussi à des initiatives personnelles. Le ministère de l'Instruction publique dispose de crédits permettant de parrainer des voyageurs. Il reçoit des demandes de missions, les évalue et accorde ou non son soutien. Il peut s'agir d'un simple support logistique (passeports, recommandations, facilités de circulation, contacts avec d'autres institutions), ou d'un appui financier[1]. Plus de 2300 missions seront ainsi attribuées entre 1840 et 1914 à des voyageurs, parmi lesquels figurent Désiré Charnay, Fernand Foureau, Lucien Fournereau ou encore Jean Chaffanjon.

Au Royaume-Uni, le gouvernement lance également de nombreuses missions. C'est en 1848 que James Richardson se voit confier la conduite d'une expédition en Afrique centrale, mission diplomatique et commerciale aux ambitions anti-esclavagistes, à laquelle participent des savants étrangers, dont Heinrich Barth. L'Hydrographic Office, créé au sein de l'Amirauté en 1795, est lui étroitement impliqué dans l'organisation de voyages d'exploration maritime. Il pilote ou accompagne les expéditions de Francis Beaufort, William Parry et Ernest Shackleton dans leur exploration des pôles. Dans les possessions britanniques, l'administration du territoire est souvent déléguée à des acteurs privés : les compagnies commerciales « à charte », créées avec l'appui de l'État pour soutenir la colonisation et assurer l'exploitation des territoires concernés, sont de puissants leviers au service des grandes entreprises d'exploration. C'est par exemple sous les auspices de l'East India Company qu'est initiée la Grande Triangulation cartographique de l'Inde, le pouvoir central souhaitant disposer d'une représentation la plus fiable possible de l'espace, ou bien qu'est conduite l'exploration des régions tibétaines par les « pundits », au-delà des limites de l'Empire. Avec la mise en place de l'ordre colonial, l'établissement des frontières conduit les États à envoyer des missions sur le terrain, missions pour lesquelles la connaissance géographique du territoire est une donnée essentielle. Le War Office et son Corps of Royal Engineers sont ainsi aux manettes de nombreuses opérations de délimitation géographique.

Aux États-Unis, l'exploration de l'Ouest américain est de même pilotée au plus haut niveau. Thomas Jefferson confie en 1804 au capitaine Lewis et au lieutenant Clark la mission de remonter le Missouri pour trouver une route commerciale vers le Pacifique et

1 Bourquin, 1993.

évaluer les potentialités de ces régions achetées à la France l'année précédente. En 1853, le Congrès vote le financement de missions chargées d'étudier les trajets de chemins de fer transcontinentaux. Au sortir de la guerre de Sécession, les quatre « surveys » lancés dans l'Ouest par le gouvernement américain entre 1867 et 1879 sont des missions d'exploration principalement topographiques et géologiques dotées d'un budget considérable : deux sont conduites par le département de la Guerre (missions King et Wheeler) et deux par le département de l'Intérieur (missions Hayden et Powell).

Côté russe, la Sibérie, colonisée à partir du XVIIe siècle, est un vaste territoire encore largement méconnu au XIXe. Nombreux sont les voyageurs russes et occidentaux à la sillonner : tous le font sur recommandation officielle, avec le soutien du pouvoir central russe, intéressé par les ressources naturelles, ou celui des gouverneurs de régions. C'est ainsi que l'ingénieur Joseph Martin explore la Sibérie de 1879 à 1887, chargé par l'État-major russe de plusieurs missions de prospection minière entre les fleuves Léna et Amour.

Le financement de l'exploration est cependant loin d'être le fait des seules sphères d'influence politique. Les préoccupations économiques qui s'affirment au cours du XIXe siècle impliquent de nouveaux acteurs : sociétés de géographie commerciale ou compagnies d'exploitation commerciale. Des groupes de pression, comme le Comité de l'Afrique française, organe du Parti colonial en France, visent eux aussi à promouvoir la mise en valeur des territoires conquis. Contrôle politique, missions d'exploration et intérêts économiques convergent. C'est dans ce contexte que se déroule la mission de Jean-Marc Bel au Congo en 1906-1907 à laquelle participe sa femme Amélie comme correspondante pour le Muséum. Patronnée par plusieurs ministères, la mission étudie la région entre Brazzaville et l'océan Atlantique au plan économique : culture du caoutchouc, exploitation minière, construction d'une ligne de chemin de fer.

Les sociétés missionnaires jouent enfin un rôle important dans l'exploration et la connaissance des mondes nouveaux. Les missionnaires sont souvent parmi les premiers voyageurs à traverser des territoires inconnus, à entrer en contact avec les populations, à étudier les langues locales. La London Missionary Society, très active dans les archipels du Pacifique, apporte une contribution significative à la connaissance européenne de ces régions. C'est elle qui envoie en 1840 David Livingstone en Afrique australe pour sa première expédition. La Société des Missions étrangères de Paris, centrée sur l'Indochine, avant d'élargir son champ d'action à l'Asie en général, participe elle aussi à l'exploration des territoires dans des domaines aussi variés que l'histoire naturelle, la géologie, l'ethnologie. En 1850, le prêtre Charles-Émile Bouillevaux redécouvre notamment les ruines d'Angkor.

***La Guerre à Madagascar*, 1895** [EXP. 224]

Louis Bombled (dessin)

Planter le drapeau en terre étrangère fait partie de la gestuelle des explorateurs. Elle peut être symbolique, et marquer le passage, mais est de plus en plus souvent associée à l'entreprise impériale. En 1896, Joseph Gallieni est envoyé à Madagascar comme commandant supérieur des troupes du corps expéditionnaire. Cette affiche de propagande, diffusée quelques mois avant le départ des troupes, a pour but d'obtenir l'adhésion des Français à l'entreprise colonisatrice. Elle reprend les motifs de la toute-puissance européenne : le jeu d'échelle réduit la Grande Île aux dimensions d'un paillasson.

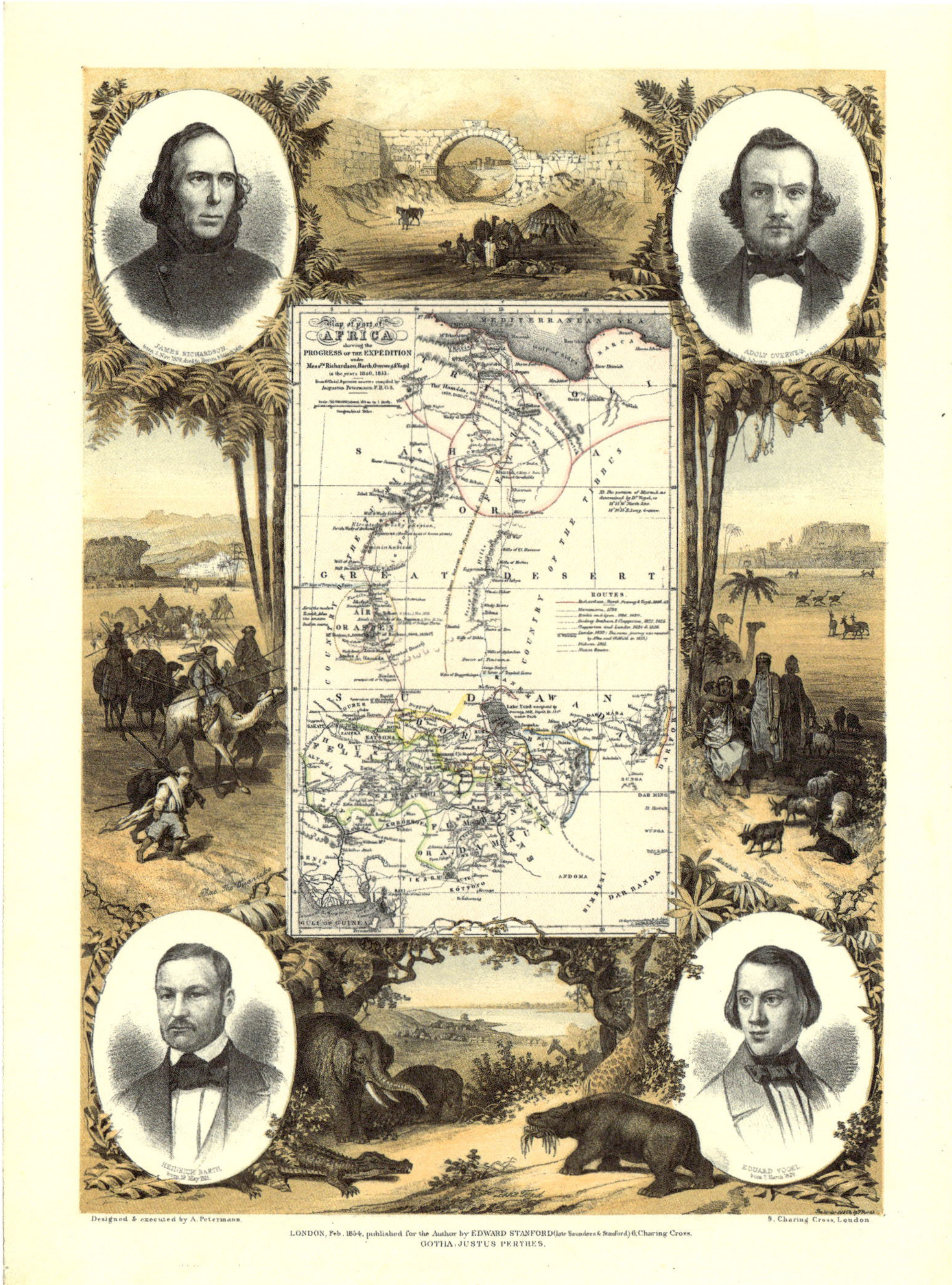

***An account of the progress of the expedition to Central Africa…*, 1854** [ILL. 6]

Augustus Petermann

En 1849, le gouvernement britannique lance une grande expédition commerciale et scientifique au Soudan. La direction en est confiée au pasteur James Richardson, accompagné du géologue Adolf Overweg, de l'astronome Eduard Vogel et du linguiste Heinrich Barth. Les protagonistes de l'expédition sont représentés dans ce frontispice d'Augustus Petermann, qui associe cartographie détaillée des itinéraires suivis et tableaux exotiques empreints de représentations stéréotypées de l'Afrique.

Deux exemples pris outre-Atlantique montrent que d'autres acteurs plus atypiques dans ce paysage institutionnel peuvent aussi entrer en jeu. C'est le *New York Herald*, un quotidien américain à grand tirage, à la recherche d'un coup médiatique, qui finance l'expédition Stanley à la recherche de Livingstone. En 1880, pour son second voyage au Yucatán, Désiré Charnay, bien que missionné par le ministère français de l'Instruction publique, bénéficie du soutien financier du fabricant américain de tabac Pierre Lorillard, par ailleurs érudit et passionné d'archéologie américaine.

Parrainage et instructions aux voyageurs

Le soutien politique, militaire ou financier aux voyages d'exploration s'accompagne le plus souvent du parrainage scientifique d'une institution savante. Orienter le voyageur en lui fournissant des repères pour aborder telle région inconnue, le guider dans l'organisation de son voyage, le diriger dans ses observations à venir : tels sont les buts des instructions aux voyageurs que rédigent nombre de sociétés savantes[2].

Dans la seconde moitié du XVIIIe siècle, les pratiques d'accompagnement des voyageurs connaissent de profondes mutations. Les expéditions de circumnavigations, longues et périlleuses, nécessitent alors une préparation considérable et un soutien économique. La rédaction d'instructions permet aux institutions de diriger les observations des voyageurs et de s'approprier au retour les résultats de la mission. Le voyageur est désormais investi d'une fonction publique : il est appelé à contribuer à l'enrichissement des connaissances scientifiques ; il doit suivre des consignes et rendre compte de son voyage. Pour chacune de ses trois expéditions, James Cook reçoit des directives de l'Amirauté britannique et de la Royal Society. En France, l'Académie des sciences rédige une série de mémoires destinés au voyage de Jean-François de Lapérouse (1785-1788). Relais du pouvoir, l'Académie est ainsi « priée par l'État d'organiser, de vérifier et de cautionner les aspects scientifiques » de nombreux voyages d'exploration[3].

À Londres, l'African Association, ancêtre des sociétés de géographie, dont le but est la « découverte » de l'intérieur de l'Afrique, est créée en 1788. Joseph Banks, son premier président, envoie plusieurs explorateurs vers le Niger afin de résoudre la double énigme de l'orientation et de la localisation du cours du fleuve. Mungo Park puis Friedrich Hornemann partent avec des instructions rédigées sous les auspices de l'African Association par le major Rennell sur des données géographiques à collecter.

Malgré la publication, à la fin du XVIIIe siècle, de plusieurs séries d'instructions générales encyclopédiques à l'usage des voyageurs[4],

2 Collini, Vannoni, 2005.
3 Blais, 2004, p. 8.
4 Kury, 1998.

***Astronomers of the United States Geographical Survey*, 1872** [ILL. 7]
William Henry Jackson

Entre 1867 et 1879, au sortir de la guerre de Sécession, quatre grandes missions gouvernementales d'exploration sont lancées dans l'Ouest américain. La photographie a désormais une place essentielle parmi les outils de collecte d'informations : William Henry Jackson est intégré à l'expédition confiée au géologue Ferdinand Vandeveer Hayden. Ayant d'abord pour but d'explorer le territoire du Nebraska, celle-ci prend en 1869 le titre de « United States Geological Survey of the Territories » et incorpore un vaste territoire allant du Colorado au nord des Rocheuses. Des scientifiques de toutes disciplines sont présents : topographes, géologues, cartographes, botanistes...

les recommandations qui leur sont adressées au XIXe siècle restent marquées par une forte spécialisation disciplinaire. Muséums, académies, sociétés savantes, en France comme à l'étranger, chaque institution a son propre modèle d'enquête, sa propre manière de tenir le voyageur sous contrôle : par le biais des instructions qu'elles formulent, chacune vise à enrichir ses propres archives. Héritier d'une longue tradition d'accompagnement des explorateurs, le Muséum publie ainsi des *Instructions pour les voyageurs naturalistes* en 1818. La Société impériale zoologique d'acclimatation publie en 1862 ses *Instructions sur les envois d'animaux et de végétaux.*

Les instructions spécialisées ne sont pas réservées au seul champ de l'histoire naturelle : au XIXe siècle, de nouvelles sciences, en particulier l'ethnologie et l'anthropologie, se développent et vont donner matière à confier aux voyageurs des tâches de collecte d'échantillons fiables pour la constitution de collections ethnologiques et craniologiques. L'éphémère Société des observateurs de l'homme (1799-1804) publie en 1800 sous la plume de Joseph Marie de Gérando les *Considérations sur les diverses méthodes à suivre dans l'observation des peuples sauvages,* texte fondateur dans le domaine des sciences de l'homme, mais il faudra attendre 1840 pour que la Société ethnologique de Paris publie ses *Instructions générales aux voyageurs* et 1865 pour que Paul Broca rédige en 1865 un volume similaire pour la Société d'anthropologie de Paris.

C'est dans ce contexte de renouveau dans l'accompagnement scientifique des voyageurs qu'est créée à Paris, en 1821, la Société de géographie, qui s'est donné pour but de « faire entreprendre des voyages dans les contrées inconnues ». Victor-Adolphe Malte-Brun, son premier secrétaire général, précise les moyens d'y arriver : « Une Instruction générale sur les besoins de la science [géographique] et une Série de Questions, choisies d'après des vues scientifiques, ne sont-ce pas les moyens les plus naturels, les plus efficaces pour atteindre à cette partie de notre but général ? » Il conclut enfin sur le rôle que doit jouer la Société de géographie : « Nous dirigerons du fond de notre salle de réunion l'impulsion géographique de notre âge[5]. »

Plus d'une centaine de questionnaires sont ainsi rédigés entre 1822 et 1875 par des membres de la Société de géographie spécialistes de la région ou du sujet concerné. Notons que ces textes sont très inégaux, allant de la simple curiosité à l'enquête scientifique méthodique. Regroupés en une première série de 17 questionnaires publiée en 1824 puis en une seconde de 14 publiée en 1856, beaucoup sont néanmoins restés manuscrits, ou ont été transmis au voyageur sans être conservés dans les archives. Au retour, les réponses aux questions sont publiées dans les Mémoires de la Société de géographie.

5 Malte-Brun, 1823.

« Préparation du mact [lait fermenté]. Iliats : nomades du Lar », 1890 [EXP. 75]

Jean-Baptiste Feuvrier, Carnet de croquis n° 1 du voyage en Perse, 1889-1892, f. 49

Jean-Baptiste Feuvrier, médecin militaire français, est attaché à la personne du shah de Perse Nassereddin en 1889. Durant trois ans, il est le témoin de la vie quotidienne à la cour et suit le souverain dans tous ses déplacements.

« Seïd et Mollah », 1892 [EXP. 77]

Jean-Baptiste Feuvrier, Carnet de croquis n° 2 du voyage en Perse, 1889-1892, f. 85

La haute vallée du Lar, au nord de Téhéran, est un lieu de villégiature très prisé par le shah. Feuvrier a l'occasion durant l'été 1890 d'entrer en contact avec les éleveurs nomades Iliats.

C'est le plus souvent le voyageur lui-même qui, désireux d'obtenir une caution scientifique, sollicite des instructions de la Société de géographie. Parfois, la demande émane de l'institution qui parraine l'explorateur. Le ministère de la Marine fait ainsi appel à la Société de géographie pour guider le voyage conduit par Léopold Panet du Sénégal à l'Algérie (1845), comme le fait la Société des Missions évangéliques pour ses missionnaires en Afrique du Sud (1830). Généralement, le voyageur part avec un dossier constitué de plusieurs séries de questions émanant de diverses institutions (Académie, Muséum...). La Société de géographie peut aussi rédiger une lettre de recommandation à l'attention d'un correspondant du voyageur, ou solliciter pour celui-ci un laissez-passer auprès des autorités locales du pays visité.

Les instructeurs sont souvent d'anciens voyageurs : c'est au prestigieux explorateur de l'Amérique latine Alcide d'Orbigny que la Société confie la rédaction d'instructions pour le voyage en Uruguay de Victor Martin de Moussy; c'est Edme-François Jomard qui écrit à Émile Prisse d'Avennes pour des points à éclaircir à Méroé; c'est à l'ancien gouverneur du Sénégal, le baron Roger, que l'on pense pour des questions à David Boilat. La remise d'instructions à un voyageur s'accompagne parfois d'un prêt de cartes géographiques ou d'instruments scientifiques : baromètre, thermomètre, etc. Les demandes de mesures à effectuer ou à vérifier sur le terrain sont très courantes, conséquence de la prééminence de la géographie physique dans les questionnaires. La nomenclature, la juxtaposition de faits priment souvent sur l'analyse et l'interaction des phénomènes. L'approche privilégiée par la Société de géographie reste néanmoins celle d'instructions particulières, dictées par les spécificités du lieu et centrée sur les lacunes de la connaissance à combler.

Ces instructions reposent sur une répartition stricte des tâches entre les savants qui analysent les données, valident les résultats et dirigent les explorations depuis leur cabinet de travail, et les voyageurs qui rapportent des observations, collectent des informations et exécutent des instructions[6]. S'affirme ainsi une prépondérance de l'érudition sur le travail de terrain.

Face à la spécialisation disciplinaire des questionnaires émis par les sociétés savantes, des voix se font néanmoins entendre pour que soient élaborées des « instructions générales et applicables à tous les pays[7] ». Un premier effort de synthèse est mené par Antoine d'Abbadie, explorateur lui-même, qui publie en 1867 une notice d'instructions de près de 40 pages[8]. Il faut pourtant attendre 1875 pour qu'enfin soient publiées par la Société de géographie les *Instructions générales aux voyageurs*, auxquelles répondent à la même époque les équivalents anglais (Francis Galton, *Hints to Travellers*, 1878), allemand (Georg Neumayer, *Anleitung zu wissenschaftlichen Beobachtungen*

6 I. Laboulais-Lesage, « Voyager en géographe au XIXe siècle », *in* Chabaud, 2000, p. 475-485

7 *Bulletin de la Société de géographie*, 1867, 5e série, XIII, p. 110.

8 Abbadie, 1867.

auf Reisen, 1875), italien (Arturo Issel, *Istruzioni scientifiche pei viaggiatori*, 1875), ainsi que plusieurs ouvrages pratiques comme le *Manuel du voyageur* de David Kaltbrunner (1879). Ces instructions fournissent à la fois des conseils pratiques dans la préparation du voyage, des recommandations sur le matériel indispensable à emporter, des méthodes pour la collecte d'informations ainsi que les rudiments nécessaires à l'utilisation des principaux instruments de relevé. Le voyageur y trouve des réponses face aux difficultés qu'il aura à affronter, mais surtout des questions à résoudre dans tous les domaines de la connaissance : topographie et hydrographie, météorologie et botanique, anthropologie et ethnographie.

Enfin, la Société de géographie, dans sa panoplie d'outils à « l'invitation au voyage », a dès son origine conçu un système de prix proposés pour des travaux ou des voyages géographiques à entreprendre, le plus célèbre étant le prix d'encouragement pour un « voyage à Tombouctou et dans l'intérieur de l'Afrique », créé en 1825, qui motiva René Caillié. Deux grands prix directement liés à l'exploration, dotés chacun d'une médaille d'or, sont fondés dans les années suivantes : le Grand Prix des explorations et voyages de découverte en 1828 et le Grand Prix pour voyages d'étude, missions et travaux en 1830.

Le soutien financier direct aux voyageurs est plus tardif. En 1866, la Société de géographie organise une souscription publique pour le voyage de François Le Saint sur le Haut-Nil. Le reliquat financier est utilisé pour constituer un fonds des voyages. Entre 1872 et 1875, 15 000 francs sont versés à des voyageurs dont Pierre Savorgnan de Brazza, Henri Duveyrier, Francis Garnier, Joseph Martin ou encore le rabbin Mardochée Aby Serour[9]. Au tournant du siècle, une série de legs permet à la Société de géographie de financer ou de participer à l'organisation de quelques grandes missions : la mission Foureau-Lamy (financée par le legs Renoust des Orgeries en 1894), la mission Lenfant, la mission Moll, ou encore l'expédition antarctique de Jean-Baptiste Charcot.

Majoritairement européenne, l'exploration n'est pas pour autant l'apanage des seuls chefs d'États et institutions du Vieux Continent. La curiosité géographique, le goût pour les voyages au lointain, le soutien à l'exploration se développent aussi ailleurs – avec des motivations propres aux pays concernés. Au XIXe siècle, des souverains non européens font preuve d'un intérêt nouveau pour la connaissance territoriale de leurs propres pays, entreprenant des missions ou des voyages hors de leurs frontières, commanditant ou finançant des explorations. L'Europe aussi est terre de découvertes pour ces monarques qui la visitent dans un but diplomatique, par intérêt pour la technologie européenne, mais aussi pour rencontrer une autre

9 Fierro, 1983, p. 212.

civilisation. Nassereddin, shah de Perse, passionné par la photographie, est un de ces souverains-voyageurs qui se rendent en Europe. Dans son propre pays, il fournit à de nombreux explorateurs, parmi lesquels Jean-Baptiste Feuvrier, médecin français à son service pendant trois ans, l'escorte nécessaire pour se déplacer en toute sécurité dans les régions reculées. Au cours de son règne (1868-1910), Chulalongkorn, roi du Siam, visite à son tour l'Europe à de nombreuses reprises. Il a conscience de la position fragile de son pays, pris en tenaille entre les possessions françaises et britanniques et dernier territoire hors du joug colonial en Asie sud-orientale. Il comprend l'intérêt d'une connaissance et d'une cartographie précises de son territoire et lance une mission de délimitation de ses frontières afin de protéger son pays de l'impérialisme européen[10]. Au cours de trois voyages à Java, il consigne dans ses journaux de route des observations avisées sur la société coloniale néerlandaise, et des réflexions sur l'héritage hindo-bouddhiste que son pays partage avec cette région du monde. Enfin, Méhémet Ali, souverain conquérant, veut, lui, faire de l'Égypte une puissance impliquée dans le mouvement exploratoire. Il prend sous sa protection de nombreux voyageurs européens, leur assigne des missions, permet qu'à l'occasion de ses conquêtes militaires soient menées des expéditions scientifiques et fait entreprendre plusieurs voyages d'exploration dans le bassin du Haut-Nil. Il n'en demeure pas moins que l'exploration, au XIXe siècle, reste une aventure essentiellement européenne. Les motivations qui président aux voyages sont multiples, mais elles procèdent toutes d'une forme d'appropriation du lointain : appropriation intellectuelle et scientifique, visible dans une volonté d'embrasser le monde dans sa totalité, d'accroître, répertorier et classer la somme des connaissances géographiques collectées ; appropriation matérielle, de richesses et de ressources ; appropriation territoriale, par la maîtrise de l'espace que permet la cartographie ; appropriation politique, enfin, par la violence du choc colonial.

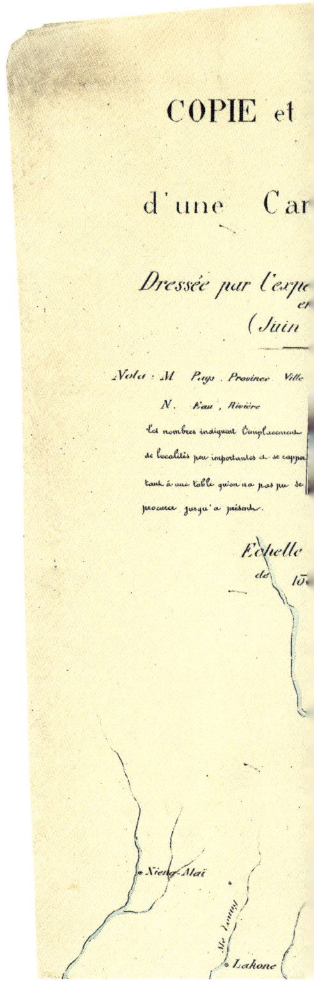

10 Winichakul, 1994.

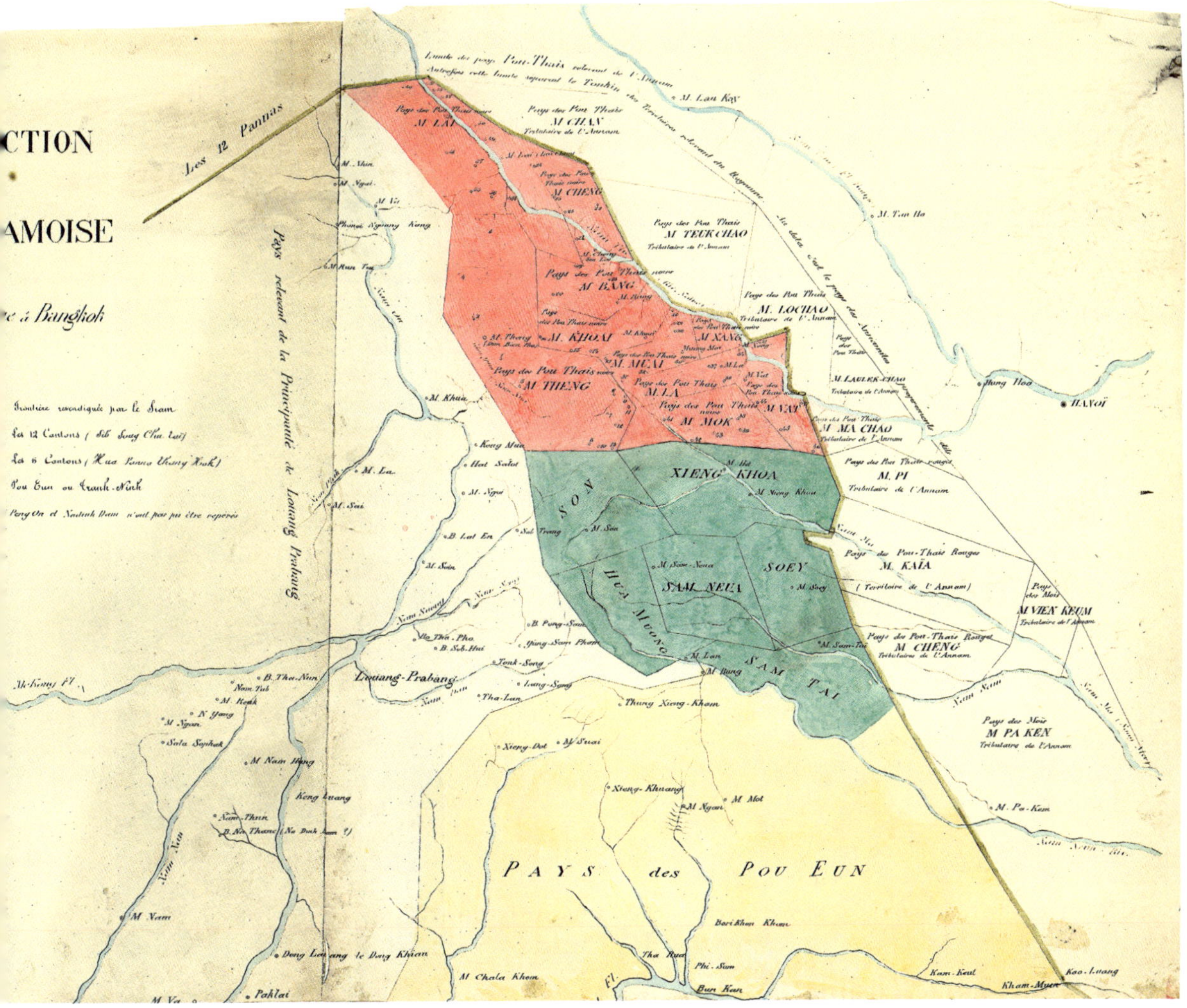

***Copie et traduction d'une carte siamoise dressée par l'expédition revenue à Bangkok en juin 1887*, c. 1887** [EXP. 80]

Auteur non identifié

Face aux ambitions britanniques dans le Haut-Mékong et à la menace que constitue la France implantée au Tonkin et en Annam, le roi de Siam souhaite affirmer ses positions au Laos, région anciennement tributaire du Siam mais aux frontières mal définies. En 1886, il lance une expédition de 5 000 hommes dans la région de Luang Prabang, installe des postes militaires et fait établir une cartographie précise des cantons qu'il revendique. La frontière ne sera pas reconnue par la France et la région de Luang Prabang sera intégrée au protectorat français du Laos en 1893.

Edme-François Jomard :
vers l'institutionnalisation de la géographie

Eve Netchine

Bien oublié aujourd'hui, Edme-François Jomard a pourtant joué pendant près de soixante ans un rôle pivot dans le monde de l'exploration. Cet ingénieur géographe, élève de la première promotion de l'École polytechnique, est requis dès ses vingt-deux ans pour participer à l'expédition de Bonaparte en Égypte (1798-1802) : la reconnaissance du Nil, puis un voyage en Haute-Égypte aux côtés du mathématicien Joseph Fourier sont pour lui une expérience fondatrice. Transcendant l'activité cartographique conforme à sa formation, ces voyages constituent pour lui la matrice d'une activité scientifique où la carte voisine avec le texte, les antiques et les objets ethnographiques.

À son retour, délaissant désormais le terrain, Jomard est élu à l'Institut en 1818, et participe en 1821 à la création de la Société de géographie. Il devient, en 1828, le premier conservateur du département des Cartes et collections géographiques nouvellement créé à la Bibliothèque royale, et c'est en géographe de cabinet qu'il va diriger, exploiter et valider la plupart des explorations de son temps.

Pilotant et orientant les projets, Jomard rédige ainsi de manière régulière des instructions aux voyageurs. En 1824 paraissent ses questionnaires généraux concernant la Cyrénaïque, la Nubie, l'Abyssinie, les régions à l'ouest du Nil et la Sénégambie. Il rédige également des instructions adressées spécifiquement à un voyageur, pour l'expédition de Louis Faidherbe au Sénégal, ou encore pour le cartographe saint-simonien Prax qui se rend au Sahara septentrional. Dans un but plus pratique, il publie à destination des archéologues une *Notice sur une méthode prompte et facile de lever les empreintes.*

On voit aussi Jomard accompagner les explorateurs à leur retour et participer à la publication de leurs récits. Il aide Frédéric Cailliaud pour la mise en forme et l'édition des résultats obtenus au cours de ses voyages à l'oasis de Thèbes (1815-1818), à Méroé et au fleuve Blanc (1819-1822). Il se fait, en 1828, le défenseur de René Caillié à son retour de Tombouctou. En tant que président de la commission centrale de la Société de géographie, il est au cœur des processus de validation du voyageur et de son exploit : expertisant l'authenticité du discours de Caillié par l'examen du journal manuscrit tenu pendant le voyage que celui-ci lui remet « le jour même de son arrivée », Jomard contrôle les faits, mais aussi les compétences en arabe maure et en mandingue de l'explorateur autant qu'il vérifie son parcours. Publié en 1830 par l'Imprimerie royale, le *Journal* de Caillié est accompagné d'une « carte itinéraire » dressée par Jomard lui-même et fondée sur « l'appréciation des marches » qui

Edme-François Jomard, 1860 [EXP. 51]
Adam Salomon (Paris)

permet de mesurer les distances, en fonction des conditions du déplacement, du relief, de la sinuosité de la route[1]. Par la publication de ce récit, Jomard institue Caillié comme le premier Européen revenu vivant de Tombouctou, statut de pionnier qui se trouve bientôt au centre d'une controverse entre milieux diplomatiques et scientifiques français et britanniques, ces derniers reconnaissant quant à eux Gordon Laing, tué à la sortie de Tombouctou qu'il avait visitée peu avant Caillié.

Non content de porter son attention sur l'Afrique, Jomard s'intéresse également aux explorations vers le Moyen-Orient, analysant le *Voyage en Arménie et en Perse* de son ami Amédée Jaubert, soutenant auprès de Napoléon III la demande d'aide aux fouilles de Victor Place à Khorsabad, l'ancienne Ninive, ou contribuant aux instructions données à Jules Rémy en partance pour l'Inde[2], entretenant avec des correspondants des échanges sur la Chine et le Japon.

Jomard fut enfin l'un des pionniers des études américanistes françaises, qui témoignent de sa conception de l'« ethno-géographie » - deux champs disciplinaires indissociablement liés dans son esprit - et illustrent la place croissante faite à l'archéologie et à l'ethnographie dans les études géographiques[3]. Il rédige notamment, en 1824, des instructions destinées à l'archéologue Maximilien Mimey pour son voyage à Lima, au nom d'une commission nommée par l'Académie des inscriptions et belles-lettres. Ces instructions éclairent les intérêts de Jomard pour les monuments antérieurs à la conquête espagnole avant tout, pour les systèmes d'écriture et de numération ensuite, et, en dernier lieu seulement, pour les caractères distinctifs des « races » rencontrées. Plus qu'en fonction de concepts raciaux, le géographe pense en termes de « civilisations », distinguant une période « primitive » et une période « inca ».

En 1826, Jomard crée, à la Société de géographie, un prix annuel sur les « Antiquités américaines », qui, treize ans durant, accompagne et soutient l'étude des ruines de Palenque au Mexique. Jomard n'ignore plus aucun voyageur se rendant en Amérique centrale et devient la figure de référence pour la rédaction d'instructions à leur attention.

En 1834, il est destinataire des rapports de l'officier et aventurier Juan Galindo, qui vient d'explorer Palenque et Copan. Jusqu'à la fin de sa vie, Jomard se passionne pour l'archéologie américaine et, en 1860, deux ans avant sa mort, il accueille Désiré Charnay, de retour du Mexique, et commente avec enthousiasme les photographies du Yucatán rapportées par le voyageur.

Pendant près d'un demi-siècle, Jomard a ainsi accompagné, depuis Paris, de nombreux voyages d'exploration, en s'appuyant sur les institutions savantes et sur la Société de géographie. À leur retour, les voyageurs allaient lui permettre de doter de collections, de méthodes et de corpus de connaissances une nouvelle discipline en cours de définition, la géographie, dont il s'était fait le héros.

1 Surun, 2018.
2 Laissus, 2004, p. 465.
3 Prévost Urkidi, 2009.

Pyramides en briques à l'est du Fayoum et minaret, c. 1798-1817 [ILL. 8]
Edme-François Jomard

« Principal court of the palace at Palenque », 1844 [ILL. 9]

Frederick Catherwood

Johan Lloyd Stephens, *Views of ancient monuments in Central America, Chiapas and Yucatan*, 1844

Passionné par les antiquités méso-américaines, Jomard était nourri des récits de l'explorateur américain John Lloyd Stephens, *Incidents of Travel in Central America, Chiapas and Yucatán* (1841) et *Incidents of Travel in Yucatán* (1843). Il connaissait aussi les lithographies du dessinateur Frederick Catherwood, qui avait accompagné Stephens au Mexique, parmi lesquelles figuraient plusieurs vues spectaculaires des ruines de Palenque.

Méhémet Ali, vice-roi d'Égypte, en 1803, 1841 [EXP. 82]
Auguste Couder

Les ambitions de Méhémet Ali :
conquêtes et découvertes en Égypte

Olivier Loiseaux

Après le retrait français en 1801, l'Égypte est en proie à une période de vacance politique. Les Mamelouks, anciens maîtres du pays défaits par Bonaparte, s'opposent au sultan de Constantinople qui veut profiter de la situation pour rétablir son autorité sur la province ottomane. C'est dans ce contexte que grandit le prestige d'un officier loyal au sultan mais ambitieux, Méhémet Ali. Né en Grèce, à Kavala, il est en Égypte à la tête de troupes albanaises pour le rétablissement de l'ordre ottoman. Jouant sur la lassitude du peuple, rompu par quatre années de guerre civile, et sur le mécontentement contre le gouverneur ottoman Khursit Ahmet Pacha, il accède au pouvoir avec l'appui de notables égyptiens en 1805.

Vassal officiel du sultan, le vice-roi Méhémet Ali ne joue pas moins sa propre partition. Convaincu de la déliquescence de l'Empire ottoman, il rêve d'une Égypte moderne, indépendante et conquérante, d'un vaste royaume s'étendant bien au-delà des frontières de son pays. Grand admirateur de l'Occident, il souhaite s'inspirer des pratiques des puissances européennes qui conjuguent conquêtes territoriales et expéditions scientifiques. Il s'entoure de savants, d'officiers et de scientifiques étrangers.

La guerre d'Arabie, menée contre la rébellion wahhabite de 1811 à 1818, fournit le premier terrain d'action. Cette campagne militaire s'accompagne d'une intense activité topographique le long des itinéraires suivis par les armées égyptiennes, auxquelles sont adjoints des officiers et médecins militaires français et italiens. Des travaux géographiques sont menés dans les régions jusque-là fermées de l'Asir, du Hedjaz ou du plateau du Nejd, qui conduisent à la réalisation de nouvelles cartes.

Sur le continent africain, le bassin du Nil est encore auréolé de mystères et de légendes. Suivant les recommandations de Bernardino Drovetti, consul de France au Caire, Méhémet Ali confie à un jeune géologue français, Frédéric Cailliaud, arrivé en Égypte en 1815, la mission d'aller trouver les légendaires mines d'émeraude des pharaons[1]. Nommé minéralogiste officiel, Cailliaud découvre le lieu mais les ressources sont presque épuisées. Malgré ce demi-échec, Méhémet Ali multiplie les missions géologiques et les campagnes de prospection des sous-sols.

La campagne d'Arabie achevée, Méhémet Ali se lance dans une première expédition militaire en vue de repousser les frontières de son royaume. En 1819, il occupe les oasis du désert Libyque et emmène à nouveau dans son aventure des scientifiques français : Cailliaud, mais aussi l'officier de marine Linant de Bellefonds ou encore le consul Drovetti, qui rapportent une somme d'observations géographiques sur les oasis de Siouah, Farafra et Dakhla.

En 1820, Méhémet Ali lance ses deux fils à la conquête de la Nubie. Le vice-roi convoite les richesses du Soudan (or, pierres précieuses, ivoire) et espère y recruter des esclaves. Opérations militaires et missions scientifiques sont ici étroitement liées. Au printemps, Cailliaud obtient l'autorisation de

Nubie supérieure.

Pl. 1.

Blanchard Sculp.

Mélik du Fâzogl.

se joindre à l'armée d'Ismaïl, troisième fils de Méhémet Ali, qui voit en lui un ingénieur des mines capable de découvrir des gisements métallifères. Cailliaud est en janvier 1821 à Dongola, ancienne capitale de la Nubie, puis atteint Assour où il découvre les ruines de Méroé, vestiges d'une ancienne et brillante civilisation. D'autres voyageurs sont intégrés à l'armée égyptienne, comme l'officier de marine américain George Bethune English qui est mandaté pour relater les hauts faits de l'armée d'Ismaïl. Certains enfin arrivent dans le sillage de ces expéditions militaires, comme le géologue italien Giovanni Battista Brocchi, nommé en 1822 ingénieur de Méhémet Ali qui ébauche en 1825 une étude géologique du royaume de Sennar.

Méhémet Ali est en 1824 à la tête d'un immense empire allant du désert Libyque jusqu'au golfe Persique, et de la Méditerranée au Soudan. Si la connaissance de la Nubie a largement progressé, la question des sources du Nil reste entière. Le vice-roi est convaincu que l'Égypte doit participer à la résolution de cette énigme géographique. Entre 1839 et 1842, il organise au départ de Khartoum trois expéditions à la remontée du Nil blanc composées d'un équipage de plusieurs centaines d'hommes à bord de *dahabiehs*, barques égyptiennes à fond plat, munies de canons et d'une provision de vivres pour plusieurs mois. Conduites – et dirigée pour la première – par un officier égyptien, le capitaine Selim Bimbachi, ces expéditions associent des Européens : le négociant Georges Thibaut, le naturaliste allemand Ferdinand Werne, les ingénieurs français Louis Sabatier et Joseph Pons d'Arnaud, ce dernier ayant la direction scientifique des deuxième et troisième voyages. Même si elles échouent à trouver les sources du Nil, ces expéditions permettent de repousser de sept degrés plus au sud les limites de la connaissance géographique du fleuve et ont un fort retentissement à l'étranger.

En France, Edme-François Jomard, fervent partisan de la politique de Méhémet Ali, publie en 1842 la traduction du journal de voyage du capitaine Selim et salue cette expédition « comme l'aurore des nouvelles explorations que le génie entreprenant de Mohammed-Aly promet à la géographie et aux relations commerciales[2] ». Quant aux informations rapportées par Pons d'Arnaud, elles sont si précieuses pour le vice-roi qu'il ne souhaite pas que la carte dressée par l'explorateur français soit publiée[3].

L'œuvre géographique de Méhémet Ali s'arrête avec ces trois voyages, mais elle sera encore saluée plusieurs décennies plus tard par le secrétaire de la Société khédiviale de géographie Federico Bonola, à l'occasion du Congrès international de géographie de Paris en 1889[4].

1 Mainterot, 2011.
2 *Bulletin de la Société de géographie*, t. XVIII, juill.-sept. 1842.
3 Dehérain, 1898, p. 239, note 3.
4 Bonola Bey, 1889.

« Nubie supérieure. Mélik du Fâzoql », 1826 [EXP. 85]
Blanchard (gravure)
Frédéric Cailliaud, *Voyage à Méroé, au Fleuve Blanc, au-delà du Fâzoql dans le midi du royaume de Sennâr, à Syouah et dans cinq autres oasis; fait dans les années 1819, 1820, 1821 et 1822*, 1826-1827

La publication du *Voyage à Méroé* réalisée en partie en collaboration avec Edme-François Jomard comprend quatre tomes de texte et deux volumes d'atlas. Cailliaud y consigne des observations astronomiques, des descriptions de botanique et de minéralogie, la description et la position géographique de chaque monument rencontré. Mœurs, costumes, idiomes des différents peuples de Nubie y sont décrits et accompagnés d'élégantes lithographies à partir des dessins de Cailliaud.

« Assour. Vue générale des pyramides à une lieue du Nil, prise du Nord-Est », c. 1826-1827 [ILL. 10]

Frédéric Cailliaud, *Voyage à Méroé, au Fleuve Blanc…*, 1826-1827

Page de droite

« I. Cheikh Refah […], II. Mohammed-Chafey […], III. Mohammed-Aly », 1851 [EXP. 83]

Alexandre Collette (dessin)

« Galerie iconographique égyptienne », *Mission égyptienne en France*, MDCCCXXVI, sous la direction de Mr Jomard, 1851

La « mission égyptienne » est constituée d'un groupe d'étudiants, envoyés par le khédive Méhémet Ali à Paris, afin d'y apprendre la science moderne et d'y découvrir la civilisation française. Rifa'a al-Tahtawi, clerc de la grande mosquée d'Al-Azahr, est à la tête de cette exploration, qui dure de 1826 à 1831. Rencontrant des savants, fréquentant des théâtres, al-Tahtawi consigne dans ses carnets ses étonnements face à l'étrangeté que suscitent chez lui les mœurs des Parisiens. Son récit connaît un grand succès dans le monde arabe et ottoman.

GALERIE ICONOGRAPHIQUE EGYPTIENNE.
MISSION EGYPTIENNE EN FRANCE, MDCCCXXVI.
SOUS LA DIRECTION DE Mr JOMARD, Membre de l'Institut.
PLANCHE IX.
I
II
III
II
MOHAMMED-CHAFEY
ANCIEN ÉLÈVE de la Mission Égyptienne en France,
Professeur, Directeur de l'Ecole de Médecine.
Né à Tahtah, Hte Égypte.
I
CHEYKH REFAH
ANCIEN ÉLÈVE de la Mission Égyptienne en France,
Directeur de l'Ecole des Langues.
Né à Tahtah, Hte Égypte.
III
MOHAMMED-ALY
ANCIEN ÉLÈVE de la Mission Égyptienne en France,
Professeur à l'Ecole de Médecine.

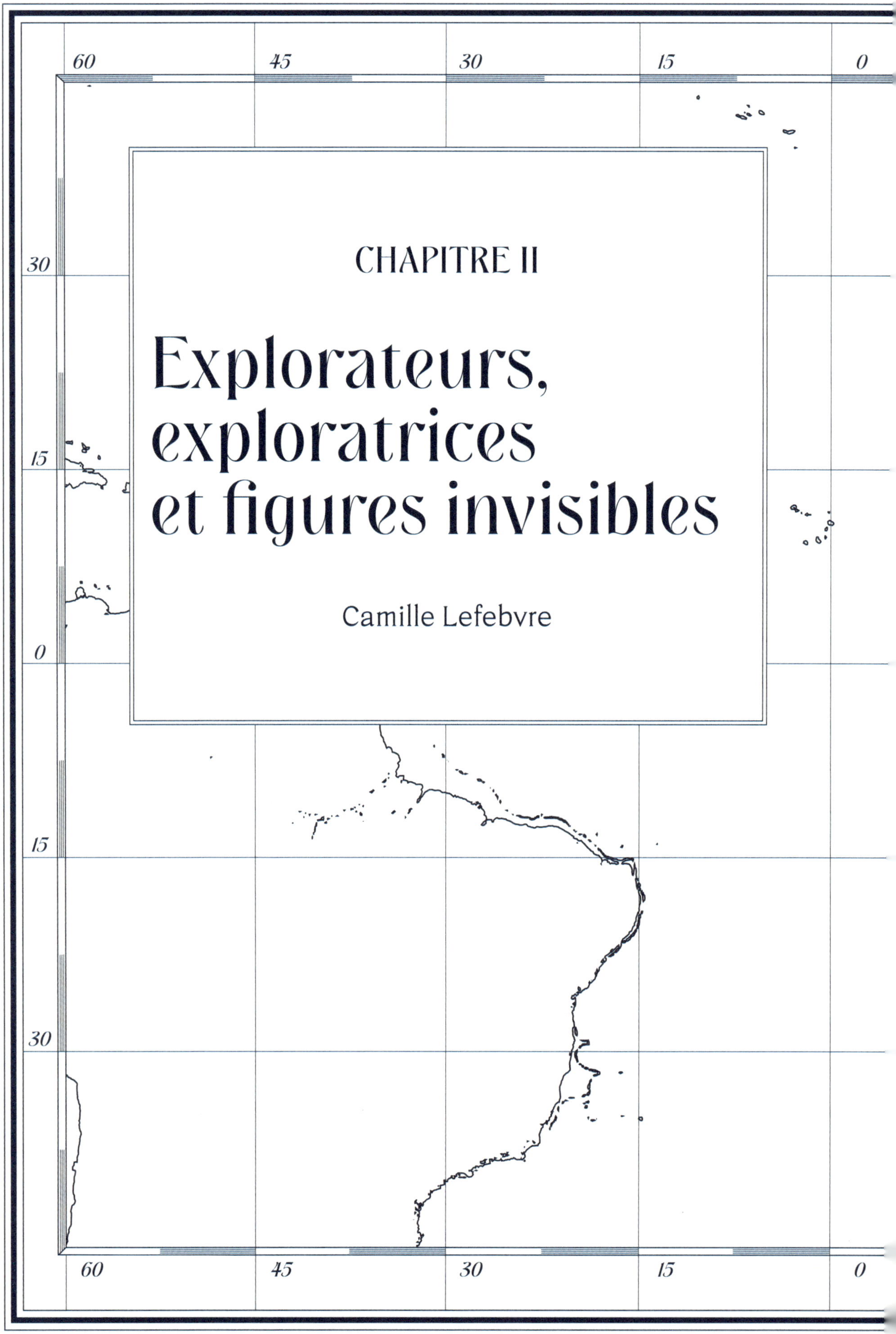

CHAPITRE II

Explorateurs, exploratrices et figures invisibles

Camille Lefebvre

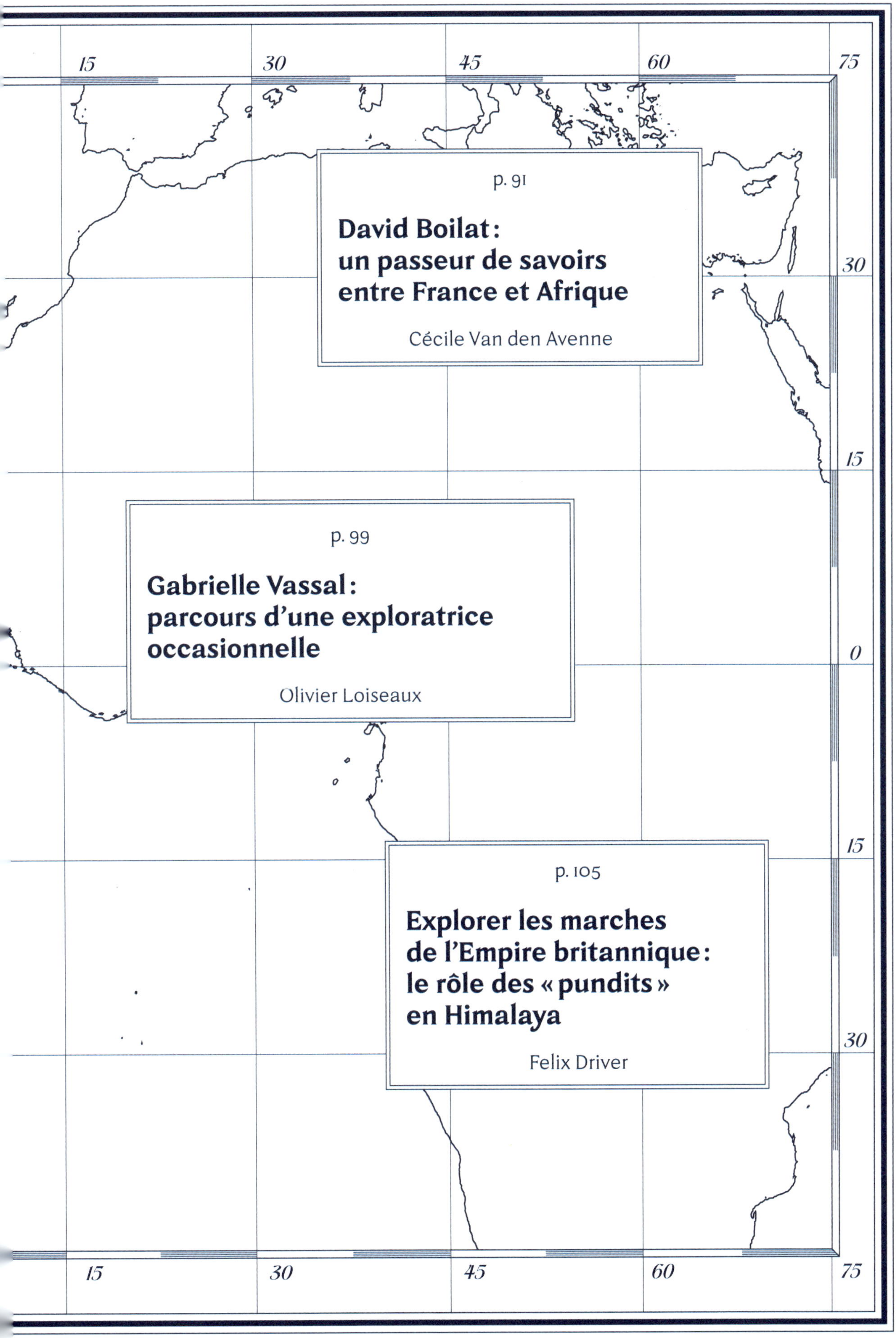
15
30
45
60
75
30
15
0
15
30

« Aman Victor Camille Douls », 1888 [EXP. 118]

Nadar (Paris)

Camille Douls est un jeune explorateur qui a appris l'arabe et s'est initié au Coran au Maroc, pour préparer son voyage. En 1886, il débarque sur les côtes du Sahara occidental et, capturé par les Oulad Delim, passe plusieurs mois à leurs côtés, se faisant passer pour un musulman. Il récolte de nombreuses informations qu'il partage avec les membres de la Société de géographie, avant de repartir pour un deuxième voyage vers Tombouctou, au cours duquel il est assassiné. Par ce cliché, Nadar donne à voir l'image iconique de l'explorateur saharien, enturbanné dans son chech.

Explorateurs, exploratrices et figures invisibles

Camille Lefebvre

Dans le monde des XVIIIe et XIXe siècles, dans lequel naissent les notions européennes d'exploration, d'explorateurs ou d'exploratrices, beaucoup d'hommes et de femmes voyagent et produisent des récits savants sur leurs déplacements, dans une diversité de langues et selon des formes établies au sein d'une variété de cultures intellectuelles, à l'image de la *rihla* dans les mondes arabo-musulmans depuis l'époque médiévale, ou des *yu-chi* et des *jih-chi* dans l'Empire du milieu[1]. Pourtant, au tournant des XVIIIe et XIXe siècles, s'impose en Europe l'idée que les pratiques européennes du voyage seraient distinctes de celles du reste du monde, parce que fondées, elles, sur la science, c'est-à-dire organisées selon un processus cumulatif de « découvertes » et s'appuyant sur des modèles de scientificité, dont la normalisation accompagne alors l'institutionnalisation de la géographie comme discipline. Ce discours sur le caractère exceptionnel de l'expérience européenne en matière de voyage scientifique est une construction qui a contribué à reléguer les pratiques non occidentales hors des registres de la scientificité.

Seuls les voyageurs européens, ou ceux et celles qui sont engagés ou financés par des institutions européennes, sont désormais désignés comme des « explorateurs ». Ainsi, en 1892 à Tunis, lorsqu'el Hadj Ahmed el Fellati, un savant originaire de Kano où il appartient à une tradition intellectuelle séculaire, est interrogé par des agents du consulat de France et qu'il produit pour eux des descriptions

1 Touati, 2000; Strassberg, 1994; Alam, Subrahmanyam, 2007.

géographiques et des cartes, il n'est pas considéré comme tel. Bien que médecin et étant en mesure de produire des récits savants sur ce qu'il a observé au long des routes de Kano à La Mecque, il est perçu comme un simple informateur dont les renseignements peuvent être utilisés, mais dont les productions écrites n'ont pas de valeur comparable à un savoir similaire élaboré par un Européen. Pourtant, les institutions savantes ou les gouvernements du Vieux Continent envoient régulièrement des voyageurs non occidentaux dans des régions considérées comme dangereuses, ou leur demandent de transmettre ou de produire des récits : l'abbé David Boilat ou le rabbin marocain Mardochée Aby Serour, un temps installé comme commerçant à Tombouctou, sont notamment sollicités par la Société de géographie de Paris comme correspondants. Ces institutions traduisent par ailleurs des récits sur des régions inaccessibles aux Européens écrits par des savants extra-européens, comme en 1851 le *Voyage au Ouadây* de Mohammed ibn-Omar El-Tounsy, mais sans jamais les apprécier comme des productions scientifiques à part entière.

La figure de l'explorateur qui se construit pendant ce moment de l'exploration européenne peut être dessinée à gros traits comme suit : un jeune homme blanc, d'environ une trentaine d'années, partant dans des espaces lointains ou considérés comme inconnus, avec pour objectif de produire des connaissances sur ces espaces. Cette construction s'accompagne d'une médiatisation qui tend à héroïser ces hommes, décrits comme des êtres exceptionnels bravant la nature et les dangers du monde, pour servir la science[2]. Au moment où se forme cet idéal du voyageur scientifique parcourant le monde pour combler les « blancs de la carte », les femmes sont, elles aussi, largement écartées de ce modèle.

Dans les pas des prédécesseurs

La plupart des voyageurs, pour mener à bien leur projet, sont inscrits dans des réseaux de circulation d'informations et de savoirs scientifiques européens et internationaux et sont financés ou soutenus par des institutions publiques ou privées qui y sont liées. Ils sont de ce fait tributaires de la demande sociale exercée par les instances politiques et scientifiques. Néanmoins, jusqu'au dernier tiers du XIXe siècle, l'exploration n'est pas un enjeu national, il n'y a pas de lien direct entre la langue, l'origine ou la nationalité de l'explorateur et les institutions ou les gouvernements qui le soutiennent. Ainsi, l'African Association, le Colonial Office, le Foreign Office ou l'Amirauté britannique donnent leur appui à de nombreux voyageurs germanophones, comme Heinrich Barth. Tandis que Gerhard Rohlfs, né à Berlin, a lui été soutenu par la Société de géographie de Paris. Ces institutions comme les gouvernements encadrent, souvent sommairement, par des instructions va-

2 Surun, 2007.

« El Hadj Ahmed el Fellati », c. 1890-1895 [EXP. 121]
Auteur non identifié

Ahmed ben Mohammed el Fellati est un pèlerin peul, interrogé par les autorités françaises à Tunis alors qu'il est en route pour La Mecque en 1892. Il se déclare médecin, membre influent du califat du Sokoto. Il était aussi membre d'une confrérie religieuse puissante, la Tidjania. Les informations recueillies par les agents français de sa bouche donnent de précieuses indications sur les modalités du voyage et l'importance des déplacements au Soudan, ainsi que sur la situation géopolitique de régions dont les Français ignorent tout. À leur demande, il emmène également un interprète militaire avec lui à Sokoto dans une mission secrète financée par la Société de géographie. El Fellati est à l'image de ces nombreux intermédiaires, eux-mêmes grands voyageurs, dont les explorateurs ont tiré quantité d'informations.

« Empire de Sokoto et pays environnants. Carte au 1/4 000 000 », 1892 [EXP. 122]
François Rebillet

Carte établie par le commandant Rebillet d'après des renseignements fournis par El Hadj Ahmed ben Mohammed el Fellati.

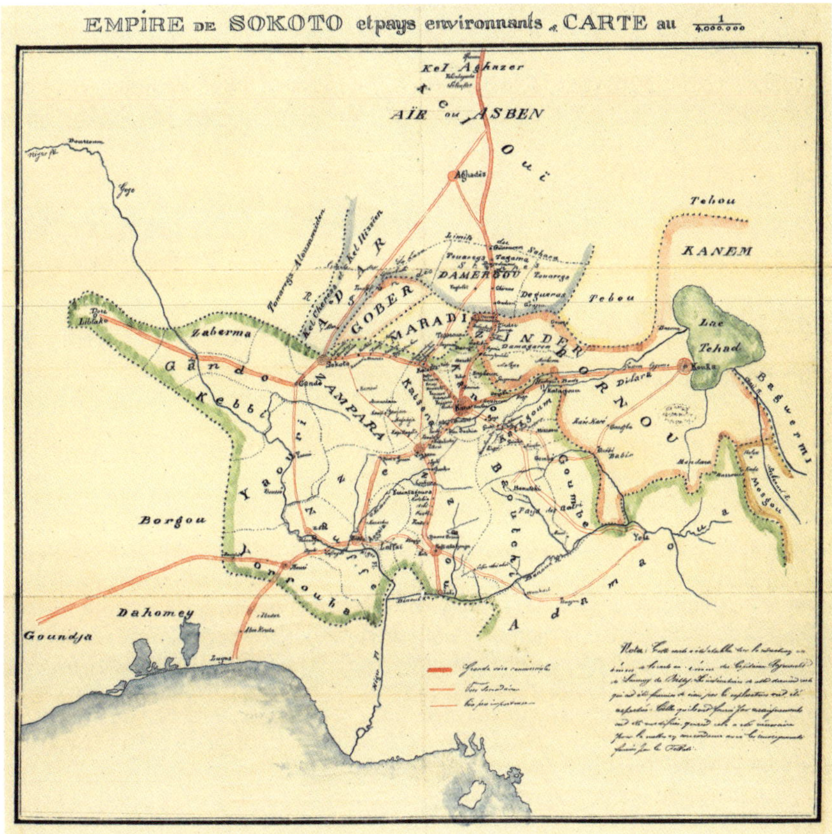

« Mme Coudreau en costume de voyage », 1898
[EXP. 29]

Auteur non identifié

Henri Coudreau, *Voyage à Itaboca et à l'Itacayuna, 1er juillet 1897-11 octobre 1897*, 1898

Initiée à l'exploration amazonienne aux côtés de son mari Henri Coudreau, Octavie a arpenté pendant de nombreuses années les régions des affluents de l'Amazone. À la mort de l'explorateur en 1899, elle décide de poursuivre l'entreprise. Durant sept ans, elle conduit plusieurs missions dont elle tire des récits de voyage illustrés par la photographie, accompagnés de cartes précises des fleuves suivis. De veuve éplorée justifiant ses expéditions par la recherche des restes de son mari, elle devient exploratrice à part entière, se prêtant au jeu de l'aventure, des rencontres, dressant des cartes, sans cacher les moments d'ennui et de désespoir qui la saisissent régulièrement. Elle n'hésite pas, dans ses récits, à ériger son statut d'exploratrice en profession, se disant « devenue captive de cette vie sauvage qu'[elle] aime ».

gues ceux qu'ils envoient de par le monde et, de leur côté, ceux qui partent sont conscients de l'enjeu scientifique auquel ils participent, mais demeurent relativement libres dans leurs pratiques sur le terrain.

La plupart de ceux qui voyagent pour le compte de ces institutions ont poursuivi une formation, le plus souvent universitaire ou militaire, parfois les deux. En effet, à partir du début du XIXe siècle, avoir reçu une instruction apparaît comme un préalable indispensable à tout aspirant explorateur. Beaucoup sont passés par l'université : ils y ont suivi des enseignements de philosophie, d'histoire, de sciences naturelles, de physique, de chimie et parfois de géographie ; certains ont été repérés ou aidés par leurs professeurs et introduits par eux auprès des sociétés de géographie. D'autres ont cherché à adapter leurs études à leur désir de participer au mouvement de découverte. Ainsi, Friedrich Konrad Hornemann disait s'être formé à toutes « les sciences susceptibles de rendre la relation de ses voyages futurs plus intéressante et plus utile pour ses commettants et pour le public[3] ». Depuis le voyage de Mungo Park dans la région du fleuve Niger au XVIIIe siècle, la formation médicale est considérée comme un atout et le métier de médecin particulièrement valorisé, à la fois parce qu'ils permettent au voyageur de se soigner lui-même, mais aussi d'entrer en relation avec les populations en les soignant. De même, l'instruction et l'expérience militaire sont recherchées, les qualités physiques et morales prêtées alors à celles-ci étant considérées par les recruteurs comme utiles pour mener un voyage. En France, beaucoup d'officiers de marine sont ainsi membres de la Société de géographie et dirigeront des expéditions, comme Édouard de Rossel dans le Pacifique ou Jules Dumont d'Urville[4]. Enfin, certains de ces voyageurs ont des parcours atypiques ; ils sont autodidactes, comme Henri Duveyrier, ou liés à d'autres réseaux comme ceux de l'Anti-Slavery Society, à l'instar du militant abolitionniste James Richardson qui fut le compagnon d'Heinrich Barth.

Préalablement à la construction de leur propre méthode et à leur propre travail de recueil d'informations, les explorateurs se documentent et lisent leurs prédécesseurs. Cette lecture apparaît souvent comme un prérequis, chacun citant au début de son ouvrage ceux qui sont partis avant lui, la liste s'allongeant au fur et à mesure des progrès de l'exploration et du siècle, donnant parfois l'image de connaissances fonctionnant en vase clos. Lorsqu'une région a déjà été parcourue par un Européen, les explorations suivantes portent une forte attention à son journal, aux cartes qu'il a produites ou à celles qui ont été réalisées à partir de son récit. Gerhard Rohlfs puis Gustav Nachtigal qui traversent le Sahara à la fin du XIXe siècle chercheront souvent à mettre leurs pas dans ceux de leurs devanciers. À Kouka, ils habiteront la même maison que celle occupée par Dixon Denham et Hugh Clapperton, puis par Heinrich Barth, et ils engageront le même serviteur, Mohammed El Gatroni.

3 « Introduction » par C. Young, secrétaire général de la Société de géographie, *in* Hornemann, 1802, p. XXXVIII.

4 Lejeune, 1993, p. 28.

Tous se sont portés volontaires et beaucoup parlent dans leurs écrits de leur désir d'ailleurs, ou de leur fascination pour certaines parties du monde comme motivation première de leur voyage. Malgré leur jeunesse, une petite trentaine d'années en moyenne, les hommes qui partent ont souvent vécu une expérience préalable de voyage, parfois dans le cadre de leur carrière militaire, parfois simplement sur leurs fonds personnels, la plupart venant de milieux bourgeois voire aristocratiques. Formés intellectuellement, préparés empiriquement, ces voyageurs ont pour objectif à la fois de construire leur carrière et de participer aux découvertes de l'époque.

Le mouvement d'exploration concerne aussi des femmes, mais avec un relatif décalage chronologique. C'est notamment à partir des années 1850 que la figure de l'illustre voyageuse ou de l'aventurière se diffuse dans l'imaginaire populaire, mais contrairement aux hommes, les échos de leurs voyages restent souvent plus médiatiques que scientifiques[5]. En effet, leurs pratiques sont régulièrement reléguées dans l'espace public au statut de passe-temps pour mondaines désœuvrées, un jugement de valeur moral rarement porté sur les voyages masculins. Entre 1800 et 1890, environ 5 % des récits de voyage publiés en France sont écrits par des femmes, dont 32 de 1850 à 1860 et 322 entre 1870 et 1880[6]. Les exploratrices partent sur tous les continents, mais leur destination privilégiée est ce que l'on appelle alors l'« Orient », notamment l'Inde et l'Empire ottoman, considérés comme moins dangereux pour les femmes[7]. Alors que depuis le milieu du XIXe siècle le récit de voyage est devenu un outil pour enseigner la géographie aux enfants, les récits féminins sont, eux, utilisés pour enseigner les règles de bienséances aux jeunes filles de bonne famille.

Jamais seul : ceux et celles qui rendent possible le voyage

Lorsque les exploratrices et les explorateurs européens parcourent le monde, ils circulent dans des espaces qui existent en dehors de leur présence, organisés par des pouvoirs politiques et construits autour de réseaux de circulation dans lesquels les voyageurs sont obligés de s'insérer, notamment pour négocier leur passage et obtenir le droit de parcourir certaines routes. Ils doivent s'adapter aux pratiques de voyage existantes, et sont dépendants des populations pour se nourrir, se déplacer, assurer leur sécurité, mais aussi pour élaborer leurs connaissances.

Ils participent par exemple aux échanges de cadeaux (étoffes, miroirs, etc.), élément crucial de la politesse du voyage dans les régions saharo-sahéliennes, ainsi que dans bien d'autres espaces de par le monde. Sur terre, ils utilisent pour se déplacer différentes

5 Venayre, 2002, p. 161 ; Boulain, 2012, p. 20.
6 Boulain, 2012, p. 27.
7 Boulain, 2012, p. 28-29.

« L'Amiral Dupetit-Thouars chez le roi Iotété », 1842 [EXP. 142]

Max Radiguet, *Les Derniers Sauvages : la vie et les mœurs aux îles Marquises (1842-1859)*, 1929

La scène évoquée dans l'ouvrage de Max Radiguet se réfère à un épisode du voyage de Dupetit-Thouars lors de son tour du monde sur la *Vénus* en 1838. Selon la coutume de l'Ikoa, qui comporte notamment un échange de nom, l'officier de marine était devenu frère d'armes avec le roi Iotété, auquel sont offerts des habits européens. Une deuxième expédition est organisée pour établir un protectorat sur l'île en 1842. Dupetit-Thouars s'appuie sur le souvenir de cette cérémonie et la fabrique d'une fraternité pour imposer la domination française sur l'archipel.

formations de voyage, allant de la troupe la plus réduite, comptant trois à quatre personnes, à d'immenses caravanes rassemblant des milliers d'animaux. L'examen de ces pratiques montre tout l'empirisme de ces démarches, l'unicité de chaque expérience, et la contingence liée aux réalités dans lesquelles se placent les explorations.

Bien que la solitude soit un thème central et récurrent de la littérature de voyage, sur le terrain, l'explorateur n'est que très rarement seul, sans compagnons européens ou locaux. Si solitude il y a, elle est plus affective qu'effective[8]. Les voyageurs hommes sont souvent seuls Européens, mais ils sont entourés de serviteurs, de guides, de compagnons, sans lesquels leur déplacement serait impossible : tous ces auxiliaires permettent aux explorateurs de savoir comment se rendre d'un lieu à un autre, avec qui négocier ou communiquer, où trouver des vivres ou des renseignements[9]. Les exploratrices sont moins souvent seules Européennes ; elles voyagent généralement en couple, marital ou non, comme Florence et Samuel Baker en quête des sources du Nil au début des années 1860, ou Amélie Bel qui parcourt le

8 Surun, 2018.

9 Fisher, Fisher, 1987 ; Chrétien, 2005.

Ci-dessus

« Au village de Kimpalenga. En offrant à Mme Bel des papaïes les femmes lui dirent : "vous êtes une femme comme nous, c'est pour cela que nous vous faisons un cadeau." », c. 1906-1907

Album photographique de la mission de Jean-Marc Bel au Congo français, 1906-1907 [EXP. 146]

Jean-Marc Bel (attribué à)

Page de droite

« Distribution de perles à des femmes Bakhamba », c. 1906-1907

Amélie Bel est présentée comme un atout dans les missions conduites par son mari en Asie et en Afrique. « Sa présence facilite à la mission sa pénétration parmi ces peuplades ombrageuses, voyant dans la présence d'une femme un gage de sentiments pacifiques », dira le rapport officiel d'une mission en Annam en 1896. Au Congo français, où elle se rend en 1906, elle s'intéresse aux objets rituels kamba, qu'elle dessine dans ses carnets, et rapporte une collection de bracelets. En contact avec les populations des régions traversées, elle échange ou achète des objets dans les villages, sur les marchés, comme en témoignent les photographies de l'album de la mission.

sud du Laos à la fin du XIXe siècle avec son époux, ou encore le couple Vassal qui séjourne en Indochine en 1904 et au Congo français dans les années 1920. Lorsqu'elles sont seules, les exploratrices sont souvent obligées de se travestir en homme, comme ce fut le cas d'Isabelle Eberhardt en Algérie à la toute fin des années 1890.

Les modalités du parcours jouent un rôle crucial dans l'expérience du voyageur. Si l'exploratrice ou l'explorateur est seul immergé dans une culture étrangère, ou s'il est accompagné d'autres voyageurs européens, s'il parle des langues locales ou s'il est sourd à tout élément des cultures qu'il traverse, s'il voyage dans une expédition nombreuse ou dans une petite troupe, ses contacts avec le monde qui l'entoure ne seront pas les mêmes. Quoi qu'il en soit, les voyageurs et voyageuses ne peuvent se déplacer qu'en entrant en interaction avec les habitants des régions qu'ils parcourent, ne serait-ce que pour des raisons matérielles – porter leur bagage, trouver de la nourriture, de l'eau –, mais aussi plus largement pour comprendre les espaces qu'ils traversent, pour savoir où regarder, où trouver ce qu'ils cherchent, et pour identifier ce qu'ils voient.

Dans ce contexte, le regard des explorateurs sur les femmes des sociétés visitées est marqué depuis l'époque moderne par les codes de la culture virile du voyage: celles-ci sont objectivées, hypersexualisées et constamment comparées entre elles. Leurs beautés, leurs coiffures, leurs vêtements, leurs danses sont évalués et régulièrement mesurés à celles des Européennes, toujours perçues comme supérieures, que l'on soit en Afrique, en Océanie ou dans les Amériques[10]. Les récits féminins ne sont pas non plus exempts de ce type de regard condescendant sur les femmes autochtones, notamment dans les récits de voyage en Orient.

Amitiés, collaborations et échanges

Les explorateurs entretiennent parfois des relations poussées avec des hommes et des femmes croisés sur les routes ou qui accompagnent leur voyage. Des relations d'amitié se créent. Beaucoup de voyageurs évoquent ainsi à un certain moment un ami, ou désignent leur informateur par un pronom possessif: mon informateur, mon jovial compagnon, mon interprète, mes gens, mon guide. En 1877, Jules Crevaux rencontre Apatou alors qu'il remonte le Maroni, en Amérique du Sud. Les deux hommes se lient d'amitié et ce dernier accompagnera désormais l'explorateur dans tous ses voyages; il reviendra même en France avec lui. Ces interactions sont favorisées par l'effort que beaucoup de voyageurs ont fait pour acquérir des notions des langues parlées dans les espaces qu'ils parcourent. Le savoir et les connaissances de leurs interlocuteurs sont dans ce cas souvent valorisés et considérés comme un savoir ordonné.

Certains deviennent de véritables auxiliaires dans la collecte et le recueil d'informations. Alors qu'il traverse le Sahara, James Richardson engage ainsi un homme appelé Yusuf pour écrire les itinéraires des routes qu'il connaît. Il le sollicite lors d'un débat avec son compagnon de voyage, le naturaliste Adolf Overweg, sur la lettre arabe *ghain*, lui demande ensuite de l'assister dans son recueil du vocabulaire Kel Ewey mais finit par le renvoyer, considérant qu'il n'a pas été assez scrupuleux dans son inventaire des différents sens de chaque mot. Régulièrement cité au cours du récit, Yusuf apparaît ici plus comme un assistant que comme un simple serviteur. Dans d'autres cas, certains informateurs importants, dont le savoir est reconnu, sont sollicités pour confirmer les impressions de l'explorateur ou les informations recueillies. Ainsi, Heinrich Barth souligne régulièrement la contribution de ses interlocuteurs dans la production de son savoir: dans le Sahara central, il raconte qu'Annur, le chef de guerre des touareg Kel Ewey, est soucieux de vérifier la validité des données qu'il a réunies, que son informateur Abdallah a collecté avec lui des itinéraires ou qu'un de ses compagnons de voyage lui a permis de confirmer une impression.

10 Havard, 2016, p. 625.

Henry Morton Stanley, Alexandre Alberto de Serpa Pinto, Roberto Ivens et Hermenegildo Brito Capello accompagnés des auxiliaires de leur expédition au Congo, c. 1877 [EXP. 120]

J. Silveira

En 1877, Henry Morton Stanley rencontre à Loanda (Angola) les trois explorateurs portugais Alexandre de Serpa Pinto, Roberto Ivens et Hermenegildo Brito Capello, membres d'une mission organisée par la Société de géographie de Lisbonne. Le but de cette mission est une traversée de l'Afrique australe afin d'affirmer les ambitions du Portugal sur les territoires entre Mozambique et Angola, et de contrecarrer les prétentions britanniques dans cette région. Les porteurs africains qui accompagnent les explorateurs semblent assister impuissants aux rivalités des puissances européennes qui sous-tendent désormais les entreprises d'exploration.

Ces échanges intellectuels aboutissent parfois à des objets savants coproduits, à l'image de la carte du sultan de Sokoto, Mohammed Bello, réalisée en 1824 pour Clapperton. Les deux hommes ont eu de longues discussions dans le palais du sultan sur la géographie de la région : à l'appui de ses descriptions, Mohammed Bello a plusieurs fois tracé sur le sable les paysages et les routes qu'il décrivait, effaçant ses dessins d'un revers de main une fois la conversation terminée. L'explorateur lui a alors demandé de fixer sur papier ce qu'il avait représenté sur le sable et le sultan s'est exécuté. Le voyageur rapportera cette carte avec d'autres du même type en Europe et la publiera dans son récit, *Journal of a second expedition into the interior of Africa*, en 1826. Aucune autre carte de cette sorte n'est cependant conservée dans les archives de la chancellerie du sultanat de Sokoto, pourtant riches de manuscrits et de correspondances en langue arabe. Cette carte, reflet de pratiques ordinaires éphémères, n'a été sauvegardée et mise par écrit que dans le cadre de cet échange intellectuel d'une culture à une autre, et d'une tradition savante à une autre, auquel l'exploration a parfois donné lieu[11].

De l'exploration scientifique à l'expédition coloniale

En analysant les manières dont les voyageurs se déplacent, s'engagent, ou pas, dans un dialogue avec les populations, recueillent des informations ou négocient leur présence, on distingue clairement deux types de pratiques, celle du moment de l'exploration scientifique et celle des expéditions, marquées par les enjeux impériaux et coloniaux[12].

Le moment de l'exploration scientifique, allant des années 1760 à 1830 ou 1890 selon les espaces, est caractérisé par des voyageurs souvent solitaires, peu ou pas armés, inscrits dans une dynamique globale de déchiffrement du monde portée par des institutions scientifiques, souvent familiarisés avec les langues des régions qu'ils parcourent et qui voyagent selon des procédures et des méthodes qui existent en dehors d'eux, à l'image des pratiques de René Caillié, Heinrich Barth ou Alcide d'Orbigny. C'est avant tout à partir des pratiques de déplacement et de collecte scientifique sur le terrain que se distingue ce mouvement. Ces voyageurs, par exemple, considèrent les informations transmises par les populations comme des savoirs, s'intéressent aux cultures savantes des mondes dont ils vont à la rencontre et à leurs récits ; ils cherchent des interlocuteurs professionnels au sein de ces sociétés et pratiquent des formes d'enquête qui s'apparentent à ce que l'on a décrit plus tard comme le « terrain ethnographique ».

Pendant le moment de géographie militante, comme l'a désigné Felix Driver, les objectifs scientifiques et impériaux sont

11 Lefebvre, 2009, p. 797-824.

12 Sur la différence entre exploration et expédition, voir Spittler, 1987 ; Spittler, 1996 ; Surun, 2006.

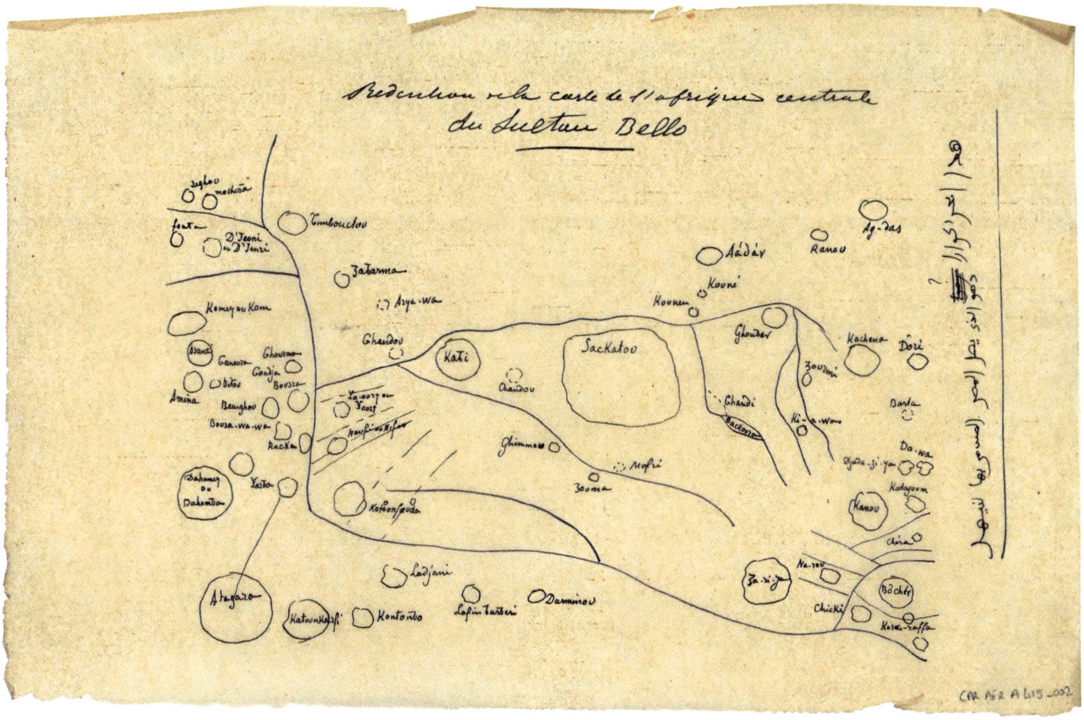

Copie de la « Réduction de la carte de l'Afrique centrale établie par le sultan Mohamed Bello », 182.-183. [EXP. 143]

Hugh Clapperton (cartographie),
Ambroise Tardieu (copie)

Copie de la carte extraite de *Voyages et découvertes dans le nord et la partie centrale de l'Afrique... exécutés pendant les années 1822, 1823 et 1824, par le major Denham et le capitaine Clapperton* (1826), conservée dans les archives du cartographe Régnauld de Lannoy de Bissy.

désormais intimement liés, et les enjeux nationaux et coloniaux deviennent prépondérants[13]. Ces missions ne s'intègrent plus à un monde qui leur préexiste : elles s'imposent par la force et par l'ampleur de leur équipement, fonctionnant comme des microcosmes. Les expéditions sont, alors, souvent bien plus importantes en nombre d'hommes et de bagages ; elles sont de plus en plus ordonnées par le fait militaire, lourdement armées et guidées par les logiques de l'expansion et de la domination coloniales, de la concurrence entre pays européens et par des préjugés racistes, comme c'est le cas de la mission Foureau-Lamy, menée entre 1898 et 1900 dans le Sahara et le Sahel, qui se présente en mission scientifique mais se déplace en colonnes guerrières pratiquant razzias, coercitions, menaces, et se nourrit sur les pays traversés. Selon les lieux, ce passage d'un type de pratique à un autre ne s'est pas fait à la même période, dans la mesure où il dépend de l'évolution des intérêts coloniaux.

13 Driver, 2001.

« Le Dr Crevaux et Apatou », c. 1877-1881 [EXP. 132]
Michel Yrondy

Jules Crevaux fait la connaissance d'Apatou au début de son expédition sur le fleuve Maroni (1876-1877). Cet ancien esclave accompagnera désormais l'explorateur français dans toutes ses missions, avant de rentrer en France avec lui. En 1881, Apatou est décoré en Sorbonne par Ferdinand de Lesseps.

« Henson », c. 1898-1902 [EXP. 26]

Auteur non identifié

Robert Edwin Peary, « Field Work of the Peary Arctic Club », 1898-1902, pl. 66

Matthew Henson, issu d'une famille libre descendante d'esclaves, s'engage dans la marine marchande états-unienne, puis accompagne durant deux décennies l'explorateur américain Robert Peary. Au cours de leur huitième et dernière expédition, les deux hommes atteignent le pôle Nord en compagnie d'un groupe de guides inuits. Henson devance Peary et plante le 6 avril 1909 la bannière étoilée au camp Jessup. Au retour, Peary reçoit tous les honneurs. Henson en revanche est éclipsé. Malgré la publication de ses mémoires en 1912, *A Negro Explorer at the North Pole*, il faut attendre 1988 pour qu'Henson soit reconnu comme le premier homme à avoir atteint le pôle Nord. Il reçoit en 2000, à titre posthume, une médaille de la National Geographic Society. L'invisibilisation de cet explorateur, noir de peau, aura duré près de quatre-vingts ans.

Dans ces expéditions marquées par le contexte colonial, le recrutement des porteurs et des soldats était un moment crucial. En Afrique de l'Est, des hommes étaient souvent engagés au préalable à Zanzibar. C'est là que Henry Morton Stanley a effectué toutes ses opérations de recrutement, même quand ses expéditions commençaient ou se terminaient sur la côte ouest de l'Afrique. Stanley décrit longuement dans ses ouvrages les membres africains les plus importants de ses expéditions, incluant même le portrait de certains d'entre eux, mais toujours en les confinant à un rôle subalterne[14]. Les récits des explorateurs concernant ceux qui rendent possible les expéditions, notamment leurs personnels africains, sont souvent, à cette période, marqués par le langage moralisateur du paternalisme chrétien et par les codes de la culture militaire : ils sont désormais décrits avec condescendance, comme des « serviteurs fidèles » faisant preuve d'une grande bravoure, et les compétences savantes des interlocuteurs des Européens ne sont alors plus que très rarement mises en avant.

La construction de la figure de l'explorateur en Europe a contribué à effacer la richesse des pratiques de voyages savants qui existaient à la même époque dans de nombreuses régions du monde. Tout comme la figure mythique de l'explorateur solitaire, héroïsé dans la presse grand public, a participé à faire disparaître l'aspect collectif de l'exploration, et notamment tous ceux et celles qui la rendaient possible, comme les compagnons de voyage (Robert Peary faisant oublier Matthew Henson, descendant d'esclaves, pourtant le premier à atteindre le pôle Nord géographique), les interprètes, intermédiaires et porteurs, mais aussi tous les hommes et femmes qui ont transmis des connaissances aux voyageurs européens. Une image plus juste se construit aujourd'hui de cette période ; à l'heure où l'on redécouvre l'ensemble des récits d'exploration et des productions savantes sur le monde rédigés dans de nombreuses cultures et dans différentes langues, on mesure de plus en plus combien les découvertes européennes n'étaient souvent des découvertes que pour les Européens.

14 Driver, Jones, 2009, p. 13.

David Boilat :
un passeur de savoirs entre France et Afrique

Cécile Van den Avenne

La destinée de David Boilat, prêtre et enseignant, écrivain et linguiste sénégalais, est singulière. Né à Saint-Louis-du-Sénégal d'un père français et d'une mère *signare* – femme métisse du Sénégal –, il se retrouve très tôt orphelin, avant d'être pris en charge par sa famille et par l'Église. À l'âge de treize ans, il est envoyé en France, dans l'Oise, pour recevoir une formation religieuse au sein du « petit séminaire africain » fondé par Anne-Marie Javouhey dont l'ambition est de former des prêtres africains, à même ensuite d'exercer leur ministère dans leur pays d'origine. C'est également au cours de ses années de formation qu'il est présenté au baron Jacques-François Roger, lié à la mère Javouhey dont il soutient les démarches en faveur d'un clergé local. Commandant et administrateur du Sénégal et dépendances, celui-ci compte parmi les membres fondateurs de la Société de géographie, dont Boilat deviendra un correspondant. Ordonné prêtre à l'âge de vingt-six ans, Boilat est envoyé deux ans plus tard au Sénégal pour y exercer son ministère. Rapidement nommé proviseur du Collège du Sénégal à Saint-Louis, puis inspecteur de l'Instruction publique au Sénégal, il promeut un enseignement général d'un niveau équivalent à celui proposé en France métropolitaine, et se heurte alors à l'hostilité des congrégations religieuses en place. Durant les dix années où il vit au Sénégal, il ne se contente cependant pas d'exercer son ministère et ses fonctions pédagogiques, mais mène un travail de collecte de savoirs, à Saint-Louis et Gorée, et lors de tournées organisées dans le cadre de son activité pastorale. En 1852, il est renvoyé en France, nommé curé dans le diocèse de Meaux, où il exercera jusqu'à sa mort, à l'âge de quatre-vingt-sept ans. Dès les premières années de son retour, il publie *Esquisses sénégalaises* (1853), une somme de 490 pages, puis *Grammaire de la langue woloffe* (1858), récompensé par le prix Volney, une prestigieuse distinction scientifique décernée par l'Institut de France.

En plus d'une œuvre conséquente, Boilat laisse derrière lui plusieurs carnets, adressés au baron Roger pour la Société de géographie, qui gardent trace du travail de terrain mené au Sénégal. Parmi ces manuscrits, le plus intrigant est un cahier à reliure cartonnée, qui se lit dans les deux sens. Ce cahier a vraisemblablement d'abord appartenu à un lettré musulman, Amadou

« Ce grigris était enfermé dans une corne de mouton », 184. [EXP. 168]
Auteur non identifié
« Notes du Fouta Toro. Lettres, mœurs, superstitions, dessins, chanson du Fouta... », cahier de dessins et de textes recueillis par David Boilat, 1843, f. 40

Golojo, marabout toucouleur originaire du Fouta Toro, dans le nord du pays, qui y a consigné sur une cinquantaine de pages des prières et formules dévotionnelles en arabe, rédigées à la plume dans une forme littéraire élaborée, en prose rimée, et ornementées d'enluminures géométriques colorées, typiques de la culture manuscrite islamique ouestafricaine[1]. Confié à Boilat, le cahier a ensuite été utilisé (dans le sens occidental d'écriture et de lecture) pour y coller différents écrits collectés à Saint-Louis (des lettres et des amulettes), en arabe et wolofal (langue wolof écrite en utilisant la graphie arabe). Y figurent également des contes wolofs transcrits en alphabet latin, dont les circonstances de recueil ne sont pas complètement explicitées. Ce carnet polygraphe et plurilingue permet de rendre compte d'une diversité de pratiques locales de l'écrit, largement inexplorées à l'époque. Par ailleurs, il illustre bien la démarche de Boilat, collecteur et passeur, intermédiaire entre deux mondes.

Certes, cette collecte est sans doute en partie le résultat d'une commande émanant de la Société de géographie, en témoigne la correspondance qu'entretient Boilat avec le baron Roger, qui l'encourage à lui faire parvenir des documents authentiques « écrits de la main même des marabouts ». Les orientalistes de la Société de géographie, tel Amédée Jaubert, s'intéressent en effet aux usages de l'arabe en Afrique de l'Ouest. Cependant, on retrouve cette polyphonie dans d'autres écrits de Boilat, et tout particulièrement dans les *Esquisses sénégalaises,* où il profite de l'espace éditorial dont il dispose pour faire entendre d'autres voix que la sienne. Il y insère notamment un récit de voyage qui lui tient à cœur, celui de jeunes gens

« Forêt de Joal (Sénégambie) », l'abbé David Boilat à cheval, 1846 [ILL. 11]
David Boilat, *Voyage à Joal*, 1846, f. 13

Llanta lith. P. Bertrand, éditeur, rue St. André des Arcs 53. Imp. Lemercier, Paris.

MARABOUT MANDINGUE.

HOMME ET FEMME TOUCOULAURES.

Marabout faisant un Grigri.

qui ont compté parmi ses élèves et ont accompagné une expédition commanditée par le ministère de la Marine dans l'intérieur du Sénégal. Si le baron Roger traite ce texte avec condescendance, le décrivant comme « dépourvu [...] de tout intérêt *scientifique* » et ne devant pas « recevoir de publicité », pour Boilat, il apporte la preuve que « si le gouvernement donnait des encouragements, on pourrait former facilement dans le pays des jeunes gens qui rendraient à la science et au commerce des services éminents[2] ».

« Marabout » chrétien, comme le perçoivent souvent ses interlocuteurs musulmans, Boilat, même s'il fustige par ailleurs les superstitions et confisque les « gris-gris », voit dans les marabouts, lettrés, des interlocuteurs et égaux en religion, et il se lie d'amitié avec plusieurs d'entre eux. Outre Amadou Golojo, il faut également mentionner Fandi-Sate, marabout mandingue, « très instruit dans toutes les sciences des Maures », qui « écrivait avec une facilité surprenante » et lui confia trois cahiers manuscrits en arabe, transmis à la Société de géographie[3].

D'Amadou Golojo, Boilat a par ailleurs dessiné un portrait, inséré au tout début du cahier précédemment décrit. L'usage des portraits par Boilat est tout à fait remarquable : les titres de ceux qui illustrent les *Esquisses sénégalaises* pourraient laisser penser que les individus sont traités comme des types ethniques, mais les longues légendes individualisent les personnages dessinés. La mention précise du nom des personnes représentées et d'éléments de généalogie est une manière d'incarner le savoir transmis. De même, les lettrés auprès desquels Boilat travaille ne sont jamais traités comme des informateurs anonymes.

Les carnets collectés par Boilat et son ouvrage le plus célèbre, *Esquisses sénégalaises*, sont ainsi des documents précieux et méconnus sur le Sénégal du XIXe siècle. Révélant toute la singularité de la démarche et du regard porté par Boilat sur son pays d'origine, qui propose une autre vision de la colonisation que celle qui prévaudra ensuite, dénonçant l'exploitation et le mercantilisme, et prônant un développement agricole dans l'intérêt des populations locales, ils méritent aujourd'hui d'être redécouverts.

1 Je remercie mon collègue Francesco Zappa pour sa lecture et description des écrits en arabe dans ce carnet si particulier.

2 Boilat, 1853, p. 243.

3 Boilat, 1853, p. 427.

Double-page précédente

« Marabout mandingue »

« Homme et femme toucoulaures. Marabout faisant un Grigri », 1853 [EXP. 166]

David Boilat (dessin),
Jacques-François Llanta (lithographie)

David Boilat, *Esquisses sénégalaises. Physionomie du pays, peuplades, commerce, religions, passé et avenir, récits et légendes*, 1853

« Presqu'île de Dakar », 1846 [EXP. 165]
David Boilat, *Voyage à Joal*, 1846, f. 9

Gabrielle et Joseph Vassal à la chasse au tigre, Annam, c. 1906-1907 [EXP. 30]
Auteur non identifié

Gabrielle Vassal :
parcours d'une exploratrice occasionnelle

Olivier Loiseaux

Rien ne prédisposait Gabrielle Maud Candler à une vie d'aventure et d'exploration. Fille d'un mathématicien anglais, elle épouse en 1903 Joseph Marguerite Jean-Baptiste Vassal, médecin français, spécialiste de parasitologie à Paris. L'année suivante, son mari est nommé à l'Institut Pasteur de Nhatrang (Indochine française), créé par Alexandre Yersin en 1895, et c'est naturellement que la jeune Gabrielle l'accompagne. Pour cette Anglaise en voyage de noces, c'est le grand dépaysement, la découverte de l'Asie, la plongée dans l'atmosphère tropicale de cette région côtière de l'Annam. Quelques dizaines d'Européens sont installés à Nhatrang, à proximité de bâtiments administratifs qui confèrent à ce gros village de pêcheurs le statut de chef-lieu de province. Mais la jeune Anglaise ne va pas se contenter des facilités de la vie coloniale dans le microcosme autour de l'Institut. Elle va au contact de la population, visite les rizières, décrit le quotidien des gardiens de buffles, l'activité des marchés. Elle s'intéresse aux cérémonies traditionnelles, à l'architecture des monuments cham de la route mandarine, à la condition de la femme annamite. Elle pratique la photographie et couche sur le papier ses premières impressions. Pour ses déplacements, elle dispose d'un tri-car qu'elle conduit elle-même, lui permettant d'accroître son rayon d'action, et monte à cheval, menant de longues escapades dans les montagnes environnantes.

Gabrielle Vassal a comme « passe-temps » la collecte de spécimens d'histoire naturelle (insectes, oiseaux, plantes, mammifères), passion qu'elle partage avec son mari. Il s'agit d'une activité pratiquée dans un but bien déterminé, celui de constituer des collections et de les proposer à une institution savante. Elle engage des collecteurs locaux et les initie aux principes de la taxidermie afin d'acheminer en Europe les échantillons dans de bonnes conditions. Mais alors que le terrain sur lequel s'exercent ces activités de collecte, et le contexte, celui d'un fonctionnaire colonial en poste dans un territoire de l'Indochine française, auraient dû conduire à privilégier les musées et institutions de la métropole, c'est vers l'Angleterre que se tourne le couple Vassal, décision probablement motivée par le patriotisme qu'affiche volontiers Gabrielle dans sa correspondance[1]. Elle correspond avec William Robert Ogilvie-Grant, responsable de l'ornithologie au British Museum. Quant à son mari, il est en contact avec Michael Rogers Oldfield Thomas, le spécialiste des mammifères. Au cours de leur séjour en Indochine, ils expédient ainsi leurs nombreux prélèvements à Londres, découvrant plusieurs sous-espèces encore inconnues dont plusieurs porteront leur nom. Sans formation initiale de naturaliste, sans sollicitation d'une institution savante, tous deux deviennent donc, de leur propre initiative, collecteurs amateurs pour le British Museum.

Gabrielle Vassal à cheval, c. 1904-1907 [EXP. 109]
Auteur non identifié

Un autre pan du séjour de Gabrielle Vassal en Annam est son exploration du pays moï. Après un an de vie et d'excursions aux alentours de Nhatrang, Gabrielle se voit proposer par son mari de rejoindre le plateau de Lang Bian, où elle pourra bénéficier d'un climat plus agréable et séjourner chez le directeur de la station d'agriculture de Dankia. Ce voyage de deux cents kilomètres vers l'intérieur du pays n'a rien d'une promenade. Si la première partie du trajet s'effectue en tri-car, les ennuis mécaniques arrivent et c'est en voiture attelée puis à cheval et parfois à pied que se poursuit l'aventure. La logistique est impressionnante : les bagages transportés dans une charrette à bœufs sont bientôt répartis entre plusieurs porteurs engagés pour l'occasion. La facilité avec laquelle Gabrielle visitait la région côtière n'a plus cours. Elle connaît désormais les aléas du recrutement des porteurs. Ce voyage revêt une importance particulière pour elle : c'est une étape supplémentaire entre le monde connu et le monde inconnu. Gabrielle Vassal avait fait un premier pas en laissant derrière elle son Angleterre natale ; elle quitte ici la civilisation annamite qui lui est désormais familière pour s'aventurer en pays « sauvage », ce que signifie précisément « moï » en annamite. La découverte des villages du plateau occupe ses journées dans un mélange d'appréhension et d'enthousiasme. Elle est invitée à partager nourriture et boissons, et note tous les détails de la vie quotidienne : les règles de l'organisation sociale, les particularités vestimentaires, les mutilations rituelles...

La dernière étape de ce cheminement géographique est franchie lorsqu'elle décide, à l'occasion d'un nouveau séjour au Lang Bian, de s'aventurer au-delà des limites du plateau, dans une région qu'aucun Européen n'a peut-être encore jamais traversée. C'est alors le temps de l'exploration en territoire inconnu, de village en village. Elle se déplace à cheval, ou en palanquin, franchit des rivières sur des ponts de fortune, traverse des pentes abruptes qui rebutent les montures. Dans la proximité avec son groupe de porteurs, Gabrielle n'est pas insensible à la plastique des corps : elle est notamment frappée, lors d'une halte près d'une rivière, par « un tableau de faunes où l'homme et la nature se retrouvaient dans leur primitive beauté[2] ». Une chasse au tigre, qui la marquera beaucoup et qu'elle décrira longuement, accompagnée de photographies, conclut ce séjour en pays « sauvage ».

À son retour définitif en Europe, Gabrielle Vassal est très sollicitée. À partir de 1907, ses articles et photographies apparaissent régulièrement dans des revues britanniques et françaises. Elle fait paraître le récit de son voyage à Londres en 1910, *On and Off Duty in Annam*, adapté et publié en français dans *Le Tour du monde* en 1911, puis chez Hachette l'année suivante. Le 17 mars 1911, elle donne une conférence à la Société de géographie à Paris, illustrée de ses photographies.

Gabrielle Vassal est emblématique de ces femmes qui accompagnent leur mari dans des voyages lointains : Octavie et Henri Coudreau, Bellonie et Ernest Chantre, Fanny Bullock et William Hunter Workman, Amélie et Jean-Marc Bel, Marie et Eugène de Ujfalvy... Doubles féminins de la figure du voyageur, ce sont souvent elles qui rédigent et publient le récit de voyage.

1 Gulliver, 2020.
2 Vassal, 1911, p. 299.

« Notre convoi moï se déroule dans les replis de la montagne », Annam, c. 1904-1907 [ILL. 12]
Gabrielle Vassal

Gabrielle Vassal dans un village moï, Annam, c. 1904-1907 [EXP. 109]
Auteur non identifié

P. n°230
2 4 1 3
N°1 = Nain-Singh chief Pundit trained by Colonel Montgomerie R.E. G.T. Survey of India.
" 2 = Kishan Singh Asst. Pundit, the Explorer of the Tengri-Nur Lake N. of Lhassa. &c.
" 3 = an ordinary Lama or Budhist monk.
4 = a Tibetan dog of the small terrier kind.

Explorer les marches de l'Empire britannique : le rôle des « pundits » en Himalaya

Felix Driver

Sous l'ère coloniale, les explorations menées par les Européens étaient tributaires de la main-d'œuvre locale qu'ils recrutaient pour leur servir de guides, de protecteurs ou d'informateurs. Si la postérité a conservé peu de traces de l'activité de ces travailleurs indigènes, il existe toutefois des exceptions notables : parmi les plus célèbres figurent ceux que l'on appelle les « pundits » (littéralement « érudits »), des Asiatiques employés par les autorités militaires et politiques britanniques pour explorer la région de l'Himalaya, au cours de la seconde moitié du XIXe siècle. Cartographie territoriale de l'Inde et consolidation du règne impérial étaient alors étroitement liées : compiler des informations sur les zones limitrophes de l'Empire constituait une priorité majeure pour les Britanniques. Mais les autorités locales, qui craignaient une expansion de l'influence coloniale, leur restreignaient sévèrement l'accès à de larges parties d'Asie centrale et du Tibet. Dans ces circonstances, pour obtenir des renseignements, les Britanniques n'avaient d'autre choix que de compter sur des non-Européens, notamment les marchands bhotiya et les moines tibétains qui traversaient régulièrement les cols de l'Himalaya. Sans accès sécurisé aux régions échappant à leur contrôle, les autorités coloniales ne pouvaient cependant disposer que d'informations très limitées, et incomplètes. La solution à ce problème, élaborée par le capitaine Thomas George Montgomerie, officier du Survey of India (le département topographique de l'Inde), fut de former des Asiatiques à entreprendre des missions de reconnaissance secrètes.

Le premier pundit officiellement engagé par Montgomerie était un musulman d'origine punjabie, qu'il appelait Mahomed-i-Hameed. Déguisé en marchand, il fut chargé en 1863 du relevé de la route qui traversait le Karakoram du Ladakh au Yarkand. Il mourut sur le chemin du retour, mais ses notes furent retrouvées et fournirent des renseignements géographiques et politiques très utiles aux Britanniques. Au même moment, Nain Singh – un instituteur bhotiya originaire de Milam, dans la région du Kumaon – fut recruté pour entreprendre un incroyable voyage à travers le Tibet, déguisé en lama. Il finit par atteindre Lhassa où il passa trois mois. Au cours

« N°1 = Nain-Singh, chief Pundit trained by Colonel Montgomerie. G. T. Survey of India. N° 2 = Kishan Singh, asst[t] Pundit, the explorer of the Tengri-Nur Lake N. of Lhassa. N° 3 = an ordinary Lama or Budhist monk. N° 4 = a Tibetan dog of the small terrier kind », 187. [EXP. 27]
Auteur non identifié

Carte de l'Himalaya central et du Thibet méridional pour suivre l'itinéraire des deux Pandits indiens d'après T. C. Montgomerie, R. Schlagïntweit et A. Pétermann, 1868 [EXP. 126]

Victor-Adolphe Malte-Brun

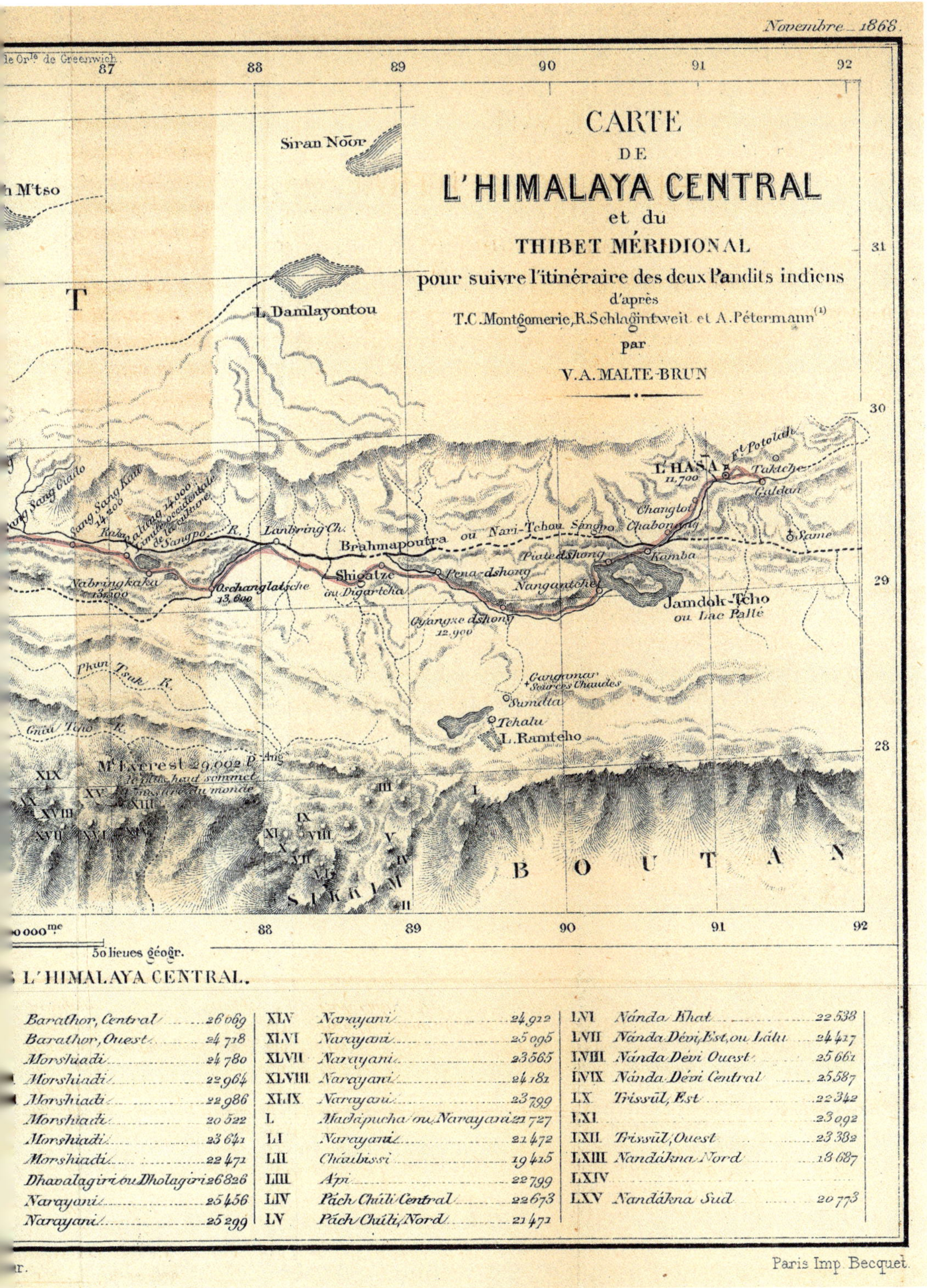
Novembre _ 1868.
CARTE
DE
L'HIMALAYA CENTRAL
et du
THIBET MÉRIDIONAL
pour suivre l'itinéraire des deux Pandits indiens
d'après
T.C. Montgomerie, R. Schlagintweit et A. Pétermann (1)
par
V.A. MALTE-BRUN
Siran Noor
L. Damlayontou
T
L'HASA
11,700
Ft Potolah
Takiche
Galdan
Changlot
Chabonang
Brahmapoutra ou Nari-Tchou Sangpo
Lanbring Ch.
Shigatze
ou Digartcha
Pena-dshong
Piatedshong
Kamba
Nangantche
Jamdok-Tcho
ou Lac Pallé
Sang Sang Gaido
Sang Sang Kari
14,200
Nabringkaka
13,500
Oschanglatsche
13,600
Gyangze dshong
12,900
Same
Gangamar
Sources Chaudes
Sumitta
Tehalu
L. Ramtcho
Phun Tsuk R.
Mt Everest 29,002
Le plus haut sommet connu du monde
SIKKIM
BOUTAN
50 lieues géogr.
L'HIMALAYA CENTRAL.
Barathor, Central 26 069
Barathor, Ouest 24 718
Morshiadi 24 780
Morshiadi 22 964
Morshiadi 22 986
Morshiadi 20 522
Morshiadi 23 641
Morshiadi 22 471
Dhavalagiri ou Dholagiri 26 826
Narayani 25 456
Narayani 25 299
XLV Narayani 24 912
XLVI Narayani 25 095
XLVII Narayani 23 565
XLVIII Narayani 24 181
XLIX Narayani 23 799
L Machapucha ou Narayani 21 727
LI Narayani 21 472
LII Cháubissi 19 415
LIII Api 22 799
LIV Pách Chúli Central 22 673
LV Pách Chúli, Nord 21 471
LVI Nánda Khat 22 538
LVII Nánda Dévi, Est, ou Lálu 24 417
LVIII Nánda Dévi Ouest 25 661
LIX Nánda Dévi Central 25 587
LX Trissūl, Est 22 342
LXI 23 092
LXII Trissūl, Ouest 23 382
LXIII Nandákna Nord 18 687
LXIV
LXV Nandákna Sud 20 773
Paris Imp. Becquet.

de son périple, ses accessoires religieux lui servirent également d'instruments scientifiques : les perles de son chapelet bouddhiste lui fournirent un moyen tout trouvé pour compter ses pas, tandis que son moulin à prières lui offrit un lieu sûr où cacher ses observations et calculs. Après un voyage de dix-huit mois (soit deux millions et demi de pas selon ses estimations), Nain Singh revint en Inde avec le relevé de quelque mille neuf cent trente kilomètres, ce qui permit d'élaborer une carte précise de la route vers Lhassa.

Avec son cousin Mani, Nain Singh effectua plusieurs autres voyages à travers le Tibet et l'Asie centrale pour le compte des Britanniques. Bien qu'il reste le plus célèbre des pundits, il y en eut d'autres dont les voyages furent peut-être encore plus spectaculaires. En 1878 par exemple, Kishen Singh (appelé « A. K. » par les Britanniques) parcourut le Tibet et la Mongolie depuis le Cachemire. Il passa un an à Lhassa avant d'être emprisonné sept mois par les Chinois à Dunhuang, à la suite de quoi il entreprit de longues traversées dans le Xinjiang. Il revint à Darjeeling en 1882, après avoir réalisé un impressionnant relevé de plus de quatre mille cinq cents kilomètres de routes à travers le Tibet.

Nombre d'Asiatiques employés par les Britanniques pour de telles missions étaient formés à l'utilisation d'instruments scientifiques aux bureaux du Survey of India à Dehra Dun et à Calcutta. Certains avaient déjà de l'expérience, comme Nain et Mani Singh, qui avaient été recrutés en 1854-1857 pour l'expédition Schlagintweit (initialement lancée dans le but d'établir un relevé magnétique complet de l'Inde), co-financée par la Compagnie britannique des Indes orientales et le roi de Prusse. L'exactitude de leurs relevés topographiques reposait sur un comptage précis et méthodique de leurs pas, et sur le calibrage minutieux de l'équivalence entre le nombre de pas effectués et la distance géographique parcourue.

Dans les comptes rendus officiels, les autorités du Survey of India saluèrent essentiellement la qualité de la formation initiale reçue par les deux pundits. D'autres furent plus élogieux, notamment l'historien-géographe Henry Yule (qui recommanda Nain Singh pour la médaille d'or du bienfaiteur de la Royal Geographical Society en 1877) : « Bien que je ne connaisse pas Nain Singh personnellement, je connais son travail. [...] Il n'est pas un cartographe-automate [*topographical automaton*]. [...] Ses observations ont permis, à elles seules, de compléter et d'affiner la carte de l'Asie infiniment plus que celles de n'importe quel autre de nos contemporains, et ses journaux forment des carnets de voyage excessivement intéressants[1]. »

Voir en ces pundits plus que des « automates » signifiait reconnaître leur compétence et leur ingéniosité en tant qu'explorateurs à part entière. Cela révèle aussi une prise de conscience quant à la production de connaissances sur le Tibet et l'Asie centrale à l'époque coloniale, qui impliquait nécessairement la mobilisation

« N°1. Colonel Montgomerie's Havildar of Sappers explorer of Chitral & Oxus. N°2. Naik of Sappers or native Corps du Génie assist[t] to Havildar », 187.
[EXP. 129]
Auteur non identifié

« Havildar » est un titre donné par les Britanniques, lié au rang de la personne recrutée. Le véritable nom de cet homme est Hyder Shah, enrôlé à Peshawar.

P. n° 98
No 2 Naik of Sappers or Native Corps du Genie Assist! to Havildar.
No 1. Colonel Montgomerie's Havildar of Sappers explorer of Chitral & Oxus.

« N° 1. Explorer of Mont Everest, Nepal and Tibetan Lakes », 187. [EXP. 130]

Auteur non identifié

de nombreux savoir-faire. De ce point de vue, l'histoire du terme même de « pundit » est évocatrice. Dérivé à l'origine du sanscrit *pandita*, qui signifie « érudit », le mot en était venu à désigner, dans le langage courant, une autorité en droit hindou. Qu'il ait ensuite été réutilisé, dans le contexte colonial, pour désigner ceux qui étaient chargés de collecter des renseignements sur les régions de l'Himalaya pour le compte des Britanniques donne une idée de l'ampleur des compétences requises pour un tel travail.

Le plan de Montgomerie aura reçu le soutien non seulement des cartographes du Survey of India, mais, bien au-delà, celui des autorités politiques de Calcutta et des chercheurs de l'Asiatic Society of Bengal. À la fin du XIXe siècle, Sarat Chandra Das en est une des figures majeures : cet ingénieur civil de formation, d'origine bengalie, devint spécialiste du sanscrit et du tibétain, et fonda la Buddhist Text Society of India, en 1892. En 1874, il fut engagé par les autorités britanniques comme directeur d'un petit pensionnat pour garçons originaires du Tibet et du Sikkim, à Darjeeling. Le programme scolaire, qui comprenait entre autres l'anglais et l'arpentage, avait été conçu afin de former des hommes qui puissent être utiles aux Britanniques dans leurs relations avec le Tibet. Le professeur de langue tibétaine de l'école, Lama Ugyen Gyatso, entreprit d'ailleurs plusieurs voyages au Tibet pour le compte des Britanniques, après avoir été formé à l'usage des instruments d'arpentage. En 1888, il servit d'interprète pendant la guerre au Sikkim opposant le Tibet aux forces britanniques. Accompagné par le Lama, qui avait des relations haut placées au Tibet, Das lui-même entreprit deux longs voyages jusqu'au monastère de Tashilhunpo en 1879 et 1881. Lors du deuxième, il passa également par Lhassa, comme Nain Singh et Kishen Singh l'avaient fait avant lui.

L'importance durable des pundits ne repose pas uniquement sur leurs remarquables prouesses géographiques, mais également sur leur rôle d'intermédiaires entre l'Inde britannique et ses voisins de la région de l'Himalaya. Ces hommes étaient plus que de simples instruments passifs d'arpentage colonial : ils ont traversé des mondes culturels très différents, poursuivant leurs propres buts et développant leurs propres intérêts. Mythifiés par les Britanniques, mais quasi oubliés dans leur propre pays, ils nous rappellent que l'exploration consiste autant à instaurer des ponts entre les cultures qu'à cartographier des territoires.

Traduit de l'anglais par Mirabelle Ordinaire

1 *Journal of the RGS*, n° 47, 1877, CXXVI.

CHAPITRE III

Sur le terrain : expérience du voyage et construction des savoirs

Marie-Noëlle Bourguet Seckel

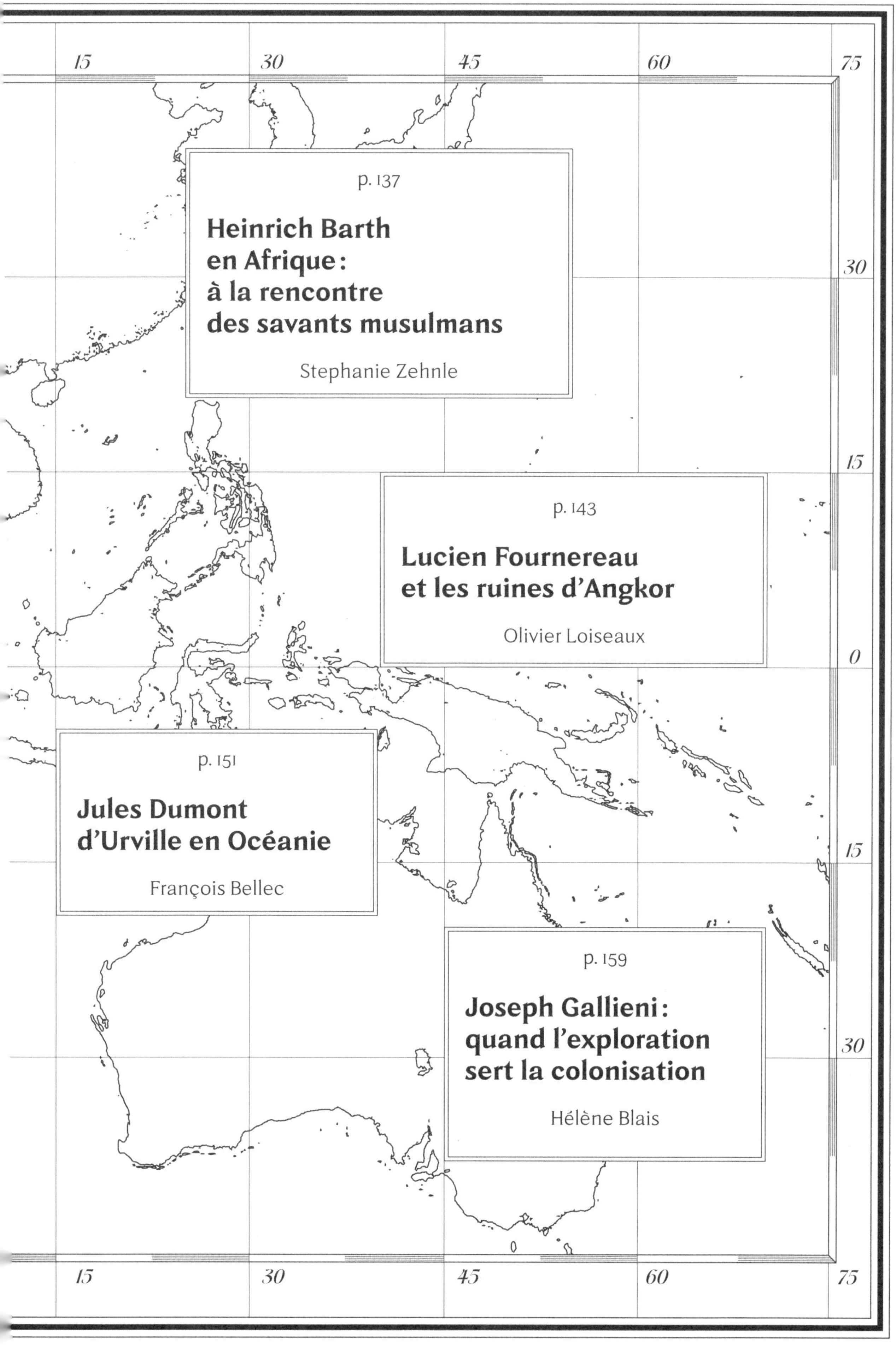
15
30
45
60
75
30
15
0
15
30
15
30
45
60
75

« Mr Caillé prenant des notes en feignant de méditer sur le Koran à l'approche de Maures », c. 1828-1830 [EXP. 113]

René Caillié, *Notes du voyage à Tombouctou*, 1827-1830, f. 81

En 1828, René Caillié est le premier Européen à atteindre Tombouctou, alors interdite aux chrétiens, et à en revenir. Au cours de son voyage, afin de circuler le plus discrètement possible, il se travestit en musulman. Caillié s'est longuement préparé, passant notamment de longs mois chez les Maures Braknas, au nord du fleuve Sénégal, pour apprendre l'arabe et les coutumes de l'Islam. À son retour en France, il est récompensé par la Société de géographie pour son expédition.

Sur le terrain : expérience du voyage et construction des savoirs

Marie-Noëlle Bourguet Seckel

En 1866, François Le Saint, premier voyageur envoyé par la Société de géographie explorer l'Afrique centrale, se prépare soigneusement : il consulte le géographe Henri Duveyrier, s'initie à la géodésie auprès de l'astronome Antoine d'Abbadie, copie dans son calepin des conseils sur les instruments à emporter, la conduite à tenir, les mots injurieux à éviter, les remèdes en cas d'insolation. Mais à peine commencée sa remontée du Nil, le voici submergé de sensations nouvelles au milieu du « tohu-bohu qui règne autour du navire », démuni face au refus du chamelier de partir un mardi, jour « de mauvais augure », puis impuissant à contrôler la marche de la caravane : « Je veux arrêter mon chameau pour prendre le croquis des montagnes [...], j'ai beau crier halte, on ne me comprend pas ou l'on fait semblant [...][1]. »

Dès qu'il devient l'ici du voyageur, l'ailleurs impose son étrangeté : un espace nouveau, dans lequel l'explorateur s'enfonce sans retour possible, seul ou avec quelques compagnons, dépendant de guides et de porteurs ; un environnement ouvert, dans lequel tout son être se trouve impliqué, sans pouvoir s'abstraire. Au premier moment

1 Le Saint, 1867, carnet 5, p. 26, 59, 69.

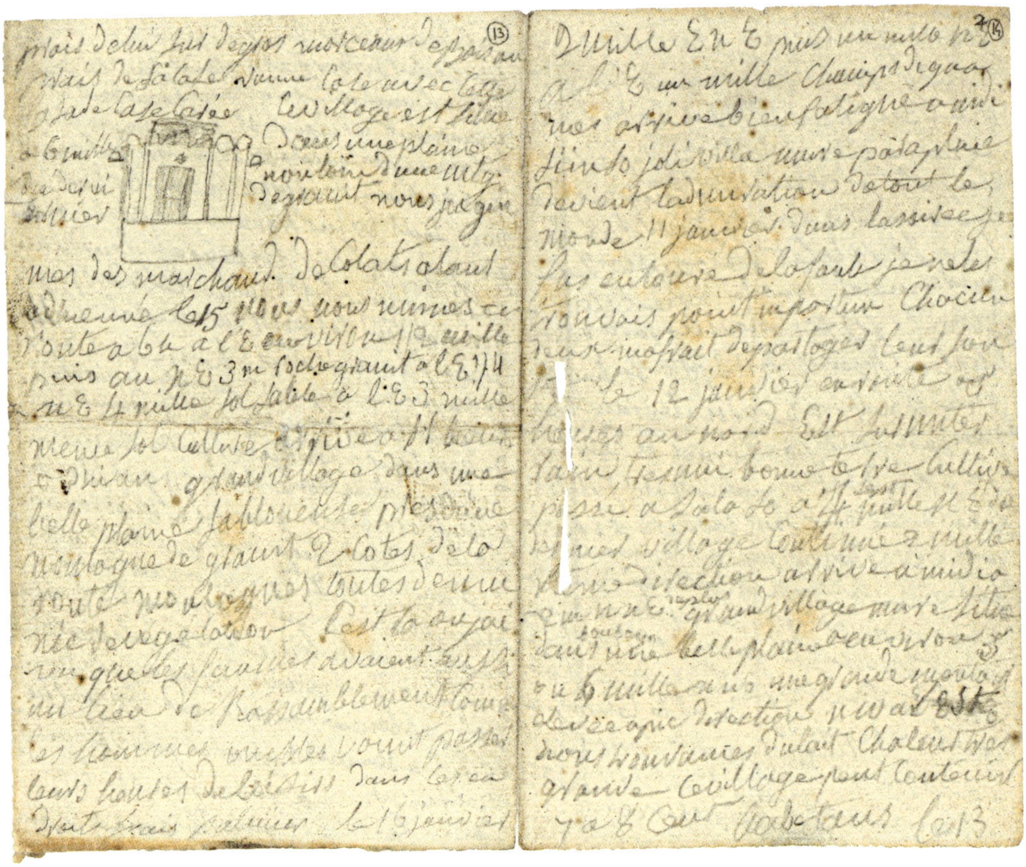

a volé en éclats le principe selon lequel la conduite du voyageur doit, sur le terrain, être réglée par les directives reçues avant le départ – ce que le sociologue Justin Stagl a nommé « principe d'hétéronomie[2] ». Là où la clôture matérielle du cabinet ou du laboratoire institue un partage net entre le travail du savant et le reste de son existence, le « terrain » du voyageur est un espace poreux, une zone de contacts et d'interactions sans démarcation claire – sinon, au mieux, celle d'une toile de tente. En déplaçant le regard de la métropole, d'où proviennent l'initiative et le programme du voyage, vers le terrain de l'exploration, il s'agit ici de décrire les situations que doit affronter le voyageur, d'examiner les pratiques qu'il met en œuvre pour mener à bien sa tâche, d'interroger les effets de ces conditions, tant matérielles que sociales et culturelles, sur les savoirs produits[3].

Clandestins et conquérants

À propos du séjour de René Caillié à Tombouctou en 1828, l'explorateur Heinrich Barth observe que la mémoire des habitants n'en a gardé aucune trace, « preuve que Mr Caillié a si bien joué sa part [...]

2 Stagl, 1995, p. 79.
3 Kuklick, Kohler, 1996.

« Fernand Foureau », Sahara algérien, c. 1895
[EXP. 89]

Auteur non identifié

Fernand Foureau a accompli neuf missions d'exploration au Sahara entre 1882 et 1896, se mettant au service du gouvernement de la colonie algérienne, notamment pour étudier la possibilité d'une voie ferrée transsaharienne. Il représente un type d'explorateur dont l'action est intrinsèquement liée à l'expansion coloniale. Loin de l'image mythique du héros solitaire, il progresse en escorte armée, alliant objectifs scientifiques et enjeux coloniaux. Il est chargé en 1898-1900 d'une mission militaro-scientifique, dont le but est d'établir une jonction entre les possessions françaises d'Algérie et de Tunisie et celles du sud du Sahara. Cette mission, au cours de laquelle il multiplie les travaux de relevés topographiques, météorologiques, géologiques, est marquée par des heurts violents avec les populations touarègues. Primé à plusieurs reprises par la Société de géographie, il reçoit en 1901 la médaille d'or de l'institution.

Page de gauche

Fragment du manuscrit autographe de René Caillié relatant son voyage à Tombouctou (1er janvier-18 août 1828), 1828 [EXP. 114]

René Caillié, Carnet, f. 13-14

René Caillié ne put écrire autant qu'il l'aurait souhaité durant son voyage. Ces feuillets figurent parmi les rares notes prises au jour le jour sur le terrain.

que même après son départ rien n'a transpiré au regard de son vrai caractère[4] ». En d'autres termes, sa dissimulation était si parfaite – la ville sainte étant interdite aux non-musulmans, le voyageur s'était déguisé en Maure, prétendant être né en Égypte et en chemin vers La Mecque – que nul ne remarqua sa présence. Mais ce dédoublement obligeait Caillié à se comporter en musulman scrupuleux et à soustraire aux regards toute activité risquant de le trahir, comme collecter des plantes ou prendre des notes.

À l'autre extrémité du siècle, la conduite que prône l'explorateur Fernand Foureau est toute différente. Pour ses missions au Sahara, menées entre 1898 et 1900, il a préféré à la gloire de l'aventure solitaire, dont les résultats sont « à peu près nuls » selon lui, la formule d'une escorte légère et bien choisie, qui donne « des résultats scientifiques très complets ». Et il juge qu'une expédition dotée de 150 hommes armés garantirait à la fois sécurité et réussite, en permettant au chef de mission de faire « ce qu'il voudra, [...] explorant le pays à sa guise[5] ». Dans ces années de percée coloniale, la logistique militaire semble devoir assurer aux explorateurs liberté et autonomie. Mais c'est au prix d'un rapport plus distant, sinon défiant et agressif, avec les populations locales, et par là même d'une transformation dans les modes de construction des connaissances (moindre recours aux savoirs des habitants, aux compétences des guides, des interprètes, etc.).

Entre clandestinité et posture conquérante, tout l'éventail des conduites possibles a été mis en œuvre par les voyageurs du XIXe siècle, en fonction des situations et des objectifs. Avec, dans tous les cas, une tension entre deux exigences. D'une part, s'impose une adaptation aux conditions extérieures, au climat, au mode de vie : au Sahara (1859-1861), Duveyrier adopte le « costume arabe », chèche et burnous[6]. En Argentine (1827-1828), le naturaliste Alcide d'Orbigny vit à la manière d'un gaucho, « toujours à cheval [...], [s]e contentant de viande séchée au soleil ou de maÿs[7] ». D'autre part, perdure la conscience de soi et d'une mission à remplir, manifeste en particulier dans l'attachement à quelques objets – instruments, journal, collections –, symboles du lien avec la métropole. Caillié, malgré le risque, ne se sépare jamais de ses « notes-journaux », unique preuve de son exploit : « Je portais toujours dans mon sac un arrêt de mort[8]. » Le 29 octobre 1880, au moment de franchir un rapide du rio Guayabero, le premier geste de Jules Crevaux est de protéger son journal : « Je remets mon grand cahier dans caisse, navigation trop dangereuse[9]. » À l'inverse, voir la bulle de son niveau se fragmenter, sa meilleure montre s'arrêter ou découvrir son baromètre brisé est ressenti par Le Saint comme une menace, presque une perte d'identité[10]. Pour chaque voyageur, l'expérience du terrain se joue dans cette tension.

4 Lettre de Barth à Jomard, 21 septembre 1855, *in* Barth, 1855-1860, p. 6.

5 Foureau, 1897, p. 28-30.

6 Duveyrier, 1859 ; merci à Pierrette Chapelle pour cette référence.

7 [Orbigny] Béraud, 2002, 28.

8 Caillié, 1830B, vol. 1, p. IV.

9 Crevaux, 1880-1881, carnet 4, p. 198.

10 Le Saint, 1867, carnet 5, p. 71, 82, 100.

« Dans l'Ouar (angle 80°) [campement du] 26-1-96 » [EXP. 106]

Fernand Foureau

Mission au Sahara algérien, 1896

Ce type de clichés, qui convoque l'imaginaire des voyages au Sahara, est typique de l'iconographie liée à la mémoire de l'exploration du désert, associant un certain exotisme (les dunes, le chameau) et la solitude des grands espaces.

Double-page suivante

« Journal de route – observations diverses, le vendredi 26 mars 1841 » [EXP. 154]

Joseph Pons d'Arnaud, « Journal de route sur le fleuve Blanc en retournant du 4°42'latitude à Khartoum, à la jonction avec le fleuve Bleu », 2e expédition envoyée par S. A. le vice-roi d'Égypte, 1840-1841, vol. 2, f. 184-185

Entré au service de Méhémet Ali, l'ingénieur civil français Joseph Pons d'Arnaud se voit confier la direction scientifique de deux expéditions entre 1840 et 1842 à la recherche des sources du Nil Blanc, au départ de Khartoum. Il s'appuie sur l'expérimenté capitaine Selim, officier égyptien qui a conduit l'année précédente une expédition équivalente. D'Arnaud tient un journal de route, véritable mine d'informations géographiques et de relevés de données scientifiques, qu'il accompagne au jour le jour de dessins à la plume décrivant les paysages traversés et les populations rencontrées.

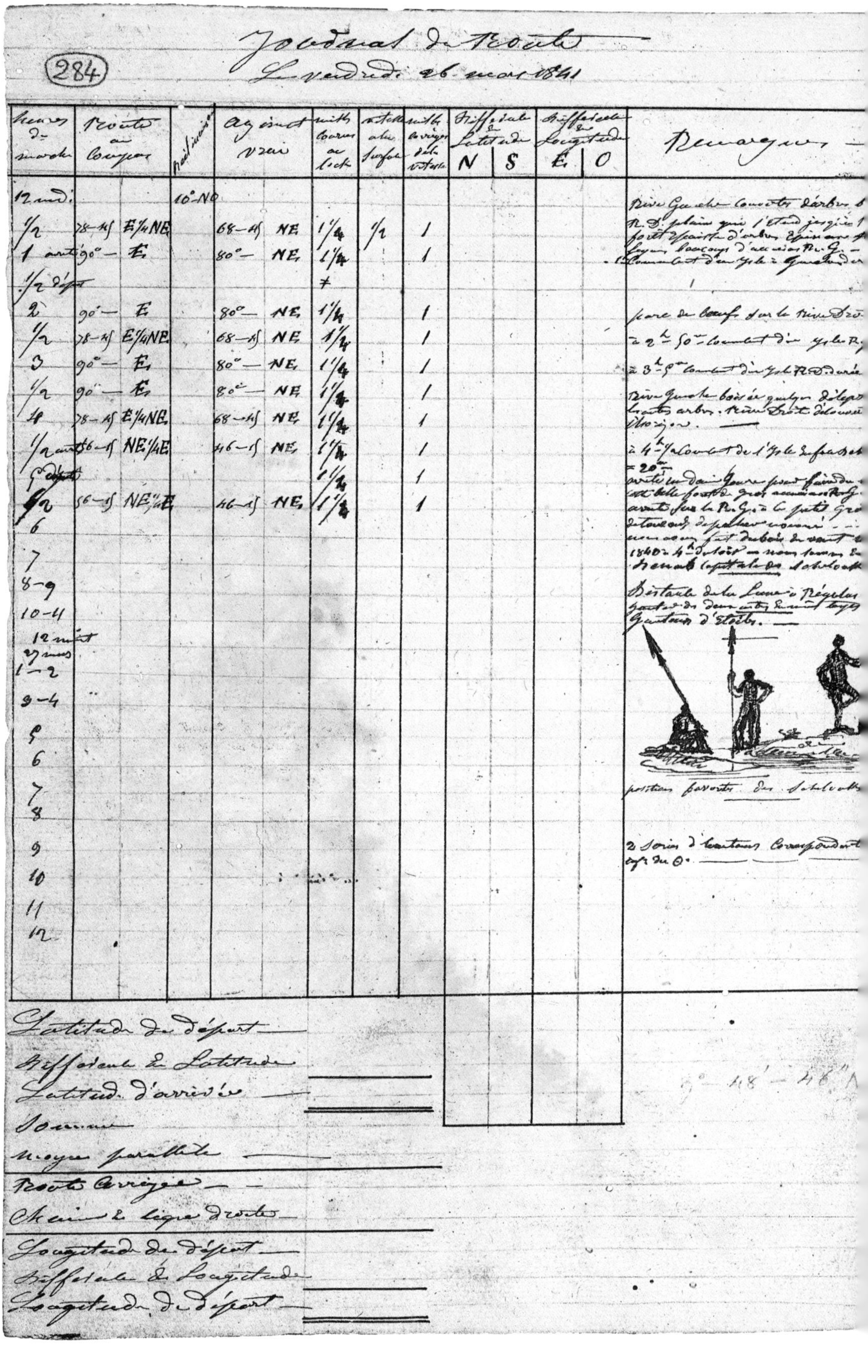

(284)

Journal de Route

Le vendredi 26 mars 1841

Heures de marche	Route au compas		Variation	Aziment vrai		Milles courus au loch	Vitesse à la surface	Milles corrigés de la vitesse	Différence de latitude N	S	Différence de longitude E	O	Remarques
12 midi			10° NO										Rive gauche couverte d'arbres [illegible]
1/2	78–45	E¼NE		68–45	NE	1¼	1/2	1					[illegible]
1 arrêt	90° –	E		80° –	NE	1¼		1					[illegible]
1/2 départ													
2	90° –	E		80° –	NE	1¼		1					[illegible] rive droite
1/2	78–45	E¼NE		68–45	NE	1¼		1					à 2h 50m [illegible]
3	90° –	E		80° –	NE	1¼		1					à 3h 5m [illegible]
1/2	90° –	E		80° –	NE	1¼		1					Rive gauche boisée [illegible]
4	78–45	E¼NE		68–45	NE	1¼		1					
1/2 arrêt	56–15	NE¼E		46–15	NE	1¼		1					à 4h [illegible]
5 départ						1¼		1					[illegible]
1/2	56–15	NE¼E		46–15	NE	1¼		1					[illegible]
6													
7													
8–9													Distance de la Lune à Régulus [illegible] hauteurs d'étoiles
10–11													
12 minuit													
27 mars 1–2													
3–4													
5													
6													positions favorites des [illegible]
7													
8													
9													2 séries d'hauteurs correspondantes du ☉
10													
11													
12													

Latitude de départ

Différence de latitude

Latitude d'arrivée

Somme

Moyen parallèle

Route corrigée

Chemin en ligne droite

Longitude de départ

Différence de longitude

Longitude de départ

9° 48' – 48"

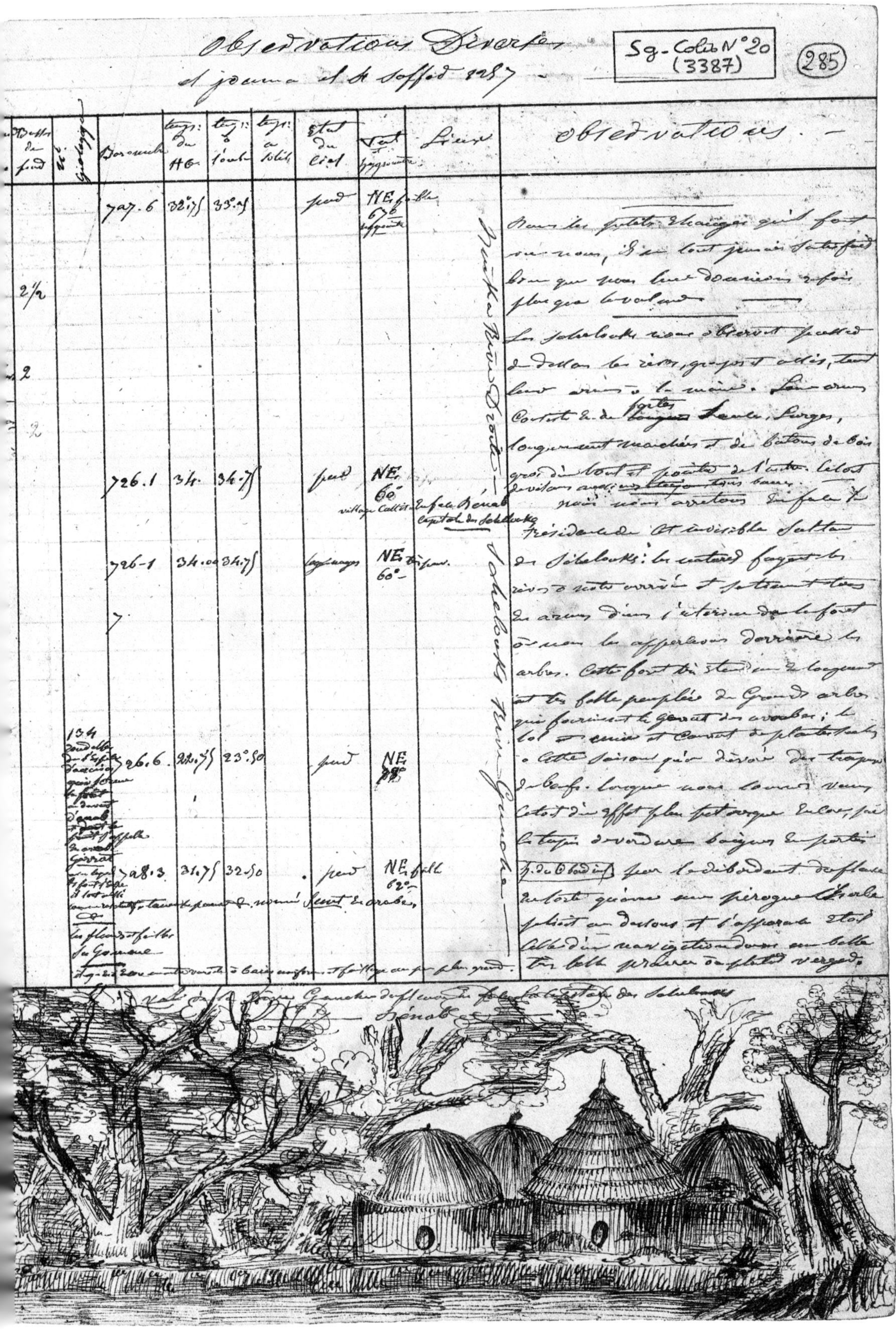
Observations diverses
Sg-Colis N°20
(3387)
285
Observations

Sous bonne escorte

En 1887, relevant un itinéraire vers Brazzaville, Joseph Cholet note tous les quarts d'heure le nombre de ses pas, l'orientation, la pression, la température, ainsi que tout incident susceptible de compromettre l'exactitude de son relevé: « Podomètre dérangé ». Dans ses carnets, rien ne signale la moindre présence humaine à ses côtés, sinon le pluriel des verbes: « Suivons rivière [...], passons à un confluent[11]. » Forgée par le récit des voyageurs, longtemps reprise par l'historiographie, cette image de l'explorateur pénétrant seul dans un espace inconnu a souvent laissé dans l'ombre les nombreux acteurs qui accompagnaient sa route. Il était rare, pourtant, qu'un voyageur se déplace en solitaire. Même Caillié, que sa clandestinité contraint à un certain isolement, s'assure à chaque étape la compagnie d'un guide et souvent se joint à une caravane marchande allant dans sa direction. Et pour Pierre Savorgnan de Brazza, qui rêva d'abord d'explorer seul l'intérieur de l'Afrique, la nécessité de s'entourer de compagnons, de recruter des guides, des porteurs, des pagayeurs s'impose bientôt: en 1875, quatre Européens et 17 Africains participent à sa première mission[12].

Cette présence signe d'abord la dépendance logistique des voyageurs. Quoique habitué au désert saharien, Foureau renonce parfois à avancer «parce que [ses guides] ont peur». En été, reconnaît-il, « le voyageur devient l'esclave de son convoi; il ne peut plus choisir sa route, ce sont les points d'eau qui [...] tracent pour lui son itinéraire[13] ». Lors de son exploration de la Sibérie orientale (1882-1886), Joseph Martin doit modifier l'itinéraire prévu, que rejettent les Toungouses[14]. Car s'obstiner serait vain, ainsi que le constate l'explorateur polaire Adolf Erik Nordenskiöld quand son guide tschuktschi répugne à l'accompagner dans une excursion à l'intérieur des terres: « J'essayai de conduire les traîneaux, mais les chiens refusaient de bouger[15]. »

Au-delà de la sujétion matérielle, c'est aussi l'élaboration des connaissances qui est en jeu dans le rapport du voyageur avec ses interlocuteurs. En chemin, Caillié s'informe auprès de son compagnon du moment: « Mon guide m'apprit que ce ruisseau s'appelait *el-Hadjar.* » À l'étape, il demande aux villageois, en dessinant au sol le cours du Dhioliba (Niger), comment ils en désignent la source dans leur langue: « Ils me répondirent *folou* (commencement); ils n'ont pas d'autre expression pour exprimer source[16]. » Souvent, les réponses sont difficiles à décoder. En 1880, à la recherche des affluents du Congo, Brazza constate que leur nom change selon les peuples qu'il rencontre[17]. En 1824, l'enseigne de vaisseau Victor Charles Lottin peine à obtenir des insulaires de Nouvelle-Zélande le nom des vents locaux: « Ils étaient tous d'accord sur les noms Nord, Nord Est et Est, mais ils varièrent plusieurs fois sur les autres[18]. »

11 Cholet, 1887, p. 8.

12 [Brazza] Martin, 2005, p. 32.

13 Foureau, 1883, p. 27; 1897, p. 4.

14 Martin, 1888, p. 547.

15 Nordenskiöld, 1883-1885, vol. 2, p. 33.

16 Caillié, 1830B, vol. 1, p. 85, 335.

17 [Brazza] Martin, 2005, p. 54; Brunschwig, 1972, p. 26-28.

18 Lottin, 1824, *in New Zealand Journals,* 1986, p. 117.

Sextant à visée par œilleton, XIXe siècle [EXP. 211]
Lenoir (Paris)
Instrument utilisé par Pierre Savorgnan de Brazza lors de ses expéditions au Congo

Outil indispensable aux explorateurs, cet instrument muni d'un secteur gradué permet de mesurer la hauteur des astres et ainsi de se repérer.

Ainsi, entre voyageurs et intermédiaires locaux, des malentendus, des incompréhensions, des conflits ont parfois surgi. Tout comme il est arrivé que se forgent des relations de complicité, d'expérience partagée, d'amitié même, qu'illustrent quelques duos célèbres : Jules Crevaux fait de l'ancien esclave Apatou, rencontré sur le Maroni en 1877, le compagnon de toutes ses expéditions dans le bassin amazonien ; Joseph Martin explore la Sibérie entre Léna et Amour (1879-1881), guidé par le Toungouse Boris Grieznoukine ; en 1883-1884, Charles de Foucauld découvre le Maroc sous la conduite du rabbin explorateur Mardochée Aby Serour, qui lui a conseillé de se déguiser en juif et lui sert de guide, d'interprète, de médiateur. De tels liens, d'échange et de dépendance mêlés, invitent à parler des savoirs qui s'élaborent dans le cadre du voyage en termes de co-construction.

Du coup d'œil à la mesure

Au cours de ses marches à travers le Congo, Cholet bute parfois sur un obstacle imprévu, relief, lagune ou rivière : « Retournons sur nos pas », note-t-il, tout en cherchant un point où ancrer le regard – « 6 palmiers alignés à gauche, puis rivière[19] ». C'est par une vision au ras du sol que les voyageurs éprouvent d'abord l'espace qu'ils explorent[20]. Pour échapper à l'horizontalité d'une vision sans repère, ils cherchent à prendre de la hauteur : « Je fais l'ascension d'un Ghourd qui domine le campement de 90 m. environ, raconte Foureau [...]. On domine un chaos de pions, de croupes, tantôt aiguës, tantôt arrondies, à reflet jaune orange ou rose[21]. » Lors d'une relâche, le 6 avril 1824, René Primevère Lesson s'efforce de prendre une vue en surplomb de la côte de Nouvelle-Zélande : « Un petit sentier nous conduisit vers

19 Cholet, 1887, p. 10.
20 Certeau, 1990 ; I. Surun, « Espace projeté, espace parcouru. Le terrain des explorations en Afrique (1790-1860) », *in* Besse, 2010.
21 Foureau, 1890, p. 35.

Signes Conventionnels.
CAPITALE de la République de Bolivia
CHEF-LIEU de Département
Chef-Lieu de Province
Paroisse
Limite de la République
de Département
de Province
Points placés d'après Mr. Pentland.
B
R É P U B. QUE
A

Carte générale de la République de Bolivia dressée par A. d'Orbigny d'après ses itinéraires relevés dans le cours des années 1830, 1831, 1832 et 1833, 1842 [EXP. 170]

Alcide d'Orbigny

En 1825, Alcide d'Orbigny se voit confier une mission par le Muséum d'histoire naturelle : il est chargé de poursuivre les travaux engagés par Alexander von Humboldt et Aimé Bonpland. Partageant leur ambition encyclopédique, il s'attache durant les sept années qu'il passe sur le continent américain à faire des relevés géographiques précis ainsi qu'à étudier la géologie, la faune et la flore des régions traversées. Il reçoit en 1835 la grande médaille d'or de la Société de géographie et publie après douze années de travail les volumes de son *Voyage dans l'Amérique méridionale* abondamment illustrés de ses propres dessins.

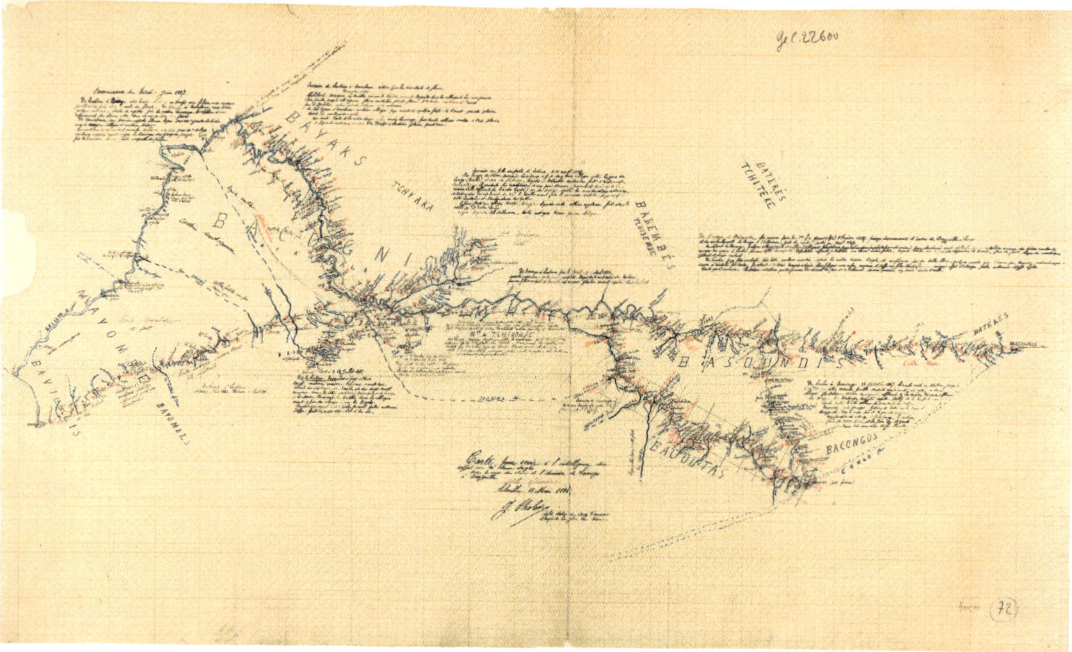

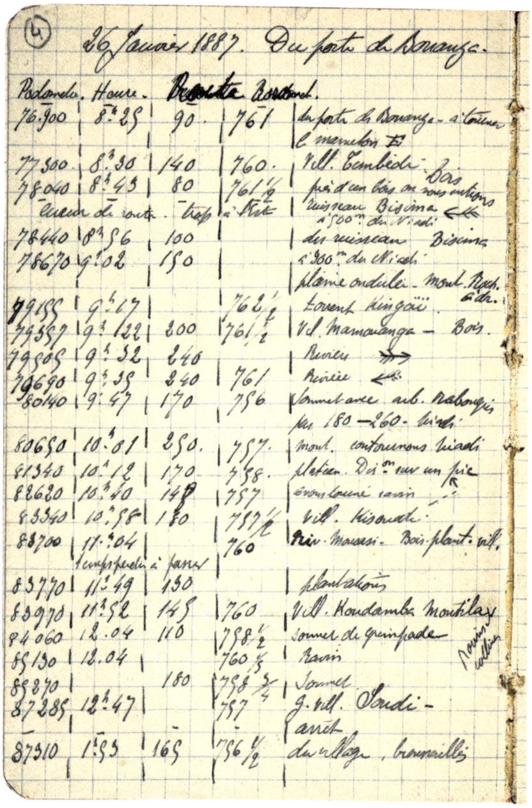

« Carte pour servir à l'intelligence du rapport sur M'Boco Songko avec le cours du Niari et l'itinéraire de Loango à Brazzaville [1885-1887], 15 mai 1888 » [ILL. 13]

Joseph Cholet

« De Bouanza à Brazzaville, itinéraire de Joseph Cholet, 26 janvier-8 février 1887 » [EXP. 207]

Joseph Cholet

Collaborateur de Pierre Savorgnan de Brazza, explorateur du Congo à l'origine du protectorat français établi à Brazzaville, Joseph Cholet rend compte à la Société de géographie de ses différentes missions au Congo français lors de la séance du 7 novembre 1890. Pour la réalisation d'une carte retraçant ses itinéraires entre Loango et Brazzaville, il a été mis en contact avec le cartographe Jules Hansen et lui a fourni ses esquisses, carnets de route et tableaux, où sont donnés des relevés au podomètre, l'heure, l'azimut de la direction suivie et la pression barométrique. Le travail d'Hansen consiste à sélectionner les informations, à vérifier les itinéraires pour aboutir à une carte simplifiée, publiée dans le *Bulletin de la Société de géographie*.

les montagnes [...]. Nous eûmes un coup d'œil magnifique, la vaste étendue de la baie s'offrit à nos regards, et M. de Blois [...] se promit d'y retourner pour prendre les positions géographiques de plusieurs points avec un sextant[22]. »

C'est en passant du coup d'œil à la mesure, de la description au tracé, que s'opère chez les voyageurs la traduction d'une perception du terrain en un savoir sur l'espace. Au XIXe siècle, fixer le dessin des côtes et combler les derniers blancs de la carte du monde constituent le premier des objectifs, auquel tous les voyageurs s'emploient selon leurs moyens. Caillié, qui ose à peine consulter sa boussole par crainte d'attirer l'attention, envie l'habileté des Arabes à reconnaître leur route à quelques « signes infaillibles » – dune, rocher, couleur du sable. Il apprend, lui, à estimer les distances d'après la marche des chameaux, à régler sa route « le jour sur le soleil, et la nuit sur l'étoile polaire », à évaluer la latitude en prenant pour gnomon un bâton planté dans le sol[23]. Depuis son canot, Crevaux trace la courbe des rivières amazoniennes sur de grandes feuilles assemblées et évalue au sextant et au chronomètre angles, vitesses, distances. Avec une boussole et une montre, d'Orbigny relève si soigneusement sa route qu'il faudra, après lui, rectifier la carte de Bolivie et faire passer La Paz d'un côté à l'autre de la Cordillère[24] !

Même lorsque les explorateurs sont mieux équipés, de multiples contraintes compliquent souvent leurs opérations sur le terrain. Difficultés matérielles, d'abord. Moustiques, mouches et fourmis taraudent les officiers de l'*Astrolabe* et de la *Zélée* occupés à relever la côte australienne à la fin des années 1830, sous la houlette de Jules Dumont d'Urville. Le sable, la chaleur et la sécheresse endommagent au Sahara les chronomètres et les appareils photographiques de Foureau. En 1878-1879, dans l'Arctique, pour mesurer le magnétisme terrestre, les équipes de la *Vega* se relaient dans une hutte de glace d'où tout métal, même celui d'un réchaud, a été banni[25]. Difficultés de communication, aussi, lorsque les gestes des voyageurs suscitent chez les habitants curiosité, incompréhension ou inquiétude : « Hauteurs du soleil au théodolite, faites au milieu de curieux qui sont réellement bien gênants », s'exaspère Foureau au moment de quitter Biskra, en janvier 1890[26]. Et Clément-Adrien Vincendon-Dumoulin, hydrographe de Dumont d'Urville sur l'*Astrolabe*, de noter, laconique et résigné : « Une foule de naturels entourent les observateurs. Sans pouvoir les éloigner. Observations douteuses[27]. »

22 Lesson, 1824, *in New Zealand Journals*, 1986, p. 149.

23 Caillié, 1830B, vol. 2, p. 145-147, 361-362 ; Surun, 2006B.

24 Crevaux, 1880-1881 ; Orbigny, 1835-1847, vol. 1, p. 288.

25 Blais, 2005, p. 121 ; Foureau, 1897, p. 9 ; Nordenskiöld, 1878, vol. 1, p. 458.

26 Foureau, 1890, p. 10.

27 C. A. Vincendon-Dumoulin, cité *in* Blais, 2005, p. 122.

« Beaucoup de fleurs à collectionner »

Si prégnante en soit la routine, aucun voyageur ne se cantonne à la mesure de l'espace sans se montrer sensible aussi au paysage alentour. Caillié y voit une pratique inhérente au voyage, un moyen

« Hyospathe Montana », 1842 [EXP. 173]

Jean Delarue

Recueil de dessins d'arbres et de plantes réalisés pour le *Voyage dans l'Amérique méridionale* d'Alcide d'Orbigny, pl. 5

Ensemble d'oiseaux naturalisés [EXP. 175]

Spécimens récoltés par Alcide d'Orbigny au cours de son voyage en Amérique du Sud, 1827-1833

« Colaptes melanochloros nigroviridis » (Argentine); « Tersina viridis » (Bolivie); « Patagonia gigas peruviana » (Bolivie)

de preuve même, comme il le suggère à propos d'Alexander Gordon Laing, premier Européen à avoir atteint Tombouctou, dont il ne put revenir vivant : « La végétation est trop rare à Tombouctou pour que ces arbres n'aient pas attiré l'attention du major. Il est impossible que ses yeux ne se soient pas fixés sur le palmier Doum, seul arbre de cet[te] espèce qui se trouve dans la ville[28]. » Mais d'un voyageur à un autre, les regards portés sur la nature sont d'une grande hétérogénéité, depuis le goût pour le bizarre et le pittoresque du marchand explorateur Alexandre Vayssière – « un arbre curieux, [...] tronc conique, sans feuilles, belles fleurs roses[29] » – jusqu'au coup d'œil d'un Crevaux, embrassant le paysage végétal des rives du rio Yça : « Végétation variée ici, pelouses sur une terre élevée, à côté bois, beaucoup de fleurs à collectionner[30]. »

Pour beaucoup, observer la nature revient d'abord à évaluer le pays, ses ressources. En Sibérie, mû par « l'espoir de faire des découvertes de mines », Martin amasse des échantillons minéralogiques, au grand dam de ses porteurs : « [Ils] me donnèrent nettement à entendre qu'ils me considéraient comme fou de recueillir des "pierres sauvages"[31]. » À propos des plantes dont se nourrissent les chameaux des tribus Souafa et Chamba, Foureau remarque que certaines de celles qu'ils dédaignent « sont fort bien mangées par les chameaux des Touareg, qui ont été élevés dans un autre milieu et habitués à une végétation très différente[32] ». Durant ses explorations, Brazza prête attention aux cultures pratiquées dans les villages : « Marché toute la journée dans des plantations de manioc et maïs pas encore formé. Pistaches à demi récoltées, oseille, ngiaca, courges [...], vrais choux plantés et bien soignés en carrés[33]. » À bord des navires envoyés explorer les mers du Sud, l'observation de la nature est prise en charge lors des escales par les médecins et chirurgiens : « Nous observâmes partout une végétation identique, peu variée [...], raconte Lesson lors d'une incursion sur la côte néo-zélandaise. À peine remarquâmes[-nous] 5 à 6 plantes en fleurs, et notamment un petit arbrisseau, couvert d'épis floraux d'un blanc de neige. Le sommet des montagnes paraît de loin recouvert d'une pelouse courte et serrée, dénuée d'arbres. » En quête de végétaux susceptibles d'être « [pliés] au cercle de nos saisons » – tel le « beau lin de la Nouvelle-Zélande, le phormium tenax » –, le botaniste voit dans la présence de choux, navets et patates douces la trace du séjour de Marion-Dufresne, quelque cinquante ans plus tôt[34].

Dans leur carnet, les remarques des voyageurs sur les variations de la végétation viennent souvent servir de scansion à l'enregistrement de l'itinéraire. Arrivant dans la région de Corrientes, d'Orbigny signale la présence du « palmier connu des indigènes sous le nom de *yataï*[35] ». La « première apparition de l'arbrisseau que les arabes appellent "el Arisch" » annonce, selon Foureau, l'entrée dans

28 Caillié, 1830.
29 Vayssière, 1847, p. 39.
30 Crevaux, 1879, p. 34.
31 Martin, 1888, p. 545.
32 Foureau, 1890, p. 117.
33 [Brazza] Brunschwig, 1972, p. 21.
34 Lesson, 1824, *in New Zealand Journals*, 1986, p. 147.
35 Orbigny, 1835-1847, vol. 1, p. 127.
36 Foureau, 1890, p. 21.

la zone des grandes dunes[36]. Il arrive que ces notations soient mises en relation avec la situation en latitude ou en altitude, comme le fait Savorgnan de Brazza : « Quand le baromètre est à 722.8 (Bar. Petit), les arbres paraissent. Arbres ayant goût de térébenthine, et des tamarins sauvages. L'herbe devient aussi plus forte. [...] Au commencement de la descente, les arbres disparaissent[37]. » Mais peu nombreux sont ceux que leur prospection conduit à envisager la faune et la flore dans leur interaction avec l'environnement et avec l'histoire de la Terre. Sous ce rapport, l'expédition d'Alcide d'Orbigny, dont l'ambition encyclopédique fait pendant à celle d'Alexander von Humboldt et Aimé Bonpland, tient une place à part : au cours des sept années qu'il passe à visiter l'Amérique du Sud (1826-1833), avec « [s]on filet à insectes et [s]on fusil, fidèles compagnons », il collecte plantes et insectes, chasse oiseaux et petits mammifères, prépare, classe et décrit dans ses cahiers ; soucieux d'articuler savoirs locaux et classifications savantes, il précise, à propos d'une plante épineuse aux larges feuilles que « les Espagnols nomment *cardo* (chardon) et les Guaranis *caravuata* », qu'elle appartient à « une espèce du genre *Tillandsia* des botanistes ». Dans le même temps, son intérêt pour les fossiles microscopiques – les Foraminifères – le conduit à fouiller le sable des rivières et des bords marins, à étudier les couches de terrains sédimentaires : par le biais de la stratigraphie, il relie l'étude des fossiles à l'histoire de la Terre, et articule histoire naturelle, paléontologie, géologie[38].

Étudier et classer les peuples

Durant son exploration du Nil Blanc, en 1840-1841, Joseph Pons d'Arnaud a collecté « quelques objets fort curieux, entre autres un casse-tête de corne de rhinocéros[39] ». À la même époque, Théophile Lefebvre, envoyé en Abyssinie, apprend la langue du Tigré, rédige un vocabulaire, détaillant les formes usuelles et la prononciation : « Il faut tirer ce son du fond du gosier[40]. » Si elle reste conçue comme un à-côté de leurs tâches, l'étude des peuples a sa place dans les activités des voyageurs du XIXe siècle. Quoique les pratiques en soient peu codifiées, des thématiques d'observation se mettent en place dont témoigne, au côté de ses collections d'objets et de costumes, le tableau détaillé que compose Martin de la vie et des mœurs des Toungouses qu'il a côtoyés pendant sa traversée de la Sibérie orientale – véritable expérience d'observation participante où, pour respecter leur sens aigu de l'égalité, il partagea leur quotidien sans se réserver le moindre « morceau de sucre (ou) pièce de gibier[41] » !

Martin, selon le goût du siècle, cherche à classer, aussi : malgré leur physiologie commune – « un teint jaune, [...] des cheveux noirs, une taille petite, peu ou point de barbe » –, il voit les Toungouses et les Yakoutes comme « deux races » distinctes[42]. Partagée par tous, cette

37 [Brazza] Brunschwig, 1972, p. 26.

38 Orbigny, 1835-1847, vol. 1, p. 169 ; vol. 2, p. 46, 173, *sq*.

39 Lettre de Joseph Pons d'Arnaud à Edme-François Jomard, Le Caire, 12 octobre 1842, *in* Jomard, 1842, p. 13.

40 Lefebvre, 1839, p. 19.

41 Martin, 1888, p. 537.

42 Martin, 1888, p. 525.

« Vue d'El Goléa – 10 novembre 1885 » [EXP. 199]
Charles de Foucauld, Carnet de croquis n° 2
du voyage aux confins algéro-tunisiens, 1885, f. 20

Visitée pour la première fois par un Européen, Henri Duveyrier, en 1859, la citadelle d'El Goléa (Algérie) est désormais incontournable pour les voyageurs qui traversent le Sahara. Charles de Foucauld s'y rend en 1885 et en reproduit la silhouette à la chambre claire (*camera lucida*), un instrument optique doté d'un prisme projetant sur le papier un reflet du paysage observé et permettant ainsi le guidage de la main pour le tracé des contours.

part belle faite à l'anthropologie physique se traduit notamment par un intérêt pour les collections de crânes : Lesson achète aux Maoris pour une livre de poudre une « curiosité anatomique, [...] une tête d'homme desséché d'après leurs procédés[43] ». Une équipe de la *Vega* prélève le crâne d'un cadavre trouvé dans la toundra[44]. D'Orbigny ne limite pas sa curiosité pour les peuples amérindiens à l'étude de leurs langues et de leurs modes de vie : il espère trancher par ses mesures le débat sur la taille des « fameux géants » de Patagonie et parvenir à classer les peuples du continent en collectionnant crânes, squelettes et momies[45].

Parallèlement au goût pour l'anthropologie physique, l'étude de l'homme a pris aussi depuis le XVIIIe siècle et surtout au XIXe siècle une autre direction. Longtemps centré sur la Méditerranée et le Proche-Orient – le monde des antiquaires –, l'intérêt pour le passé des civilisations et leurs vestiges archéologiques a gagné l'Amérique centrale et méridionale, l'Inde, l'Extrême-Orient. D'Orbigny, après

43 Lesson, 1824, *in New Zealand Journals*, 1986, p. 142.

44 Nordenskiöld, 1878, vol. 1, p. 441.

45 Orbigny, 1835-1847, vol. 2, p. 81 ; vol. 4, p. 56-60.

Humboldt, s'intéresse aux traces laissées par les civilisations amérindiennes précoloniales, collecte des poteries précolombiennes, étudie leurs calendriers et leurs pratiques de numération, prospecte des sites incas et établit le relevé de ruines monumentales. Après lui, l'explorateur et photographe Désiré Charnay se passionne pour le passé du Mexique et du Yucatán : ayant découvert en 1859 un cimetière ancien sur les pentes du Popocatepetl, à plus de quatre mille mètres d'altitude, il revient sur le terrain en 1880, dégage les sites de Palenque et de Chichén Itzá, procède à des fouilles à Teotihuacán. Outre des collections de poteries, statuettes et bas-reliefs, il réalise des milliers de photographies et de moulages[46]. À la fin des années 1880, mais à l'autre extrémité de la planète, l'architecte Lucien Fournereau explore les ruines de Siem Reap, Oudong et Nokor-Vat sur le Mékong ; parvenu sur le site d'Angkor, il en relève le plan au théodolite, recueille des fragments, multiplie clichés et moulages, et rapporte de sa mission plus d'une centaine de caisses de vestiges[47]. Entre le terrain des archéologues et celui des anthropologues, un fossé s'instaure, tout ensemble disciplinaire et conceptuel : centré sur la ruine, la fouille et l'étude d'un passé englouti, le terrain des premiers s'inscrit dans une démarche historique, une quête des origines de la civilisation, circonscrite à quelques régions du monde, Europe, Orient, Asie et, aussi, Amérique centrale et andine ; celui des seconds, axé sur l'observation directe de peuples sans écriture ni monuments, situés aux confins les plus lointains et isolés, forge l'image de cultures figées dans un éternel présent, échappées à l'histoire et au progrès.

Tracés, moulages et empreintes

Notes, dessins, herbiers, collections, clichés, moulages : les matériaux amassés sur le terrain sont destinés, au retour, à témoigner du travail accompli et à permettre de connaître et représenter les espaces explorés. Pour tous les voyageurs, ces *impedimenta* ont constitué une sérieuse entrave : certains – comme Caillié – ont limité leur bagage à l'extrême ; d'autres – comme Martin – ont eu recours à des porteurs ou des animaux de trait ; d'autres encore – comme d'Orbigny – ont expédié de temps à autre une partie de leurs caisses vers Paris.

Pour améliorer la qualité des données collectées et faciliter leur transfert vers les pays commanditaires des expéditions, de multiples procédés ont déjà été imaginés, tels les « herbiers de poissons » de Philibert Commerson ou les « impressions de plantes » de Humboldt et Bonpland. D'autres apparaissent au XIXe siècle : la *camera lucida*, qui apporte détail et précision au tracé des paysages du Maroc ou d'Algérie par Foucauld ; le daguerréotype, puis surtout la photographie, qui garantit – croit-on – objectivité et exactitude ;

46 Charnay, 1885.
47 Fournereau, 1889.

enfin des techniques de moulage, qui offrent le double avantage de l'exactitude et de la facilité de transport. Ne parvenant ni à se procurer des crânes ni à convaincre les habitants des îles Salomon et de Nouvelle-Guinée de soumettre leurs têtes à ses opérations de mesure, le phrénologiste Pierre Marie Dumoutier, embarqué avec Dumont d'Urville, réalise des moulages de la face et du crâne de quelques volontaires[48]. En 1857, le voyageur et archéologue Victor Lottin de Laval invente un procédé à base de pâte à papier et de colle, qui permet de réaliser des empreintes de monuments, véritables « antiquités portables[49] ». « La photographie et les moulages nous apportent pour la première fois des documents irrécusables [...], les originaux sont sous nos yeux », s'enthousiasme Charnay : les 250 kilos d'empreintes qu'il rapporte du Yucatán auraient exigé pour un moulage traditionnel 15 000 kilos de plâtre[50] !

Vouloir par le tracé, le moulage, l'empreinte ou le cliché rendre mobile et portable un objet ancré dans un lieu, une société, une culture – qu'il soit crâne ou vestige –, relève de la même démarche que prendre note dans un carnet ou insérer un spécimen dans un herbier ou une collection. Au principe de tous ces gestes, qui firent le quotidien des voyageurs, il s'agissait de prélever des données sur le terrain et de les transporter au loin, vers un centre métropolitain, à fins de connaissance. En eux se condensait l'ambition de savoir de ce siècle d'explorations. Et aussi, peut-être, son impensé. En organisant une saisie de l'espace et collectant au loin des objets, des ressources, des savoirs ; en ordonnant le monde naturel ; en classant et hiérarchisant les sociétés humaines, les explorateurs contribuèrent à dessiner les contours d'un monde mis en ordre selon les curiosités et les intérêts des pays commanditaires des missions. Institutionnalisée, l'exploration reposait au XIXe siècle sur un présupposé immuable, incontesté : celui de la supériorité de l'Europe sur le reste du monde. Si, dans leurs représentations comme dans leurs pratiques, les explorateurs ont pu, certes, être portés par une curiosité scientifique sincère et par la conviction d'œuvrer au développement de la connaissance, il n'en demeure pas moins qu'ils ont aussi, ce faisant, contribué à construire et affirmer cette supériorité sur le terrain. Et que leurs cartes, leurs dessins et photographies, leurs collections ont servi au retour à la mettre en scène.

48 M. Renneville, « Un terrain phrénologique dans le Grand Océan (autour du voyage de Dumoutier à bord de l'Astrolabe en 1837-1840) », *in* Blanckaert, 1996, p. 89-138.

49 N. Zapata-Aubé, « Victorien Pierre Lottin de Laval et la Lottinoplastie », *in* Volait, 2013.

50 Charnay, 1885, p. VIII ; Podgorny, 2008.

« Matoua Tawai, néo-zélandais d'Ika-Na-Mawi (tête tatouée) », Cororareka, Île du Nord (Nouvelle-Zélande), c. 1837-1840 [EXP. 198]

Buste réalisé par Pierre Marie Dumoutier à partir d'un moulage fait au cours de la mission de Jules Dumont d'Urville au pôle Sud, 1837-1840

Lors de son second tour du monde, Jules Dumont d'Urville embarque Pierre Marie Dumoutier, célèbre phrénologue. Cette pseudo-science, qui a pour ambition de classifier les êtres humains à partir de la forme de leur crâne, s'intègre dans le contexte des sciences humaines naissantes, très marquées par des orientations racialistes. Se heurtant sur le terrain à l'impossibilité de collecter des restes humains, Dumoutier développe une technique de moulage qu'il pratique sur les populations vivantes, dont le crâne doit être préalablement rasé.
Ces pratiques, qui conduisent les explorateurs à de longues négociations et à des tractations avec les populations concernées, illustrent bien les ambiguïtés de la curiosité savante lors de ces voyages au long cours, alors que l'intérêt pour les « Autres » va de pair avec leur objectivation.
La phrénologie sert à conforter une hiérarchisation des « races » et, en creux, à légitimer l'entreprise coloniale.

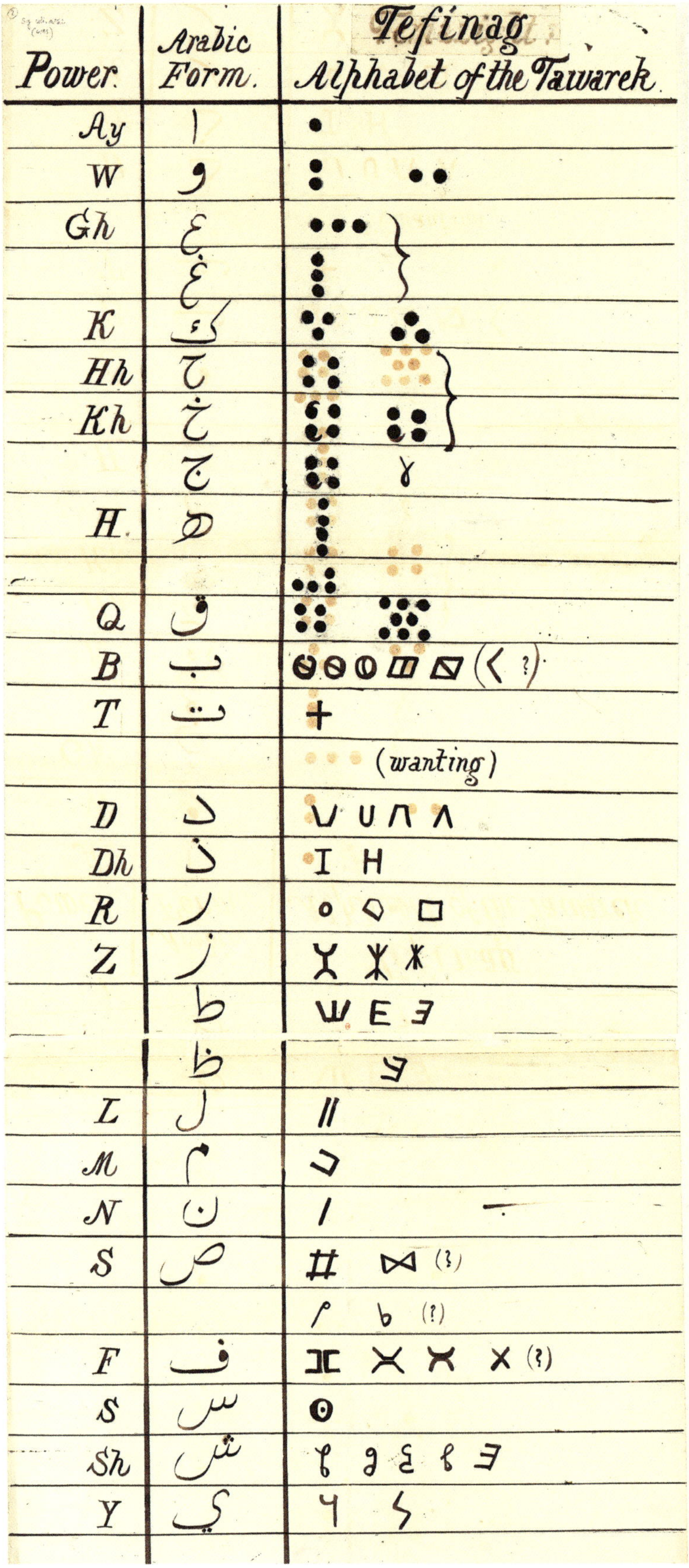

Alphabet arabe-tifinagh, 1864 [EXP. 161]
Heinrich Barth

Heinrich Barth en Afrique : à la rencontre des savants musulmans

Stephanie Zehnle

Né à Hambourg en 1821, Heinrich Barth était un voyageur cosmopolite : trois décennies avant la création de l'Empire colonial allemand (Kaiserreich), il effectua, avec le soutien financier de l'État britannique, des expéditions scientifiques en Afrique du Nord et au Sahel entre 1849 et 1855. Seul membre européen de ces explorations à y avoir survécu, il publia à son retour, en allemand et en anglais, cinq épais volumes de comptes rendus.

Barth était un homme doté d'une culture remarquable : il avait certes étudié la géographie, mais ses carnets de notes révèlent également de vastes compétences en (proto)ethnographie, histoire, archéologie, économie et linguistique. Des inscriptions de la Rome antique à celles des Touaregs en tifinagh, Barth entreprit de compiler une géographie totale du Sahara et du Sahel, en croisant de multiples techniques d'investigation : entretiens oraux, lecture de manuscrits en langue arabe, analyse de peintures rupestres, relevés topographiques… Partant du principe que les sciences devaient aborder l'Afrique et les Africains avec les mêmes méthodes que celles appliquées à la géographie de l'Europe, il refusa d'en réduire l'étude à la simple recherche des sources du Nil ou du Congo comme d'autres avaient pu le faire, et s'attacha à produire de plus vastes connaissances sur ce continent. À ce titre, certains universitaires spécialistes de l'Afrique le considèrent aujourd'hui comme étant à l'origine de l'interdisciplinarité qui caractérise les études africanistes. Quoi qu'il en soit, sous bien des aspects, Barth était un universitaire propre à son époque, qui n'établissait de frontières claires ni entre les sciences, ni entre les sociétés humaines. Il n'exprima jamais aucun sentiment de suprématie raciale, culturelle ou religieuse. S'il admirait ou se moquait de ses informateurs africains, ce fut toujours à l'aune de leur niveau d'instruction et d'éducation.

De confession protestante, Barth était particulièrement impressionné par les travaux scientifiques des savants musulmans d'Afrique, qu'il traitait en égaux. Parlant couramment l'arabe et certaines langues africaines comme le haoussa, il discutait régulièrement avec ses serviteurs, ses hôtes, ses informateurs, autant qu'avec les marchands et pèlerins qu'il pouvait croiser au cours de ses voyages (durant lesquels il ne traversa pratiquement que des zones musulmanes). S'intéressant notamment à l'histoire et à l'architecture de l'islam, il documenta les vastes mosquées de terre séchée et les hameaux urbains du Sahel à travers des dessins[1].

Quand Barth traversa la région, plusieurs mouvements djihadistes avaient mené à la création d'émirats et de sultanats islamiques régis par des formes de soufisme puritain et ascétique. L'explorateur fut bien accueilli par ces nouveaux dirigeants. Au Gwandu (Bénin/Niger), dans l'Empire de Sokoto, il sut gagner la confiance de l'Émir et des savants de son palais, et travailla dans leur bibliothèque arabe. Il recopia de larges pans de manuscrits historiographiques et de chroniques africaines, comme le célèbre *Tarikh es-Soudan* (« Histoire du Soudan »).

Cartographe passionné, Barth était avide de connaître les conceptions que les Africains se faisaient du monde, des continents et des États. Il créa une carte mondiale de référence en arabe pour servir de base aux discussions qu'il entretenait avec ses homologues sur la géographie.

Dans sa correspondance avec des universitaires allemands, Barth décrit tout particulièrement son hôte à Tombouctou, Ahmad Al-Bakkay, qualifiant son « noble ami » de « père de famille idéal » et de « créateur de paix[2] ». Cette relation respectueuse avec l'élite politique et universitaire locale valut à Barth d'être considéré comme un voyageur non-colonialiste, « compréhensif et plein d'affection envers les peuples parmi lesquels il vivait[3] ».

En tant qu'universitaire, Barth fut clairement sous-estimé à son époque, et ceci pour plusieurs raisons. Tout d'abord, ses publications, de style très « académique », étaient loin d'être des récits d'aventures exotiques. Ensuite, en tant qu'Allemand, il ne pouvait servir la propagande coloniale nationaliste de l'Empire britannique. Enfin, considéré comme islamophile, il souffrit de relations tendues avec les missions chrétiennes en Afrique. Les missionnaires abolitionnistes firent donc courir des rumeurs en Grande-Bretagne selon lesquelles l'explorateur allemand avait toléré et pratiqué la traite « arabe » des esclaves en Afrique. Ils faisaient référence aux jeunes serviteurs de l'expédition, dont deux, Abega et Dorugu, rentrèrent en Europe avec Barth pour l'aider à poursuivre ses recherches linguistiques sur le haoussa et le kanouri. Déçu par cette opposition britannique, Barth retourna à Berlin en 1858. Il y mourut en 1865 sans que son rêve de remplacer le professeur Carl Ritter à la première chaire de géographie créée en Allemagne à l'université de Berlin ne se soit réalisé. Et pourtant, les universitaires africanistes – d'Europe et d'Afrique – redécouvrent régulièrement ses méthodes, son attitude, et la somme si riche de ses recherches.

Traduit de l'anglais par Mirabelle Ordinaire

1 Voir Zehnle, 2020 ; Zehnle, 2018.
2 Schubert, 1897, p. 63.
3 A. Kirk-Greene, « Heinrich Barth : An Exercise in Empathy », *in* Rotberg, 1970, p. 25.

Carte du monde en arabe, 1852 [EXP. 144]

Heinrich Barth, Carnet de route n° 4 du voyage dans le Soudan central, 1852, p. 88

Les carnets d'Heinrich Barth rédigés en anglais et en allemand et comportant des transcriptions de textes en arabe sont une mine d'informations géographiques, ethnographiques et linguistiques. Cinq carnets sont conservés dans les collections de la Société de géographie, provenant vraisemblablement de l'explorateur Henri Duveyrier, ami et correspondant de Barth. Sur l'une des pages de carnet est représentée une carte dessinée par Barth, destinée à montrer le monde aux Soudanais.

Inscriptions en tifinagh translittérées, 1864 [EXP. 161]

Heinrich Barth

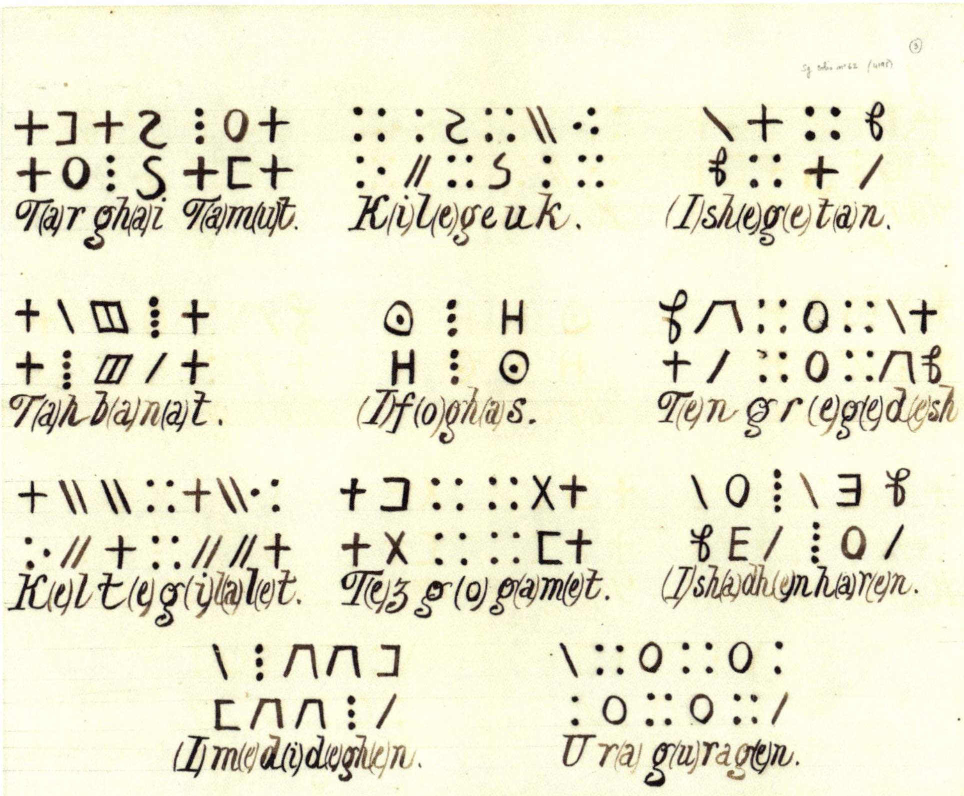

T(a)rgh(a)i T(a)m(u)t.
K(i)l(e)geuk.
(I)sh(e)g(e)t(a)n.
T(a)h b(a)n(a)t.
(I)f(o)gh(a)s.
T(e)n gr(e)g(e)d(e)sh
K(e)lt(e)g(i)(a)l(e)t.
T(e)z g(o)g(a)m(e)t.
(I)sh(a)dh(e)nh(a)r(e)n.
(I)m(e)d(i)degh(e)n.
U r(a) g(u)rag(e)n.

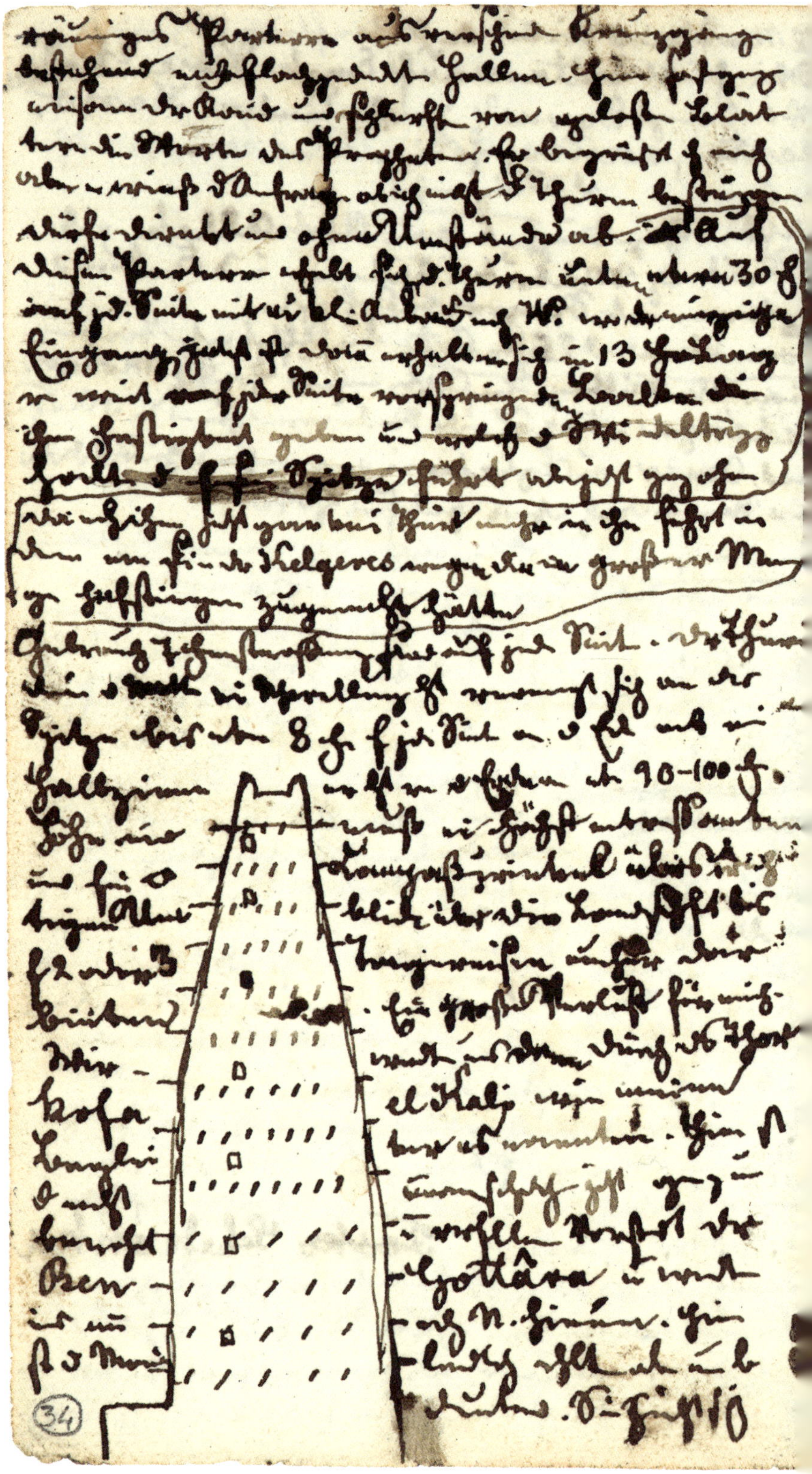

Pages de texte en allemand et dessin d'une mosquée, c. 1850-1851 [EXP. 160]

Heinrich Barth, Carnet de route n° 5 du voyage dans le Soudan central, 1850-1851, p. 34-35

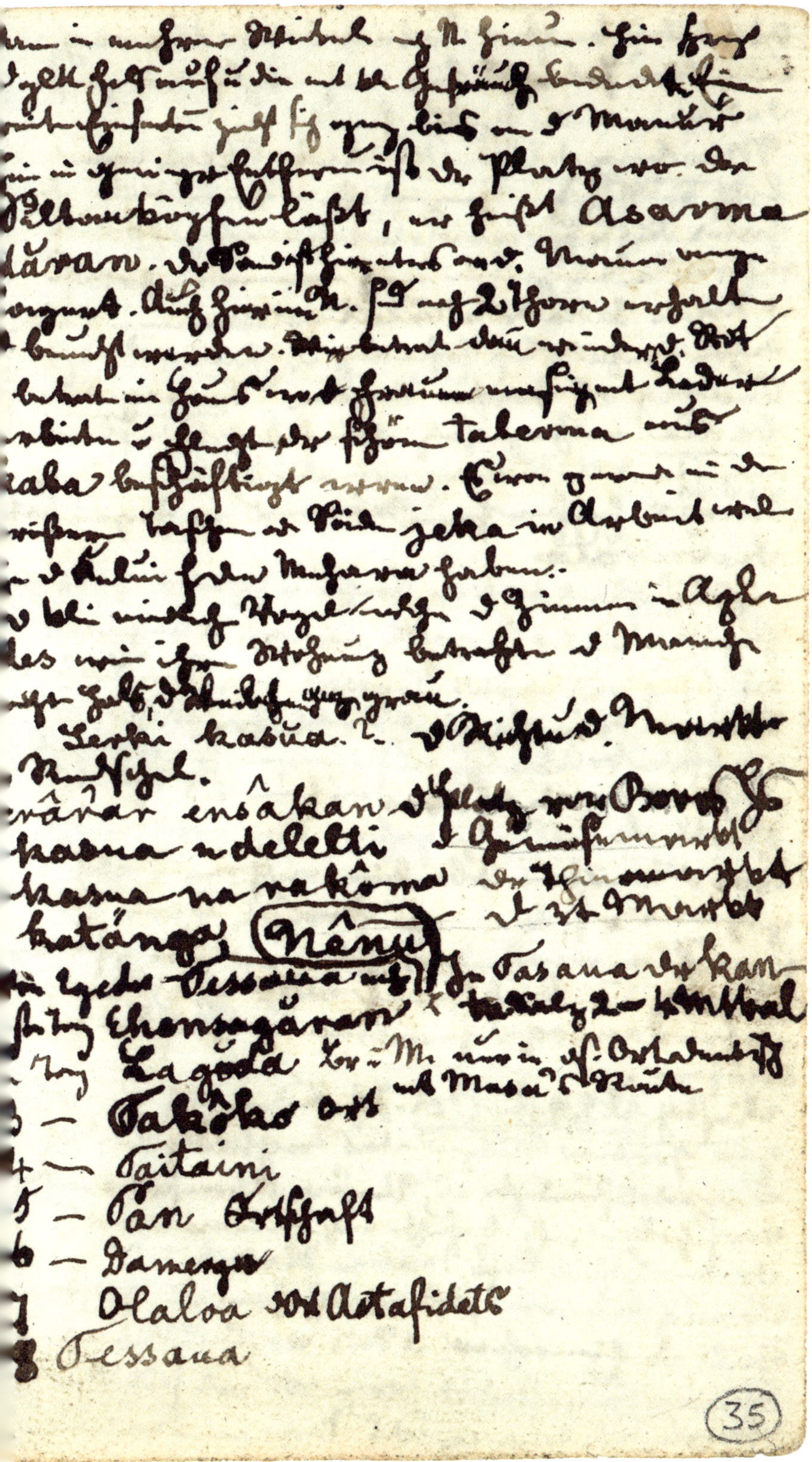

Lucien Fournereau et les ruines d'Angkor

Olivier Loiseaux

Connu par les mémoires d'un voyageur chinois, Tcheou Ta-Kouan, qui visita la capitale du royaume khmer à la fin du XIIIe siècle, signalé dans les écrits des missionnaires des XVIIe et XVIIIe siècles, Angkor est redécouvert en Occident dans la seconde moitié du XIXe siècle grâce aux récits de voyageurs français comme Charles-Émile Bouillevaux (*Voyage dans l'Indo-Chine, 1848-1856*, 1858) ou Henri Mouhot (*Voyage dans les royaumes de Siam, de Cambodge, de Laos et autres parties centrales de l'Indo-Chine*, 1863).

En 1864, la signature du traité de protectorat sur le royaume du Cambodge inaugure plusieurs décennies de missions françaises en Indochine. Deux ans plus tard, en 1866, la Commission d'exploration du Mékong dirigée par l'officier de marine Ernest Doudart de Lagrée décide d'effectuer un détour par Angkor, alors en territoire siamois. Émile Gsell, photographe de Saïgon, y réaliseune première série de clichés. En 1873, Louis Delaporte, ancien membre de la Commission, est chargé d'une mission en Indochine et revient à Angkor. De retour à Paris, il met toute son énergie à promouvoir l'art khmer et, après une nouvelle mission en 1881, devient le premier conservateur du Musée indochinois installé au Trocadéro en 1882.

Des problèmes de santé lui interdisant de repartir outremer, Delaporte confie en 1887, avec le soutien du ministère de l'Instruction publique et des Beaux-Arts, une mission à l'architecte Lucien Fournereau, inspecteur des travaux publics en poste à Saïgon. Muni d'instructions précises, celui-ci quitte Saïgon le 17 décembre 1887 à bord du vapeur de la Compagnie des messageries fluviales qui remonte le Mékong et arrive le 24 décembre à Siem Reap. Il fait décharger sur des sampans, puis acheminer en charrettes, un matériel considérable : « Je traînais à ma suite 26 fûts de plâtre, 100 kilogrammes de gélatine, 3 fûts de terre glaise, 300 planches de 4 m. [...], des outils de terrassiers et de charpentiers, 2 caisses de glaces au gélatino-bromure, 2 appareils photographiques, les produits chimiques, la nourriture de tout mon personnel, etc.[1] »

Fournereau établit un premier campement à Angkor Vat, fait dresser des échafaudages et préparer les matériaux. Il est accompagné du sculpteur Sylvain Raffegeaud, qui coordonne les travaux de moulage réalisés par des ouvriers locaux. Sont choisis les figures et éléments d'architecture à prendre en moulage, les motifs des bas-reliefs à estamper. Fournereau entreprend également un relevé précis au théodolite des hauteurs des temples et conduit une campagne photographique des lieux visités.

Temple du Bayon, petite tour du troisième étage, c. 1887-1888 [EXP. 185]
Lucien Fournereau

6

Naissance de Bouddha
(curieuse pièce archéologique.)

(Voir le combat d'éléphants
parait très mouvementé — (il est noi
le temps, mais un estampage pourrait don
un bon résultat).

A l'extérieur, voir les frises qui séparent la ½ voute de la voute supéri
3e étage d'Angkor Vat. — Tours d'angle (Photogr. N°4)
Mouler le fronton le mieux conservé, le plus intéressant de ces tours d'ang
Ce moulage sera une pièce capitale.
Galerie du 3e étage — Belles statues de Bouddha d'un genre différ
(d'un type différent) de ce que nous avons au Musée. — Les examiner,
s'efforcer de mouler tout ou partie de la plus belle en prenant les
précautions nécessaires pour ne pas offenser les bonzes — Prendre au
de belles photographies.
Frontons latéraux ornés de sculptures gracieuses (Photogr 5 bis) —
Mouler le plus joli specimen que vous trouverez en ce genre (sans encadrem

J'ai tous les éléments d'un plan complet d'Angkor-Vat sauf po
la base de la tour centrale et les deux galeries en croix qui y abou
-sent : il faudra refaire cette partie du plan qui est inexact dans
planche du Voyage en Indo-Chine — (où il existe aussi beaucoup d'erreu
sur les tours dans la gravure qui représente l'élévation du monum

Au pied de la tour centrale, aux points d'aboutissement de
galeries se voient des pilastres dorés. — L'extrémité de galerie q

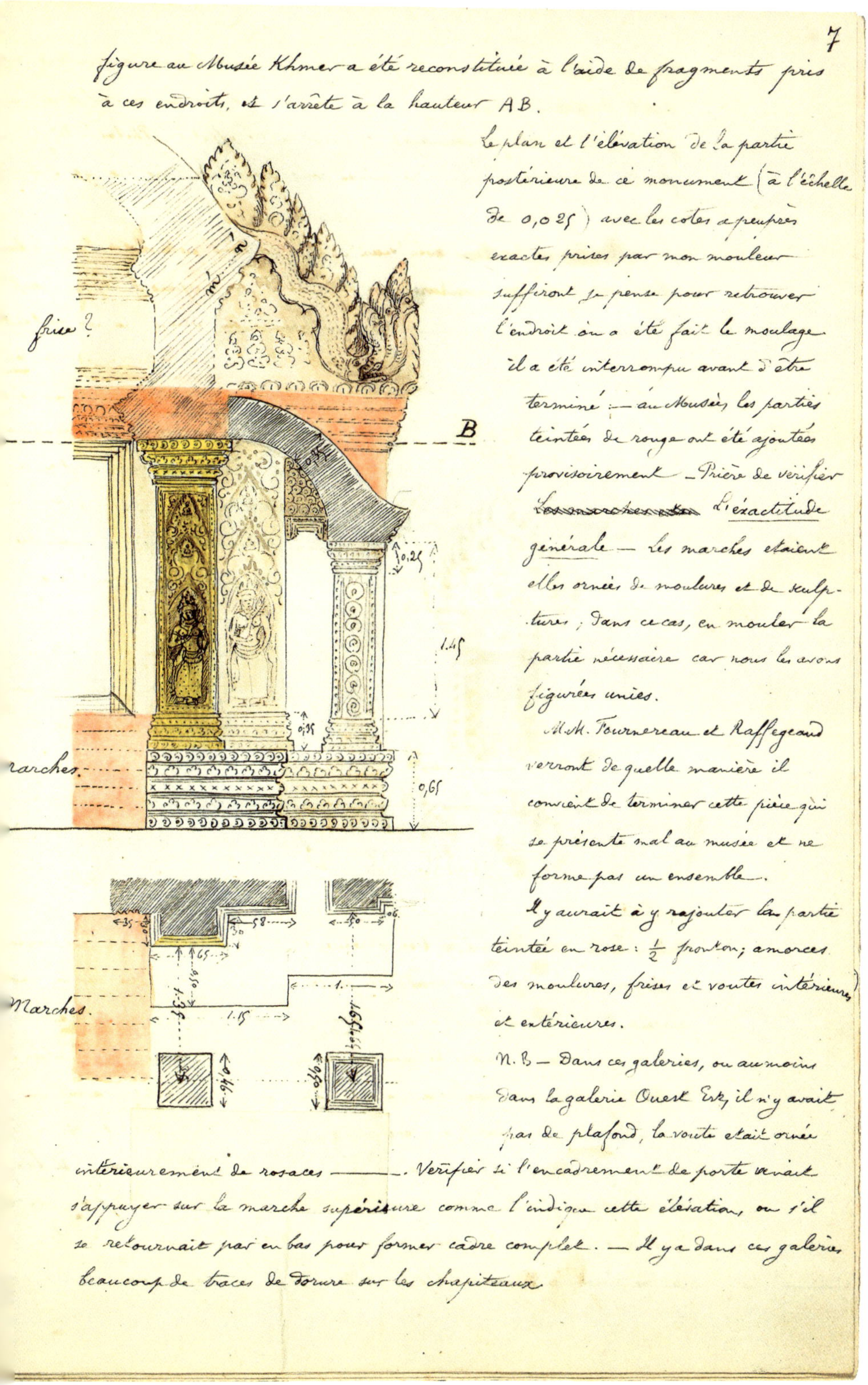

7

figure au Musée Khmer a été reconstituée à l'aide de fragments pris à ces endroits, et s'arrête à la hauteur AB.

Le plan et l'élévation de la partie postérieure de ce monument (à l'échelle de 0,025) avec les cotes à peu près exactes prises par mon mouleur suffiront je pense pour retrouver l'endroit où a été fait le moulage il a été interrompu avant d'être terminé ; — au Musée les parties teintées de rouge ont été ajoutées provisoirement — Prière de vérifier ~~[illegible]~~ L'exactitude générale — Les marches étaient elles ornées de moulures et de sculptures ; dans ce cas, en mouler la partie nécessaire car nous les avons figurées unies.

MM. Fournereau et Raffegeaud verront de quelle manière il convient de terminer cette pièce qui se présente mal au musée et ne forme pas un ensemble.

Il y aurait à y rajouter la partie teintée en rose : ½ fronton ; amorces des moulures, frises et voutes intérieures et extérieures.

N.B. — Dans ces galeries, ou au moins dans la galerie Ouest Est, il n'y avait pas de plafond, la voute était ornée intérieurement de rosaces ——. Vérifier si l'encadrement de porte venait s'appuyer sur la marche supérieure comme l'indique cette élévation, ou s'il se retournait par en bas pour former cadre complet. — Il y a dans ces galeries beaucoup de traces de dorure sur les chapiteaux.

Carnet de recommandations à Lucien Fournereau pour un voyage à Angkor, 1887, f. 6-7 [EXP. 188]
Louis Delaporte

Moulage de la partie centrale d'un linteau de Pré Rup, c. 1887-1888 [EXP. 187]

Réalisé par Sylvain Raffegeaud lors de la mission de Lucien Fournereau à Angkor, 1887-1888

Après quarante-deux jours de travail, Fournereau s'installe le 9 février 1888 dans la clairière du Pimanacas au centre d'Angkor-Thom. Constatant que les efforts de dégagement du Bayon entrepris lors de l'expédition Delaporte ont été anéantis, il est un instant saisi par le découragement : « Bayon, que la mission de 1873 avait en partie dégagé, a été reconquis par la végétation. Des racines de banians se sont introduites, minces comme des cheveux, dans les moindres fissures, qu'elles ont peu à peu élargies. Des lianes, des arbres aux branches enveloppantes ont entouré les sommets des tours : leur feuillage a disjoint les pierres[2]... »

Fournereau reprend le combat contre la végétation dans des conditions difficiles, tant le terrain est marécageux. Il poursuit patiemment son travail photographique malgré la chaleur et l'humidité qui compliquent les opérations : « Lorsque le soir je rentrais harassé au campement, la partie la plus rude de mon labeur n'était pas encore accomplie : il fallait dans une atmosphère brûlante, harcelé par le bourdonnement et les piqûres des moustiques, développer mes clichés photographiques du jour, et ce n'est qu'après avoir achevé cette besogne que je pouvais prendre un repos bien mérité[3]. »

Fournereau reste convaincu de l'urgence des actions à mener, particulièrement au Bayon, ce temple « qui tous les jours tend à disparaître[4] ». Il est touché par l'harmonie des proportions architecturales, le raffinement des décorations. Mais il ne peut s'empêcher de céder à une opinion très répandue à l'époque, la dénonciation de « l'incurie » dans laquelle sont laissés les lieux et regrette « la nonchalance des indigènes dont la plupart ne connaissent même pas ces ruines si intéressantes[5] ». Cette déqualification des autorités locales, considérées comme incapables de lutter contre les dégradations, est un argument souvent avancé pour légitimer une intervention de la France et l'établissement d'un protectorat sur ces régions.

Après avoir étudié les autres monuments majeurs d'Angkor-Thom et plusieurs temples perdus dans la forêt cambodgienne, Fournereau revient à Siem Reap et quitte Saïgon le 30 mai 1888. Il rapporte en France une collection considérable de 520 pièces de moulage provenant de 14 monuments, 13 pièces originales en grès et en bois, de nombreux relevés, plans, coupes et études et 400 clichés photographiques. Deux publications sont le résultat de sa mission : *Les Ruines d'Angkor, étude artistique et historique* (1890) et *Les Ruines khmères, Cambodge et Siam* (1890). La Société de géographie, qui a suivi l'avancée de sa mission grâce aux nouvelles transmises par Delaporte, lui offre une tribune pour une conférence illustrée par ses photographies le 16 novembre 1888. Récompensé à l'Exposition universelle de 1889, Fournereau reçoit en 1891 le prix Alphonse de Montherot de la Société de géographie pour ses « études sur les monuments khmers du Cambodge siamois ».

La mission de Lucien Fournereau est un maillon dans la longue chaîne des missions archéologiques françaises qui se succèdent désormais à Angkor. En 1898 est créée la « Mission archéologique permanente en Indo-Chine » qui devient deux ans plus tard l'École française d'Extrême-Orient. Chulalongkorn, roi de Siam, malgré toute son énergie à conserver l'intégrité de son territoire, finit, sous pression, par abandonner en 1907 à la France les trois provinces de Battambang, Sisophon et Angkor. La restauration du patrimoine archéologique d'Angkor devient dès lors le chantier-phare de la présence française en Indochine. L'image du temple en ruine

« Ruines khmères du Cambodge », c. 1887-1888
[EXP. 186]
Lucien Fournereau

dans l'étreinte de la jungle nourrit l'imaginaire occidental; elle sert de toile de fond à de nombreux romans, de Pierre Loti à André Malraux, et fascine le grand public qui se presse aux reconstitutions spectaculaires d'Angkor Vat réalisées pour les expositions coloniales de Marseille (1922) et Paris (1931).

1 Fournereau, 1888.
2 Fournereau, Porcher, 1890, p. 113.
3 Fournereau, 1889, p. 265.
4 Fournereau, 1888.
5 *Id.*

Imp. par Lemercier.
DUMONT D'URVILLE,
Contre-Amiral.

Jules Dumont d'Urville en Océanie

François Bellec

La fin des guerres de l'Empire, après 1815, rouvre les mers à la vocation de Jules Dumont d'Urville de voyager autour du monde pour servir la science. Neuf expéditions maritimes vont entretenir pendant vingt ans une permanence scientifique française dans le Pacifique Sud. Les officiers, médecins, pharmaciens et chirurgiens de marine se substituent aux savants des premiers voyages, avec lesquels ils s'étaient mal entendus. Déjà sensible à la fin du XVIIIe siècle, parce que les naturalistes de Jean-François de Lapérouse se plaignaient des trop brèves escales d'un programme effréné, la dissension avait éclaté quand Nicolas Baudin, méfiant du nombre « beaucoup trop considérable » de 24 savants embarqués pour son très éprouvant voyage autour de l'Australie de 1800 à 1804, avait imposé une discipline militaire à de jeunes scientifiques volontaires mais indépendants d'esprit.

Affecté en 1819 sur la *Chevrette* pour une campagne hydrographique en Méditerranée orientale et en mer Noire, le jeune aspirant Dumont d'Urville est chargé de l'histoire naturelle puisqu'il s'est initié à l'entomologie, et de l'archéologie parce qu'il parle grec. Au retour, les travaux méticuleux de cet officier de marine et son rôle dans l'acquisition de la Vénus de Milo fondent sa notoriété. Il est admis dans la Société linnéenne, qui publie son mémoire en latin sur la flore du littoral de la mer Noire en 1822. Il entre à la Société de géographie, juste fondée le 15 décembre 1821, la première au monde, et y côtoie François Arago, Georges Cuvier, Alexander von Humboldt et Étienne Geoffroy Saint-Hilaire. Au dépôt des cartes et plans de la Marine où il dépouille les levés de la *Chevrette*, il rencontre Louis Duperrey, qui fait le même travail pour l'*Uranie*, de retour d'un tour du monde.

Les deux officiers font accepter par le ministre de la Marine le programme d'une nouvelle circumnavigation qui visitera les îles de la Société, les Tonga, les Nouvelles-Hébrides, et la Nouvelle-Guinée, dont les richesses naturelles sont fabuleuses. Pendant près de trois ans, Dumont d'Urville cumule les fonctions d'officier, en second de la *Coquille*, et son travail de naturaliste. Il rapporte en 1825 quelque 3 000 plantes, dont 400 jusque-là méconnues en Europe, et 1 100 espèces d'insectes. Cuvier fait son éloge devant l'Académie des sciences : « Lors de sa revue de la mer Noire [...] il avait soigné les intérêts du Muséum ; mais dans ce voyage il s'est vu à même de lui prouver encore mieux son zèle et son désintéressement. » L'Académie publie sa *Flore des Malouines*. Dumont d'Urville a déjà en tête un nouveau voyage : « L'expédition que je viens de partager sur la *Coquille* ne m'a que trop prouvé combien un voyage proprement dit autour du monde était

***Dumont d'Urville, contre-amiral*, c. 183.** [EXP. 190]
Jacques-François Llanta (lithographie)

inutile, ou au moins insuffisant pour rendre de véritables services à la géographie, à la navigation et aux sciences naturelles.»

La nouvelle campagne se concentrera sur la Nouvelle-Zélande et la Nouvelle-Guinée. La *Coquille*, rebaptisée *Astrolabe*, mouille le 10 janvier 1827 en Nouvelle-Zélande. Le commandant, le pharmacien Pierre-Adolphe Lesson, et les deux chirurgiens Jean René Quoy et Joseph Paul Gaimard se partagent l'histoire naturelle. Parce que les embarcations des Maoris sont des paramètres essentiels de leur migration, l'élève François-Edmond Pâris est chargé de les dessiner et d'en relever les techniques de construction. Pendant deux mois d'hydrographie, les découvertes naturalistes se multiplient : le kiwi est notamment aperçu pour la première fois par des Européens. Les relations avec les Maoris sont prudentes, mais admiratives ; d'Urville estime « ce peuple extraordinaire, tout anthropophage qu'il est, [...] digne d'occuper une des premières places dans l'échelle des nations sauvages[1] ». Leur séjour de trois mois en Nouvelle-Guinée révèle des merveilles, dont l'*Ornithoptera Urvilla*, un énorme papillon bleu-vert. Revenant en Nouvelle-Zélande en 1827, Dumont d'Urville apprend lors d'une relâche à Hobart que le capitaine Peter Dillon a vu dans l'île de Tikopia une garde d'épée en argent et des objets de métal provenant de Vanikoro, une île voisine des Salomon. Il appareille aussitôt. L'*Astrolabe* y mouille le 21 février 1828, cinq mois après Dillon. L'enquête permet de recueillir que, selon la tradition orale de l'île, deux grands navires auraient fait naufrage par une nuit de tempête. Les explorateurs sont conduits vers une passe du récif : « Nous voyons à douze ou quinze pieds de profondeur des ancres, des canons, des boulets, des plaques de plomb empâtés dans le corail.» Quarante ans après, ils ont levé le voile sur la disparition de l'expédition Lapérouse.

Moins de deux semaines après leur arrivée, l'équipage atteint de malaria est à bout de forces. Le 16 mars, la corvette s'échappe de Vanikoro. Au prix de 12 morts et 14 malades laissés à l'île Bourbon, le bilan du voyage est considérable. Cuvier souligne là encore une moisson de milliers de plantes et de spécimens de zoologie et d'entomologie. Mais les résultats de l'expédition dépassent de loin l'histoire naturelle. Dumont d'Urville s'est intéressé à l'ethnographie et, sur la base d'une combinaison de critères géographiques, ethniques et linguistiques, il propose à la Société de géographie une classification des Maoris en Océaniens, Polynésiens, Micronésiens et Mélanésiens.

La seconde expédition commandée par Dumont d'Urville lui est confiée par Louis-Philippe, avec mission d'atteindre « les parages voisins du pôle austral ». L'état-major de l'*Astrolabe* et de la *Zélée*, qui appareillent le 7 septembre 1837, est renforcé par Pierre Marie Dumoutier, anatomiste et prosélyte de la nouvelle phrénologie, embarqué comme préparateur d'anatomie et de phrénologie – il sera d'ailleurs promu chirurgien auxiliaire quand une dysenterie foudroyante décimera les équipages. Deux semaines sont consacrées à l'exploration de la Patagonie, puis les corvettes piquent vers la mer de Weddell. Fin janvier, ils aperçoivent une côte que Dumont d'Urville consacre à Louis-Philippe (« Louis-Philippe Plateau », à l'extrémité septentrionale de la péninsule antarctique). Forçant son passage dans les glaces, l'équipage atteint la latitude de 65°, mais les symptômes du scorbut apparaissent. Les corvettes font route vers le Chili pour reprendre des forces. Quittant avec plaisir l'Antarctique dépourvu d'insectes, Dumont d'Urville part hiverner en Océanie et en Insulinde. Il y reste un an et demi. Les équipages sont ravagés par ce long séjour tropical, le scorbut et la dysenterie.

« **Naturel de Nouka-Hiva », 1843** [EXP. 194]

Louis Le Breton (dessin),
Émile Lassalle (lithographie)

Voyage au pôle Sud et dans l'Océanie sur les corvettes l'Astrolabe et la Zélée... pendant les années 1837-1838-1839-1840 sous le commandement de M. J. Dumont d'Urville, Atlas pittoresque, 1846

Engagé comme aide-chirurgien lors de l'expédition de Dumont-d'Urville de 1837-1840, Louis Le Breton fut nommé dessinateur à la mort de l'artiste officiel de l'expédition, Ernest Goupil, en 1840. Le Breton eut la redoutable tâche de compiler une documentation considérable. Il produisit pour l'Atlas pittoresque qui accompagne le *Voyage* une importante série de lithographies réalisées pour certaines d'après des esquisses de Goupil.

« Carte pour l'intelligence du mémoire de M. le capitaine D'Urville sur les îles du Grand Océan (Océanie) », 1833 [EXP. 192]

Ambroise Tardieu (cartographie et gravure)

Voyage de la corvette L'Astrolabe exécuté pendant les années 1826-1827-1828-1829 sous le commandement de M. Jules Dumont d'Urville, Atlas, 1833

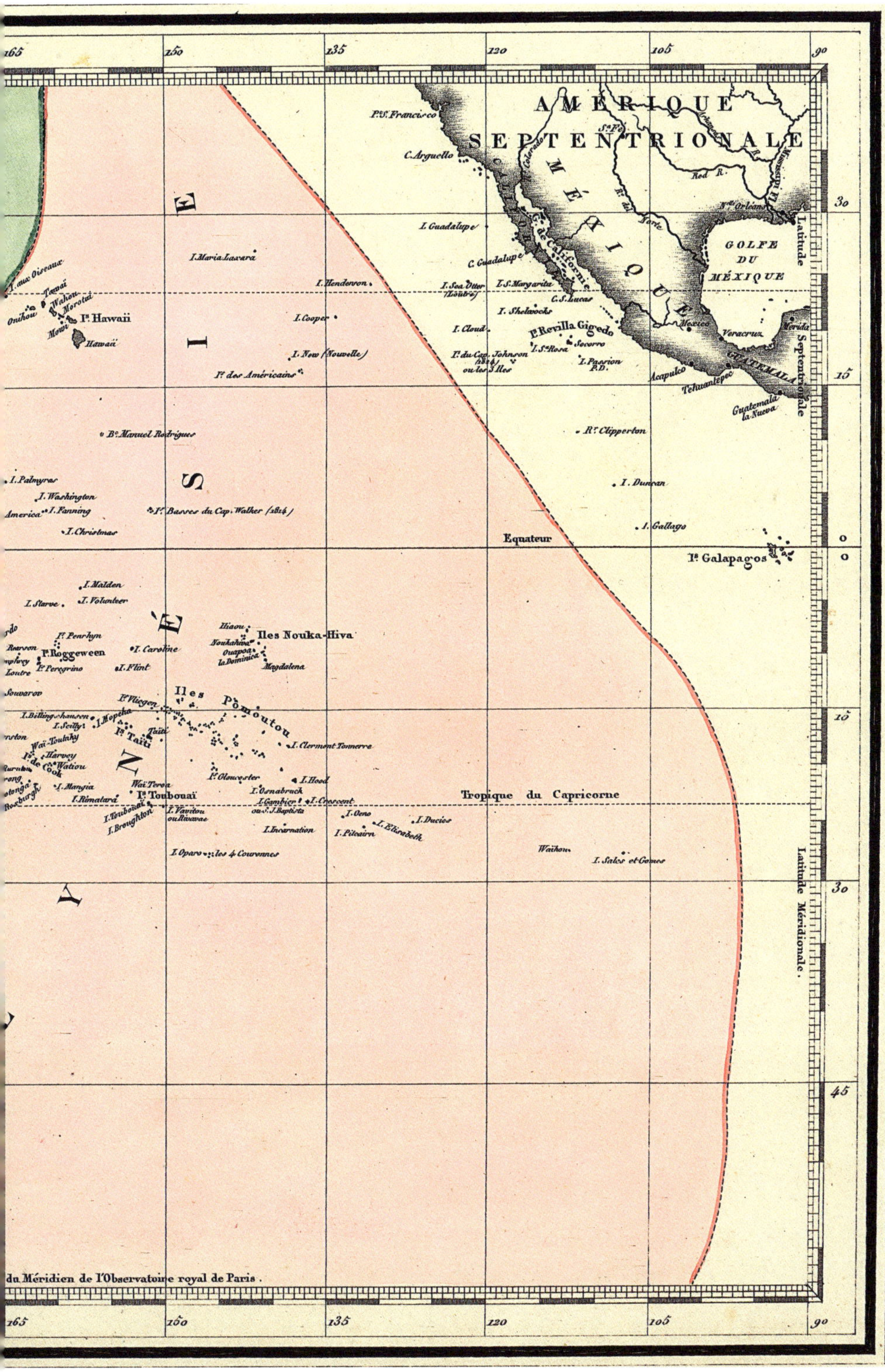
AMÉRIQUE SEPTENTRIONALE
MÉXIQUE
GOLFE DU MÉXIQUE
Red R.
N^lle Orléans
P^t S. Francisco
C. Arguello
I. Guadalupe
C. Guadalupe
G. de Californie
I. Sea Otter (Loutre)
I. S. Margarita
C. S. Lucas
I. Shelavocks
I. Cloud
I^s Revilla Gigedo
Socorro
I. Sta Rosa
I. Pasrion
Mexico
Veracruz
Merida
Acapulco
Tehuantepec
Guatemala
Guatemala la Nueva
R^r Clipperton
I. Duncan
I. Gallago
I^s Galapagos
Equateur
Latitude Septentrionale
Latitude Méridionale
I. Maria Laxara
I. Henderson
I. Cooper
I. New (Nouvelle)
I^s des Américains
I^s Hawaii
Hawaii
Onihou
Wahou
Morotai
Mowi
I. aux Oiseaux
B^s Manuel Rodrigues
I. Palmyras
I. Washington
I. Fanning
America
I. Christmas
I^s Basses du Cap. Walker (1816)
I. Malden
I. Starve
I. Volunteer
I^s Penrhyn
I^s Roggeween
I. Caroline
I. Peregrino
I. Flint
Souvarov
Iles Nouka-Hiva
Hiaou
Nouhahiva
Ouapoa
la Dominica
Magdalena
Iles Pomoutou
I^s Vliegen
I. Bellingshausen
I. Scillys
I. Mopeha
I^s Taiti
Taiti
I. Clermont Tonnerre
Wai-Toutahy
Harvey
I^s de Cook
Watiou
I^s Gloucester
I. Hood
I. Mangia
Wai-Teroa
I^s Toubouaï
I. Rimatara
I. Osnabruck
I. Crescent
I. Gambier ou S. J. Baptista
I. Vavitou ou Raivavae
I. Broughton
I. Oeno
I. Ducios
I. Elizabeth
I. Incarnation
I. Pitcairn
I. Oparo
les 4 Couronnes
Tropique du Capricorne
Waihou
I. Salas et Gomes
du Méridien de l'Observatoire royal de Paris
165
150
135
120
105
90
30
15
0
15
30
45
E
I
S
É
N
Y

Dans les archipels océaniens, Dumoutier cherche à collecter des crânes, mais devant certaines difficultés à se les procurer, il entreprend des moulages sur des populations vivantes. Ces travaux et observations seront consignés dans l'*Atlas anthropologique du Voyage*. De retour à Hobart en décembre 1839, Dumont d'Urville complète sur place ses effectifs et met à la voile vers l'Antarctique. Par 65°20' de latitude sud, ils aperçoivent le 20 janvier 1840 une côte enneigée. Le lendemain, deux embarcations débarquent sur un rocher une douzaine d'hommes des deux équipages. Ils déploient un drapeau tricolore. Dumont d'Urville la nomme « Terre Adélie », honorant son épouse Adèle. La France lui doit un pied-à-terre dans la copropriété antarctique, petit côté d'un triangle dont le sommet est le pôle Sud.

Une fois encore, la moisson de l'explorateur est reconnue comme exceptionnelle, au prix de 22 morts. Dumont d'Urville est promu contre-amiral, la Société de géographie lui décerne sa grande médaille d'or et l'élit président quand la publication du *Voyage au pôle Sud et dans l'Océanie* l'appelle à Paris. Quatre mois plus tard, le dimanche 8 mai 1842, les d'Urville périssent dans le premier accident de chemin de fer, à l'entrée de Meudon.

‖ 1 Dumont d'Urville, 1832-1835.

«Village de Nama, île de Vanikoro», 1827 [EXP. 191]

Louis Auguste de Sainson

En décembre 1827, à Hobart (Tasmanie), Dumont d'Urville apprend qu'un marin irlandais, Peter Dillon, a découvert l'année précédente à Vanikoro (îles Salomon) l'épave d'un des navires de Lapérouse. Le capitaine se rend dans cette île en février 1828. Un des membres de l'expédition, le naturaliste Honoré Jacquinot, présente aux villageois un morceau d'étoffe rouge, ce qui leur permet de comprendre ce qui est recherché et de conduire l'équipage sur les lieux du naufrage de Lapérouse, dont on a perdu la trace depuis plusieurs décennies.

SÉNÉGAL

LES HOMMES D'ACTION

Publié sous le patronage du **Comité DUPLEIX.** — BONVALOT, Directeur, 26, rue de Grammont, PARIS.

5. — Le général Galliéni et Amadou, sultan de Segou, signent **le traité de protectorat de la France.**

Joseph Gallieni :
quand l'exploration sert la colonisation

Hélène Blais

En 1899, après qu'une répression systématique a décimé les résistances contre l'occupant français à Madagascar, et alors que la guerre se poursuit sous le terme de « pacification », Joseph Gallieni est honoré par la Société de géographie d'une grande médaille d'or, octroyée à titre exceptionnel : il est reconnu pour sa contribution aux progrès de la science, mais aussi pour son œuvre de colonisation, lui qui a été, selon les termes du géographe Alfred Grandidier, « aussi utile à la géographie et à l'ethnographie qu'à l'expansion de notre influence[1] ».
Les officiers des armées coloniales ont été intégrés au panthéon des explorateurs en fonction d'un principe ancien, qui confia en partie l'exploration européenne à l'armée : l'expédition d'Égypte inaugure un genre, l'expédition militaro-scientifique, qui dit bien l'alliance de la guerre et de la science, quand l'exploration ne peut se faire que sous escorte militaire, et dans une congruence d'intérêts avec les armées en conquête.

Si l'exploration n'est pas nécessairement l'acte inaugural de la colonisation, et qu'elle se pratique aussi sur des territoires non convoités, les pratiques s'enchevêtrent parfois, et de plus en plus à partir des années 1880, alors que les convoitises européennes, notamment sur l'Afrique, s'aiguisent. Le métier d'explorateur prend une dimension coloniale de plus en plus affirmée. Les armes aussi deviennent d'autant plus nécessaires que l'exploration est associée, pour ceux qui la subissent, à une incursion dangereuse.

Le parcours de Joseph Gallieni, fils d'un immigré italien naturalisé, formé à l'école militaire de Saint-Cyr, témoigne de l'imbrication des pratiques d'exploration et de conquête, tant sa carrière d'officier militaire est liée à des reconnaissances et des explorations des territoires qu'il conquiert et administre. Intégré en 1869 dans le corps de l'infanterie de marine, il est, au fil des postes qu'il occupe tout au long de sa carrière coloniale, tour à tour cartographe et ethnographe, sans jamais lâcher le fusil.

« Le général Galliéni et Amadou, sultan de Ségou, signent le traité de protectorat de la France », c. 1895 [EXP. 215]
Louis Bombled

Joseph Gallieni assis en tailleur sur une natte fait face à Ahmadou, fils d'El Hadj Omar, lui présentant un traité de protectorat. L'illustration de cette couverture de cahier d'école élémentaire est irénique et contribue à diffuser auprès des écoliers une vision très apaisée d'une réalité pourtant violente. Les reconnaissances militaires conduisant à l'imposition de traités de protectorats dans la région qui s'étend entre le Sénégal et le bassin du Niger, reposant sur le principe des divisions internes, sont marquées par des heurts et des retournements, alors que les chefs locaux prennent la mesure de l'affaiblissement de leur autorité au moment où s'impose la domination française.

En 1876, il est chargé par le gouverneur du Sénégal Louis Brière de l'Isle d'explorer la région entre le Sénégal et le bassin du Niger. La mission dite d'exploration se veut pacifique et diplomatique, le but étant de gagner les bonnes grâces du souverain Ahmadou. Les instructions reçues par Gallieni lui permettent d'associer des collaborateurs issus des rangs de la Marine mais versés dans la science : l'équipe ainsi formée rassemble le capitaine Pietri pour les observations astronomiques, le lieutenant Vallière comme topographe, le médecin de marine Tautain pour les observations d'ethnographie et d'histoire naturelle. Il s'agit bien d'une mission militaire, formant une colonne de spahis et de tirailleurs sénégalais, équipés de fusils à tir rapide, mais chaque étape est l'occasion d'approfondir la connaissance du territoire parcouru.

Jouant des rivalités locales pour obtenir le ralliement des chefs locaux, la colonne avance en poursuivant ses enquêtes. Gallieni multiplie les négociations politiques, tout en enjoignant ses collaborateurs à étudier le pays traversé. En 1880, Gallieni obtient d'Ahmadou l'exclusivité pour les Français de la circulation sur le Haut-Niger. Cette progression est pour lui l'occasion de mettre en œuvre sa « théorie de la tache d'huile », consistant à grignoter du territoire en s'appuyant sur la connaissance du terrain. Il signe ainsi au cours de ses avancées plusieurs accords de protectorats avec les autorités locales, dont le traité de Nango en 1881. C'est ce qui explique la présence de nombreux interprètes accompagnant la colonne, parmi lesquels Alassane Dia, qui sera décoré de la Légion d'honneur en 1886.

En 1883, Gallieni publie un mémoire de plus de 600 pages, *Voyage au Soudan français*, qui rassemble les informations géographiques collectées au cours de sa mission. Nommé en 1886 commandant supérieur du Haut-Fleuve, Gallieni s'installe alors en véritable conquérant.

Promu colonel en 1891, il est envoyé au Tonkin pour prendre la tête d'un régiment chargé de lutter contre les « pirates » chinois. L'activité militaire dite de « répression du banditisme » occupe la majeure partie du temps de Gallieni, qui reprend aussi sa casquette diplomatique pour négocier avec les autorités chinoises le traité d'une frontière abornée en 1894. Le tracé de cette frontière s'appuie sur les nombreuses reconnaissances qu'il a menées ou ordonnées dans la zone, et dont témoigne notamment une production cartographique intense.

C'est en 1896 qu'il est envoyé à Madagascar, où, comme commandant supérieur des troupes puis comme gouverneur général, il organise une conquête caractérisée par la répression violente de toute tentative d'opposition à la colonisation. Théorisée sous le terme de « politique des races », son action part du principe que la connaissance et la hiérarchisation des

« Indigènes de la mission Gallieni », c. 1881-1882 [EXP. 220]
Auteur non identifié
Mission Gallieni, Sénégal et Soudan, 1881-1882

Même si certains individus sont identifiés, l'absence fréquente de noms pour parler des auxiliaires dit la difficulté d'écrire une histoire partagée de ces missions d'exploration. La présence d'intermédiaires, de guides, d'interprètes, est attestée, mais leur action propre et leurs histoires personnelles demeurent un hors-champ de la photographie.

Scène de travail dans une tranchée, Madagascar, c. 1902-1903 [EXP. 232]
État-major de Gallieni (service géographique)

EMPIRE
YUN-NAN
DAO DE LAI
CHAU DE LAI
CHAU DE THUY-VI
CHAU DE CHIEU-TAN
CHAU DE VAN-BAN
CHAU DE LUAN
CHAU DE QUINH-NHAI
CHAU DE TUAN-GIAO
CHAU DE SON-LA
CHAU DE THUAN
CHAU DE DIEN-BIEN
PHU DE SON-LA
CHAU DE MAI SON
CHAU DE YEN
CHAU DE PHU-YEN
PHU DE VAN-YEN
CHAU DE MOC
HUYEN DE TRANH-YEN
CHAU DE VAN CHÂN
CHAU DE LUC YEN
YEN-BAY
HOA-PANH-HA-TANH-HOC
HOA-PANH DE MUONG-HET
HOA-PANH DE XIENG-KHO
HOA-PANH DE MUONG-SON
HOA-PANH DE SAM-NUA
HOA-PANH DE MUONG-VEN
HOA-PANH DE HOA-MUONG
HOA-PANH DE SAM-TAI
Lao Kay
Lai-Chau
Tirage de Avril 1894

***Carte administrative des territoires militaires et postes militaires du Tonkin*, 1894** [EXP. 223]
Bureau topographique des troupes de l'Indochine

populations de l'île sont essentielles au bon gouvernement colonial. Il multiplie alors, en même temps que l'armée progresse sur le territoire avec une brutalité extrême, les enquêtes ethnographiques et les missions photographiques, dont on conserve aujourd'hui plus de 7 000 clichés, rassemblés en une cinquantaine d'albums, témoins des voyages de Gallieni dans la Grande Île.

Ces clichés fixent un état des lieux : villes, paysages, construction du chemin de fer, automobiles, fêtes diverses, portraits de la reine Ranavalona et de notables malgaches sont autant d'éléments de connaissance mis au service de l'instauration de la domination coloniale. Les portraits anthropologiques tout particulièrement, qui accompagnent les recensements des populations de l'île, témoignent de la mise en œuvre de la « politique des races ». Celle-ci manifeste un mode de conquête et de gouvernement qui repose sur une foi inébranlable en la science, et notamment en tout ce qui classe et hiérarchise : « Un officier qui a réussi à dresser une carte ethnographique suffisamment exacte du territoire qu'il commande est bien près d'en avoir une pacification complète[2]. »

Si les explorateurs ne sont pas des colonisateurs, il apparaît clairement que les méthodes de l'exploration sont un outil précieux pour les armées coloniales au tournant des XIXe et XXe siècles.

1 *Bulletin de la Société de géographie*, 1er janv. 1899, p. 141.
2 Gallieni, 1894, p. 154.

« Petite fille betsimisaraka. Nom : Poraka ; âge : 3 ans et demi ; taille : 0,87 m ; résidence : Antanambao, Madagascar, district de Vatomandry », c. 1896-1905 [EXP. 231]
État-major de Gallieni (service géographique)

Ce cliché montrant une jeune Malgache debout à côté d'un mètre-étalon témoigne de l'utilisation des techniques photographiques à des fins politiques. Nommé en 1896 gouverneur général à Madagascar, Gallieni ordonne une série de missions photographiques, destinées à dresser des circonscriptions administratives qui seraient calquées sur la géographie des « races » de l'île. Les populations Merinas, Sakalavas, Betsimisarakas et Betsileaos sont ainsi passées au crible des objectifs. Ces recensements se fondent sur les sciences anthropologiques qui prétendent définir des races à partir de caractéristiques physiques. Les légendes qui accompagnent ces photographies disent l'importance des mesures anthropométriques et de l'origine géographique dans cette élaboration.

District de Vatomandry

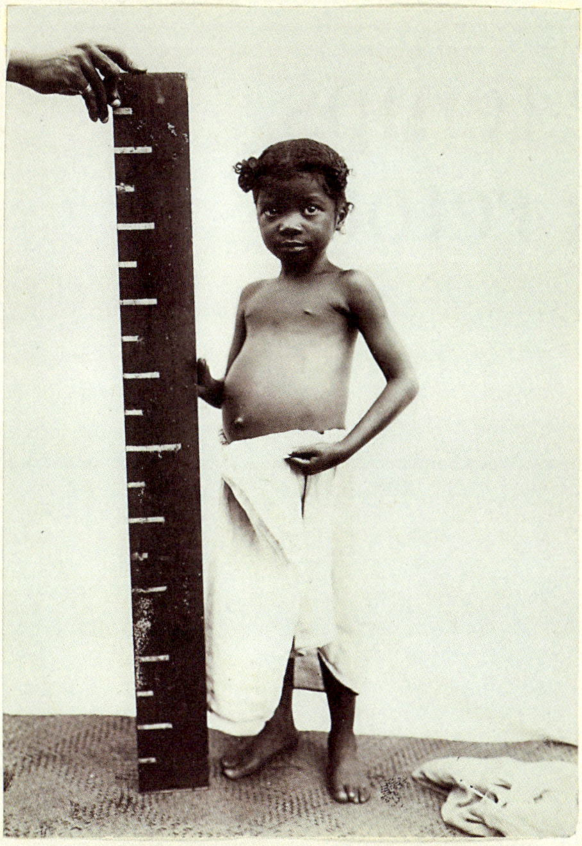

Type Betsimisaraka

CHAPITRE IV

Le temps du retour

Hélène Blais

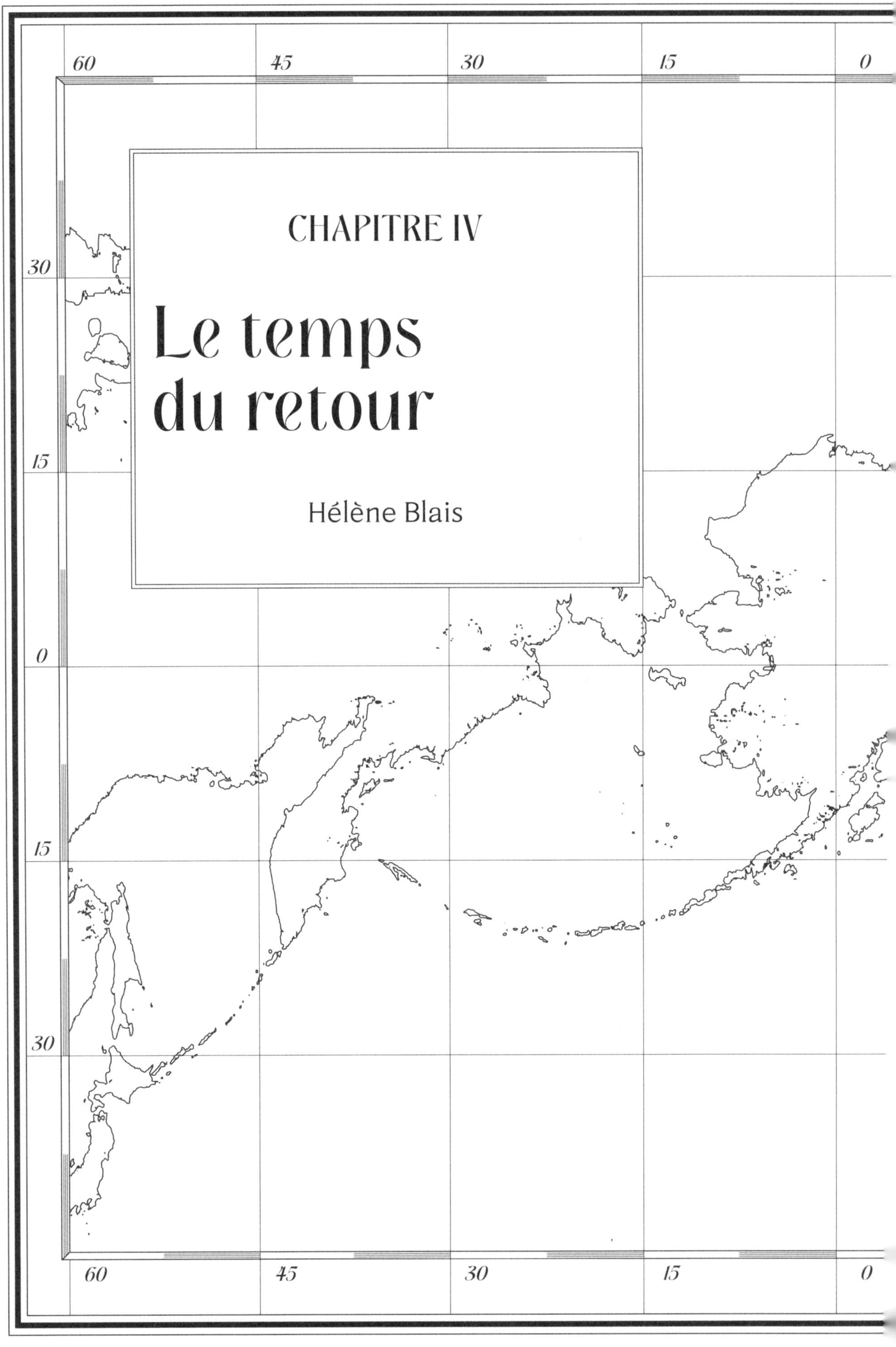

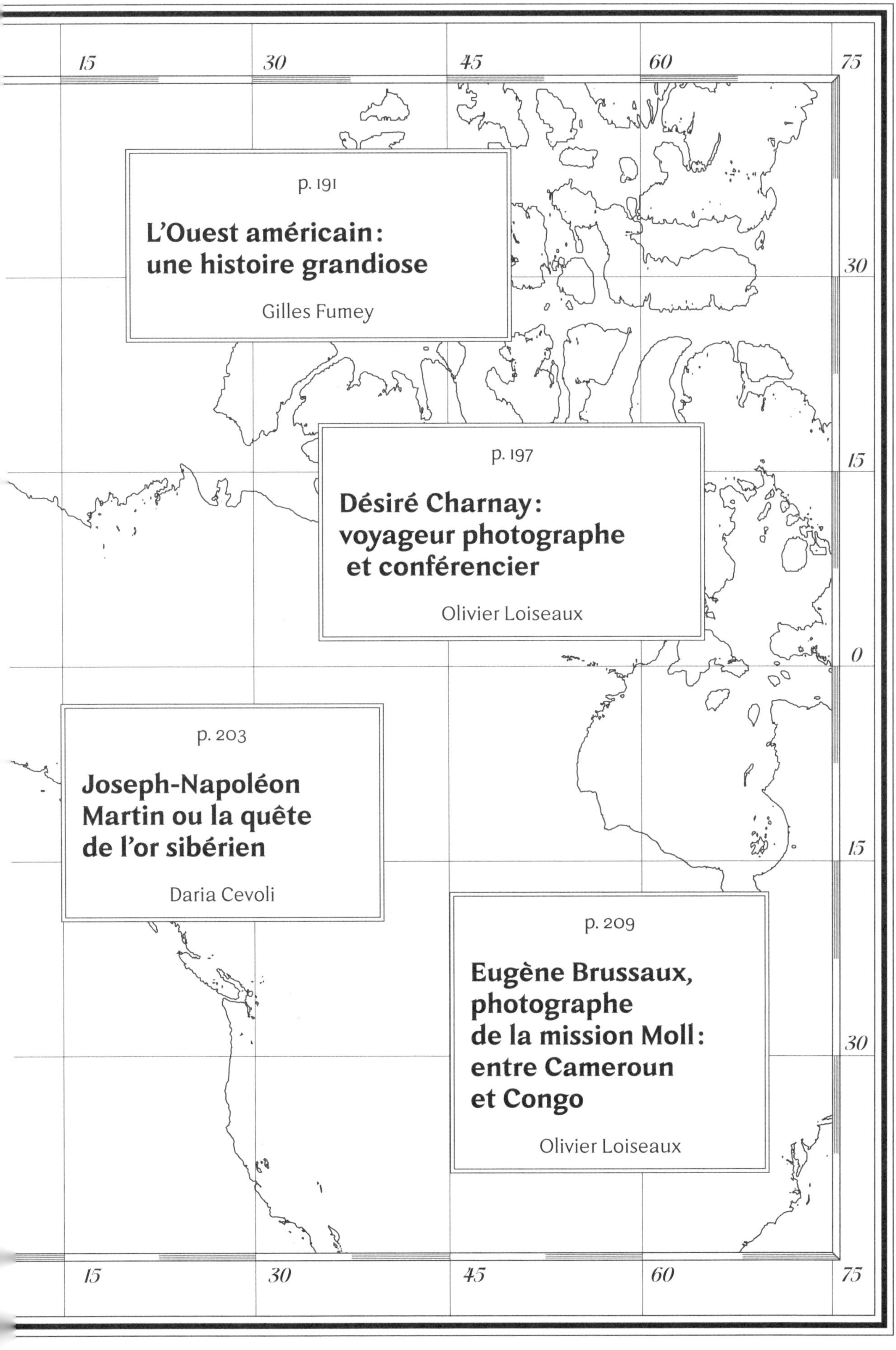
15
30
45
60
75
30
15
0
15
30
15
30
45
60
75

Sven Hedin à sa table de travail, 1897 [ILL. 14]

Carl Hedin

Sven Hedin est un explorateur suédois qui a beaucoup voyagé en Asie centrale et dans l'Himalaya. Le cliché le représentant à son bureau de Stockholm renvoie au travail de cabinet, alors que l'explorateur, pour préparer sa mission, ou à son retour, classe la documentation existante ou les notes rapportées du terrain, confronte cartes et itinéraires. Globes, bibliothèques, croquis et objets collectés trônant sur la table disent le revers de l'aventure du voyage.

Le temps du retour

Hélène Blais

Que reste-t-il du voyage, une fois celui-ci achevé ? La mythologie de l'exploration s'est largement construite sur les traces, les témoignages, et l'entretien d'une mémoire exaltant l'altérité des lointains, la découverte, les progrès de la connaissance. Autant d'éléments qui constituent le troisième temps de la pratique exploratoire, après la préparation du voyage et le travail de terrain. Un retour qui n'a rien d'évident, et qu'il faut publiciser, si tant est qu'on soit en mesure de le faire. La carte de l'Afrique nécrologique (voir p. 15), dressée en hommage aux explorateurs disparus, dit combien demeure aléatoire, au XIXe siècle, la mission d'exploration.

L'importance du voyage et de ses traces dépasse cependant le retour physique de l'explorateur. Jean-François de Lapérouse disparaît dans un naufrage en 1788, mais son récit, publié grâce à des envois systématiques en cours de voyage, connaîtra une grande fortune. Tout au long du XIXe siècle, pour le grand public comme pour le monde savant, l'exploration se matérialise par la publication d'ouvrages et d'images, par l'exposition et la mise en scène de l'expérience du terrain et des artefacts (vêtements, objets du quotidien, objets artistiques) qui témoignent des contacts plus ou moins pacifiques avec les populations des territoires explorés. Ces opérations de restitution et de mise en forme du voyage participent largement à l'élaboration d'un grand récit, aux formes multiples.

Les manières de rendre compte de l'exploration sont aussi diverses qu'il y a d'explorateurs, et une même mission peut donner lieu à des manifestations variées : récits en plusieurs tomes accompagnés de volumes spécialisés et d'atlas, journaux de voyages pittoresques, témoignages dans des revues savantes ou grand public, comptes rendus, rapports et lettres dans les bulletins des sociétés de géographie, expositions, projections... La bibliothèque qui se constitue à l'issue de ces missions est à l'image de l'hétérogénéité des expériences. Les modalités de la restitution expriment certaines fois l'ancrage scientifique de l'exploration, d'autres fois ses enjeux commerciaux, diplomatiques ou coloniaux. Les productions, au-delà de leur diversité, répondent toutes à la curiosité du public pour l'ailleurs, et témoignent des intérêts nombreux que suscite le voyage dans les pays commanditaires : elles constituent une culture et une mémoire de l'exploration propres au XIXe siècle.

Publications savantes et récits de voyage

L'exploration est une entreprise de connaissances. Sa préparation, dans le cadre des sociétés savantes, et sa pratique, sur un terrain mesuré, dessiné, fouillé, sont des manifestations de cette ambition. L'exploration n'est parfaitement achevée que lorsque cette connaissance est mise en forme, présentée, diffusée, rendue lisible par d'autres que l'explorateur lui-même. Dans ce processus, l'administration de la preuve fait l'objet de toutes les attentions : les récits imaginaires n'ont pas leur place dans une rhétorique qui repose sur la véracité. Les protocoles de mise en récit de l'expérience de terrain sont censés en garantir la scientificité.

Lors des grandes missions collectives d'exploration – grands voyages de la Marine autour du monde, expéditions d'Égypte, de Morée ou d'Algérie –, les volumes s'enchaînent par domaines de savoir, parfois précédés d'un « voyage pittoresque », récit grand public au jour le jour, relevant les événements les plus saillants des expéditions. L'enjeu est celui d'un « englobement savant du monde[1] », déroulant l'itinéraire de l'exploration, puis dressant l'inventaire des découvertes dans chaque champ disciplinaire. Le *Voyage au pôle Sud et dans l'Océanie* de Jules Dumont d'Urville, à bord de l'*Astrolabe* et de la *Zélée*, en 1837-1840, donne lieu à une publication contenant l'« Histoire du voyage », en plusieurs tomes, composés chacun de différents volumes : « Zoologie » (mollusques, insectes, crustacés, reptiles et poissons, mammifères et poissons), « Botanique » (plantes cellulaires, plantes vasculaires), « Anthropologie », « Géologie, minéralogie et Géographie physique du voyage ». Pris en charge par divers savants sous le patronage de Dumont d'Urville, ce type de publication est typique de la production de ces inventaires totalisants aux auteurs multiples. Aux côtés des textes se constitue une collection de tableaux, statistiques, relevés barométriques ou thermométriques dont la seule existence dit l'ambition savante de l'exploration.

1 Romano, 2016.

La pratique témoigne d'une appropriation du territoire parcouru, plus ou moins symbolique, alors même que la science est convoquée pour marquer l'espace, souvent sous l'égide de l'armée, selon le modèle de l'expédition « militaro-scientifique[2] ». Les missions menées dans l'Ouest américain, dans le dernier quart du siècle, sont des explorations scientifiques qui valorisent le potentiel commercial de la région, suscitant l'intérêt de l'opinion publique pour ces grandes étendues vidées de leurs populations indiennes et contribuant à forger l'identité américaine, en même temps que la Frontière est toujours repoussée.

En quête de vérité

Comment ces sommes savantes sont-elles constituées ? Selon le modèle d'interprétation proposé par Bruno Latour, la collecte de terrain, ordonnée par les plans et instructions préparés au sein des institutions savantes des métropoles, sert en retour à nourrir ces institutions, centres de calculs où s'accumulent les connaissances[3]. Ainsi, le cabinet du géographe, présenté comme le lieu de mise en place du projet d'exploration, est aussi l'endroit où se clôt le voyage. Edme-François Jomard ne se contente pas de rédiger des consignes à destination des explorateurs : il examine, valide, certifie les expériences de terrain de ceux qui disent avoir parcouru le monde. De nombreuses controverses scientifiques jalonnent en effet l'histoire de l'exploration : Sakhaline est-elle une île ? En montrant l'impossibilité d'en faire le tour, et grâce à des échanges avec les habitants aïnus, Lapérouse peut tracer les contours d'une presqu'île, permettant aux cartes européennes de gagner en précision[4]. Peut-il y avoir de la neige en Afrique ? Les savants de la Royal Geographical Society à Londres consacrent de longues heures à l'interprétation du dôme blanc que l'explorateur Johannes Rebmann affirme avoir aperçu au sommet du Kilimandjaro en 1848 entre deux brumes. Y a-t-il des cités disparues en Amazonie ? La quête éperdue des traces de l'Atlantide par l'explorateur Percy Fawcett passionne les sociétés européennes avides de civilisations anciennes, qui se demandent si ce qu'il a vu est réel[5]. Les débats se tiennent dans diverses arènes, mais commencent souvent au sein des sociétés de géographie, où des savants lisent et confrontent les notes rapportées par les voyageurs. Chargés de l'administration de la preuve, ils tracent à nouveau, crayon en main, l'itinéraire prétendument parcouru, y reportent les mesures de distance, traquent les incohérences et les contradictions, tout en ajoutant à la carte du monde fleuves, montagnes et déserts encore mal identifiés. Les sources de première main citées par les explorateurs sont également examinées avec attention. Les témoignages oraux, la collecte

2 Bourguet, 1998.

3 Latour, 1983.

4 M. T. Bravo, « Ethnographic Navigation and the Geographical Gift », *in* Livingstone, Withers, 1999, p. 199-235.

5 I. Favier, « 1925. La trace de Percy Fawcett se perd en Amazonie », *in* Bertrand, 2019.

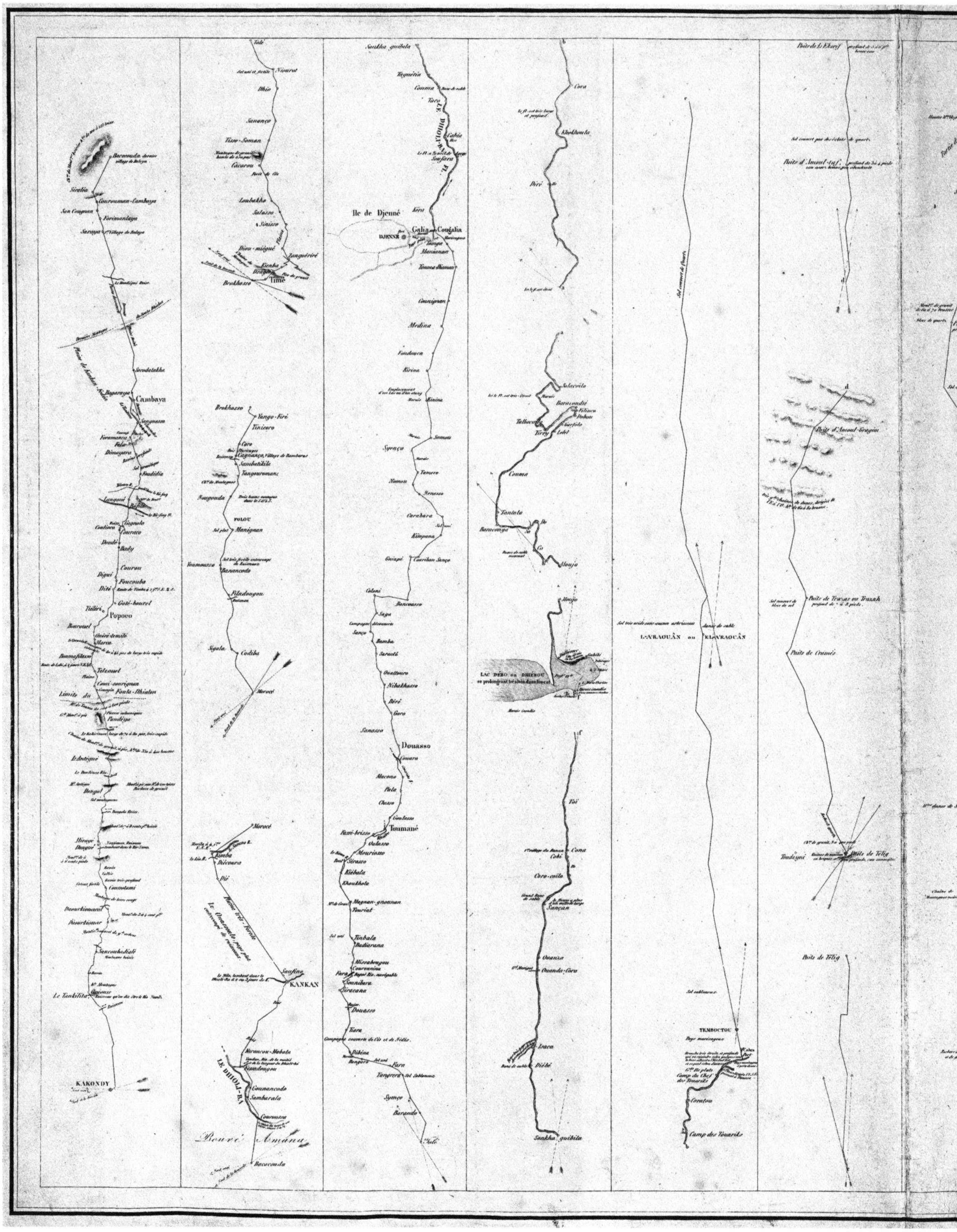
Ile de Djenné
DJENNÉ
KANKAN
KAKONDY
TEMBOCTOU
Cambaya
Douasso
Toumané
Sankha guibila
Bouré Amana
LE DHIOLI-BA
LAC DEBO ou DHIBOU
L'ARAOUÂN ou EL-ARAOUÂN

Carte itinéraire du voyage de M. Caillié à Jenné et à Temboctou rédigée d'après le Journal du voyageur par M. Jomard, 1829
[EXP. 235]
Edme-François Jomard

Après avoir participé à l'expédition de Bonaparte en Égypte, Edme-François Jomard est élu à l'Institut en 1818, avant de participer à la création de la Société de géographie en 1821. Encourageant les explorations de son temps, Jomard accompagne les voyageurs à leur retour, vérifiant les connaissances issues du terrain, les itinéraires. C'est dans ce cadre qu'il participe en 1830 à la publication du *Journal* de voyage de René Caillié deux ans après son retour de Tombouctou en 1828. Cette publication comporte une « carte itinéraire » de l'explorateur, élaborée par Jomard lui-même.

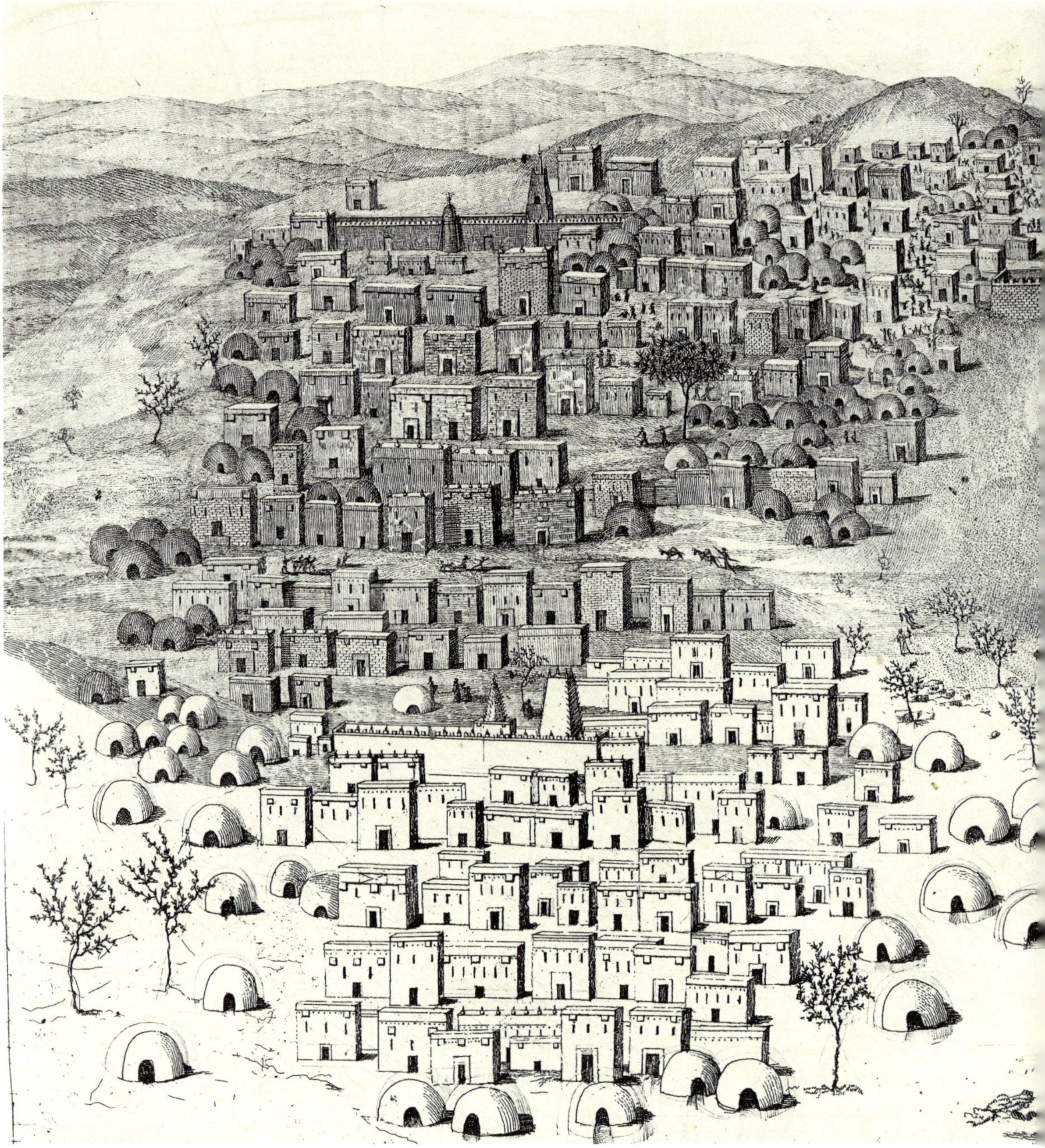

« Vue d'une partie de la ville de Tomboctou prise du sommet d'une colline à l'est-nord-est », 1830
[EXP. 237]

René Caillié, *Journal d'un voyage à Temboctou*, 1830

des informations auprès des habitants, les recueils de vocabulaire sont soumis à des comparaisons et à des confrontations, qui ont tendance à effacer l'apport des savoirs vernaculaires pour reconstituer des grilles et des lexiques selon les normes des disciplines en place. Que ce soit en interne (l'explorateur participe souvent à la vérification des faits qu'il rapporte) ou par le biais de savants institutionnels (sociétés de géographie, académies savantes), les « informations » se transforment en « savoirs » parce qu'elles sont éprouvées, confrontées à d'autres, mises en forme, autant d'étapes nécessaires à l'*imprimatur*. Dans ces conditions de production du savoir scientifique, la contribution des guides, des savants locaux et des interprètes qui ont rendu les découvertes possibles disparaît ainsi la plupart du temps des résultats officiels des voyages[6].

La publication du voyage de René Caillié à Tombouctou, en 1830, deux ans après son retour en France, illustre bien ce processus. L'ensemble comporte trois volumes : un « Journal », précédé d'« Observations faites chez les Maures Braknas, les Nalous et d'autres peuples », et une « carte itinéraire » accompagnée de « remarques géographiques » de la plume d'Edme-François Jomard[7]. Dans son avant-propos, Caillié justifie le délai de parution de son récit de voyage par le fait qu'il n'en a rapporté que des « notes fugitives, très laconiques, écrites en tremblant et pour ainsi dire en courant[8] ». Au-delà de l'effet recherché, rappelant les conditions héroïques de son expédition clandestine parmi des populations hostiles, la mention signale le travail nécessaire à la restitution des notes de voyage, quelles que soient les conditions de leur prise sur le terrain. L'intervention des institutions savantes est clairement revendiquée, et la présence de la signature de Jomard sur la couverture présentée comme un honneur. Le procédé renvoie à toute l'économie de l'édition de récits de voyage, dans laquelle la validation par le monde savant est un élément essentiel.

Dans son appendice, comparant le récit avec ceux des voyageurs précédents, Jomard confirme la réalité des lieux visités par Caillié, discute leur orthographe et leur origine. Il explique la manière dont il a reporté et parfois adapté les distances relevées par l'explorateur pour dresser une carte, cumulant ici encore les géographies antérieures, des vérifications sur la cohérence des données, des explications sur les divergences possibles. L'itinéraire de Caillié est pour ainsi dire enserré dans toute une géographie qui le dépasse, celle des voyageurs qui l'ont précédé. Jomard se fait également linguiste, dressant des vocabulaires français-mandingue et français-kissour à partir des notes rapportées par Caillié, mais aussi botaniste, en commentant les esquisses de plantes de l'explorateur.

6 Driver, Jones, 2009.
7 Caillié, 1830B.
8 Caillié, 1830B, p. IV-V.

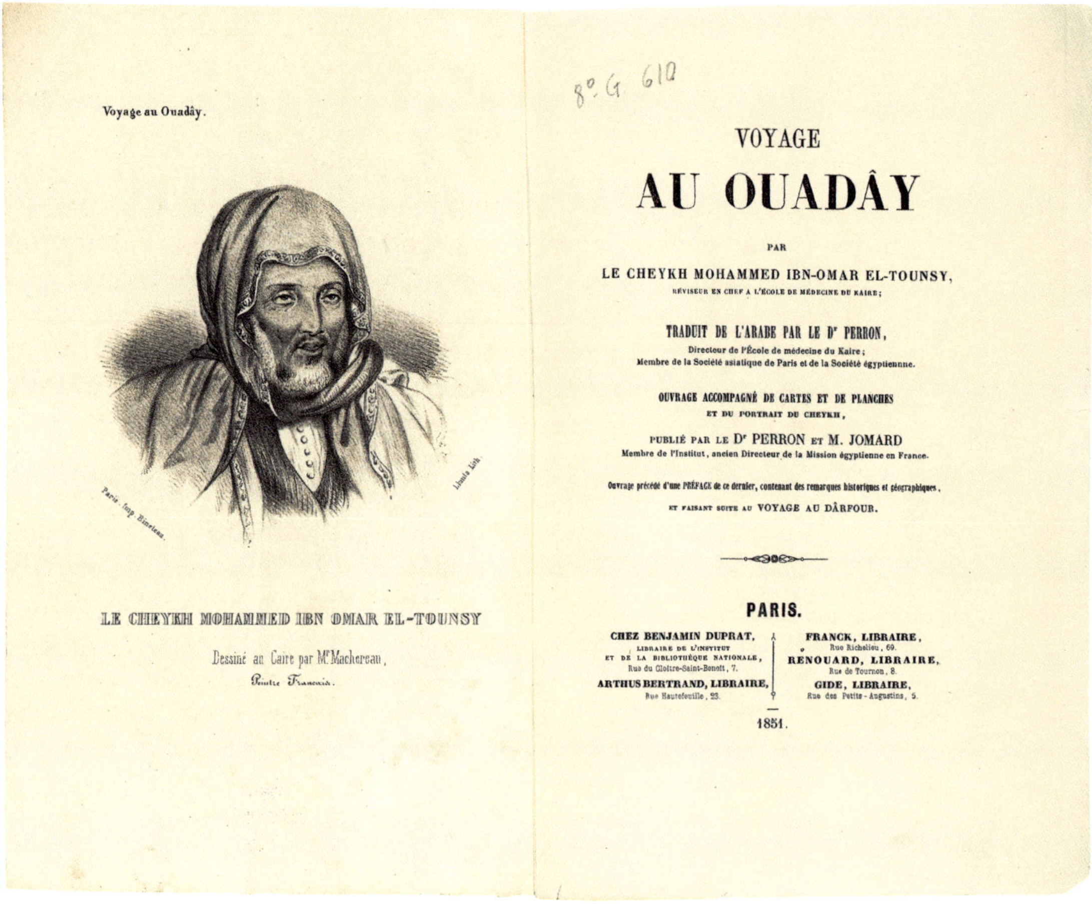

Voyage au Ouadây.

LE CHEYKH MOHAMMED IBN OMAR EL-TOUNSY

Dessiné au Caire par Mr Machereau,

Peintre Français.

VOYAGE

AU OUADÂY

PAR

LE CHEYKH MOHAMMED IBN-OMAR EL-TOUNSY,

RÉVISEUR EN CHEF A L'ÉCOLE DE MÉDECINE DU KAIRE;

TRADUIT DE L'ARABE PAR LE Dr PERRON,

Directeur de l'École de médecine du Kaire;

Membre de la Société asiatique de Paris et de la Société égyptiennne.

OUVRAGE ACCOMPAGNÉ DE CARTES ET DE PLANCHES

ET DU PORTRAIT DU CHEYKH,

PUBLIÉ PAR LE Dr PERRON ET M. JOMARD

Membre de l'Institut, ancien Directeur de la Mission égyptienne en France.

Ouvrage précédé d'une PRÉFACE de ce dernier, contenant des remarques historiques et géographiques,

ET FAISANT SUITE AU VOYAGE AU DÂRFOUR.

PARIS.

CHEZ BENJAMIN DUPRAT, LIBRAIRE DE L'INSTITUT ET DE LA BIBLIOTHÈQUE NATIONALE, Rue du Cloître-Saint-Benoît, 7.

ARTHUS BERTRAND, LIBRAIRE, Rue Hautefeuille, 23.

FRANCK, LIBRAIRE, Rue Richelieu, 69.

RENOUARD, LIBRAIRE, Rue de Tournon, 8.

GIDE, LIBRAIRE, Rue des Petits-Augustins, 5.

1851.

***Voyage au Ouadây*, 1851** [EXP. 239]

Mohammed ibn-Omar El-Tounsy (auteur),
Nicolas Perron (traduction)

Mohammed El-Tounsy (« le Tunisien ») explore les régions subsahariennes du Darfour et le Ouadây entre 1805 et 1813. Parti de Tunis, à la recherche de son père qu'il espérait retrouver au Caire, il entreprend ce voyage âgé seulement de quatorze ans, secondé par un ami de son père. Formé en sciences à Tunis, Mohammed El-Tounsy est un lettré, et les relations de sa famille de marchands lui servent de sauf-conduits. Il séjourne huit ans au Darfour, protégé par le sultan et ainsi autorisé à parcourir la région, dont il décrit la géographie, la faune et la flore, et la situation politique et sociale. Installé au Caire à son retour, il fréquente les milieux orientalistes savants. Employé comme « Réviseur » en chef de l'école de médecine d'Abou-Zabel, il rencontre le directeur, le médecin Nicolas Perron, qui le pousse à mettre par écrit le récit de son voyage. La région qu'il a visitée, quasiment interdite aux Européens, intéresse ceux qui cherchent les sources du Nil et présente un enjeu diplomatique majeur pour les Égyptiens. Paraissent ainsi en 1845 le *Voyage au Darfour*, puis en 1851 le *Voyage au Ouadây*. Perron en fait une traduction libre, ajoutant des indications de son cru. Jomard, qui introduit le texte, en loue l'intérêt, « malgré les imperfections d'un récit qui n'est pas l'œuvre d'une plume européenne ». Encadré et critiqué par ses éditeurs, qu'il déroute par sa manière d'écrire, notamment parce qu'il inclut de longs poèmes dans sa description de voyage, scandée de louanges à dieu, Mohammed El-Tounsy n'en affirme pas moins, par ces textes, un regard d'explorateur singulier.

Le filtre du cabinet de géographie

Dans le passage au crible des notes des voyageurs, les connaissances collectées ici ou là auprès des populations locales, souvent qualifiées par les explorateurs d'informations « par ouï-dire », sont tout particulièrement soumises au doute, ou confortées par des chiffres et des mesures qui tendent à les reléguer, par effet de contraste, hors du domaine du savoir. La rhétorique du soupçon qui accompagne l'évaluation des informations transmises oralement envahit le processus de validation, même si les distances en jours de marche, la reconnaissance d'un sens de l'orientation particulier ou de savoirs pratiques – fréquemment désignés comme « dons » – demeurent intégrés à la mise en scène des résultats de l'exploration. Intégrés certes, mais anonymisés : la connaissance locale n'accède au statut de savoir scientifique qu'au prix d'une invisibilisation quasi systématique de celles et ceux qui l'ont élaborée, invisibilisation qui est au cœur du protocole d'administration de la preuve.

Au retour de l'exploration, ce travail des savants « de cabinet », qui consiste à trier, vérifier et mettre en ordre les savoirs collectés, est souvent indispensable à la publicisation de certaines expéditions, dont les acteurs ne sont pas nécessairement insérés dans les milieux de l'édition de voyage. Ces savants peuvent permettre aussi la publication en français de récits d'explorateurs étrangers. Ainsi, la diffusion des écrits du cheikh El-Tounsy est rendue possible en France par des savants orientalistes : le docteur Nicolas Perron, notamment, traduit de l'arabe plusieurs récits du voyageur égyptien au Soudan[9]. Et Jomard, dans la préface de l'édition du voyage au Ouadây, loue les qualités de conteur du cheikh : « Sur tous ces faits peu connus, le cheikh Mohammed El-Tounsy rapporte des détails aussi curieux qu'abondants, recueillis par lui-même au Ouadây pendant un assez long séjour, de la bouche des acteurs eux-mêmes, et il nous révèle une foule de traits qui peignent les hommes et les lieux avec de vives couleurs[10]. »

S'en étonnant de manière un peu rhétorique, Jomard salue par ailleurs la capacité du voyageur à « concilier, avec sa condition de zélé musulman, le désir de satisfaire la curiosité européenne[11] ». Il compare également son récit aux quelques autres témoignages sur le Darfour : « On peut espérer qu'un voyage dans ce pays, publié pour la première fois, malgré les imperfections d'un récit qui n'est pas l'œuvre d'une plume européenne, excitera la curiosité et l'attention du public[12]. » Dénonçant malgré tout une certaine « candeur » du texte, et allant jusqu'à parler de « puérilité », liée à une « manière orientale » de décrire le voyage, Jomard souligne « la bonne foi et la véracité » de l'explorateur.

9 El-Tounsy, 1850 ; El-Tounsy, 1851.
10 El-Tounsy, 1851, p. VI.
11 El-Tounsy, 1851, p. XIII.
12 El-Tounsy, 1851, p. LXIV.

Le docteur Perron, dans son introduction, donne pour sa part des précisions sur l'édition du récit de voyage, qu'il a menée en collaboration avec le cheikh. Il raconte avec force détails comment, grâce à l'aide d'El-Tounsy, il a réussi à faire parler certains notables, auparavant réticents: « Cette habitude est celle de tous les noirs du Soudan: généralement, ils ne veulent donner aucune indication sur leur pays. Sans le secours du Cheykh El-Tounsy, je n'aurais rien obtenu[13]. » Le savant orientaliste propose finalement un récit traduit, mais aussi enrichi de commentaires répondant aux attentes du public européen sur un pays difficilement explorable: « Qui n'aura pas le viatique sacré de la langue arabe, la langue sacrée des musulmans, qui ne se résoudra pas à se *musulmaniser*, comme moyen de sauf-conduit, qui ne se décidera pas à se donner les apparences de crédulité, de croyance, de sauvagerie même des musulmans du Soudan, ne doit pas songer à se mettre en route, qu'il reste chez lui. Même les derniers voyages, ceux du major Denham au Mandarah, sont minces de résultats. On voyage mal avec des habits rouges anglais[14]. »

Cartes, planches de botaniques et vues pittoresques

La culture de l'exploration, au XIXe siècle, profite des progrès de la reproduction imprimée des images, de la diffusion de la photographie et même de l'image animée. Les sommes scientifiques issues de l'exploration comportent souvent des volumes illustrés, intitulés « atlas », qui ne regroupent pas uniquement des cartes, mais aussi des planches de botanique, de zoologie, ou des vues dites « pittoresques ». Depuis la fin du XVIIIe siècle, les récits des grands voyages à la voile autour du monde incluent ce type d'albums; la publication de l'expédition d'Égypte rassemble un grand nombre de gravures qui donnent à voir le pays exploré: ses paysages, ses habitants, sa flore et sa faune, ses richesses archéologiques. Le travail des graveurs, à partir des dessins faits sur le terrain, est long et minutieux, et explique des délais de plusieurs années parfois entre le retour et la publication. Ces éléments visuels participent à la construction du savoir issu du voyage, et renvoient, au-delà, à tout un imaginaire de l'exploration.

Les gouaches de Charles-Xavier Rochet d'Héricourt sont des documents rares. Fils d'un maître de forge de Montbéliard, Rochet d'Héricourt part en Abyssinie pour tenter de faire des affaires plus qu'en tant qu'explorateur, mais, au fil des ans, il se distingue comme connaisseur de la région[15]. Le voyage pour lequel il réalise ses gouaches est entrepris en 1839, dans le but de relier l'Éthiopie à la côte du Gabon, en traversant l'Afrique. Modifié dans ses ambitions, notamment parce que Rochet d'Héricourt est retenu à la cour du roi de Choa, Sahlé-Séllasié, ce voyage est l'occasion d'une description

13 El-Tounsy, 1851, p. 9.

14 El-Tounsy, 1851, p. 27. C'est l'auteur qui souligne.

15 Lassus, 1995.

« Femme amhara broyant du blé », c. 1839-1840
[EXP. 243]
Charles-Xavier Rochet d'Héricourt

« Passage de l'Aouache », c. 1839-1840 [EXP. 243]
Charles-Xavier Rochet d'Héricourt

« La conférence de M. de Lesseps à la Sorbonne, le 17 avril, à son retour d'Amérique », 1880 [ILL. 15]

Jules Gaildrau (dessin), Charles Baude (gravure)

L'Illustration, 1er mai 1880

Célèbre pour avoir conduit le creusement du canal de Suez, Ferdinand de Lesseps lance officiellement à la Société de géographie en mai 1879 le chantier de percement de l'isthme de Panama. En 1880, il se rend sur place pour constater l'avancée des travaux. À son retour, il donne le 17 avril 1880 une conférence à la Sorbonne illustrée de projections photographiques faites par Alfred Molteni. La force des images qui accompagnent le récit est utilisée pour convaincre de la viabilité du projet et collecter des fonds.

Gabrielle Vassal en conférence à la Société de géographie, 17 mars 1911 [EXP. 107]

Albert Harlingue

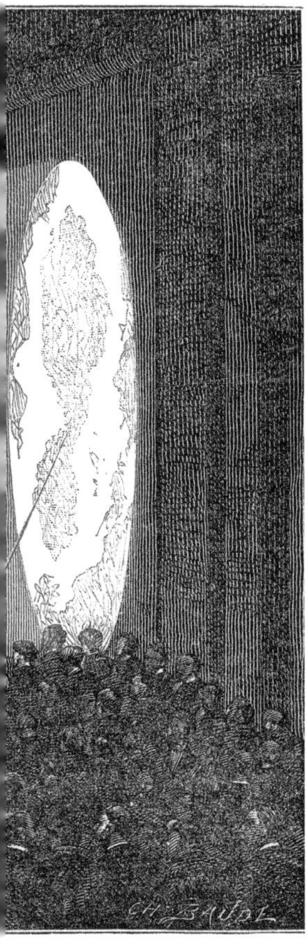

du pays de Choa, qui intéresse l'homme d'affaires pour les possibilités de commerce qu'il entrevoit avec ce royaume chrétien[16]. Au retour, les gouaches réalisées servent de base aux graveurs chargés d'illustrer le récit publié par le voyageur en 1841, *Voyage sur la côte orientale de la mer Rouge, dans le pays d'Adel et dans le royaume de Choa*. Elles n'ont toutefois jamais paru en couleurs. Dans son ouvrage, l'explorateur remercie le dessinateur, « qui n'a pas dédaigné de me prêter le secours de son beau talent en traduisant avec son crayon quelques-unes de mes esquisses[17] ».

Le rôle de l'image et sa puissance évocatrice n'ont pas échappé aux promoteurs de l'exploration. À la Société de géographie, la diffusion des connaissances passe par plusieurs biais: le « bulletin », qui rend compte de l'actualité des explorations; les séances ordinaires, où les membres discutent des projets et des publications; et les conférences, moments de sociabilité très prisés, adaptées aux attentes du grand public. À partir de 1875 sont organisées les premières conférences accompagnées de projections de vues sur verre[18]. Conférenciers et conférencières (Isabelle Massieu et Gabrielle Vassal viennent évoquer leurs voyages en Asie) se succèdent très régulièrement jusqu'à la Première Guerre mondiale. La vulgarisation des savoirs par l'image, en phase avec les programmes d'éducation populaire de l'époque (des conférences sont organisées devant des enfants), est au cœur du projet de la Société de géographie, qui participe ainsi à l'élaboration d'une culture visuelle de l'exploration.

Des clichés anthropologiques aux zoos humains

Les images du voyage sont aussi celles des rencontres avec d'autres êtres humains, d'autres modes de vie, et l'intérêt du public pour ce que l'on dénomme alors l'anthropologie se retrouve dans l'organisation d'expositions et la diffusion de clichés, alors même qu'un nouveau médium, la photographie, qui se diffuse largement dans le dernier quart du XIXe siècle, permet de saisir, souvent après de longs temps de pause, des regards, des expressions, des attitudes. La photographie, plus que le dessin qui représente, est considérée comme un enregistrement: elle séduit les savants à la recherche d'objectivité. Car le moment est contemporain des sciences naissantes qui s'intéressent à la diversité des peuples humains, rangés, classés et hiérarchisés dans une perspective naturaliste. La Société ethnologique de Paris, fondée en 1839, rassemble des savants et des explorateurs. Avec la théorie de l'évolution de Charles Darwin et les méthodes de l'anthropologie physique de Paul Broca (fondateur de la Société d'anthropologie en 1859), l'étude de l'homme et de ses différences prend un nouvel essor, fondé sur la quantification et le racialisme. Les explorateurs se font

16 Rochet d'Héricourt, 1841.
17 Rochet d'Héricourt, 1841, p. XIV.
18 O. Loiseaux, « Les projections de vues sur verre à la Société de géographie (1875-1914) », *in* Borlée, Doucet, 2019, p. 271-287.

« White Swan – Mi-Khasga, 25 ans ; il est marié et a un enfant », face et profil, 1883 [EXP. 263]

Roland Bonaparte, *Collection anthropologique du prince Roland Bonaparte*, album *Peaux-Rouges*

Page de droite

***Jardin zoologique d'acclimatation. Bois de Boulogne. Arrivage d'animaux nubiens…*, 1877** [EXP. 261]

Jules Chéret

Les affiches promouvant les expositions du Jardin zoologique d'acclimatation à Paris reprennent les poncifs de la vision des lointains, n'hésitant pas à mettre sur le même plan animaux et humains, exhibés dans le même espace clos. Il s'agit d'annoncer un spectacle, et l'affiche joue sur les ressorts de l'exotisme, suggérant l'ailleurs (les palmiers, les tentes, la quasi-nudité), un danger permanent (des hommes se battent à l'arrière-plan). Présentés comme accompagnateurs d'animaux, ces Nubiens furent les premiers hommes « exposés » au Jardin d'acclimatation en 1877, suivis bientôt d'autres groupes : « Esquimaux », « Gauchos », « Fuégiens », « Hottentots »… Ces mises en scène deviennent bientôt l'attraction principale du lieu, dans une configuration de plus en plus mercantile et très peu soucieuse du bien-être des êtres humains enrôlés pour ces expositions.

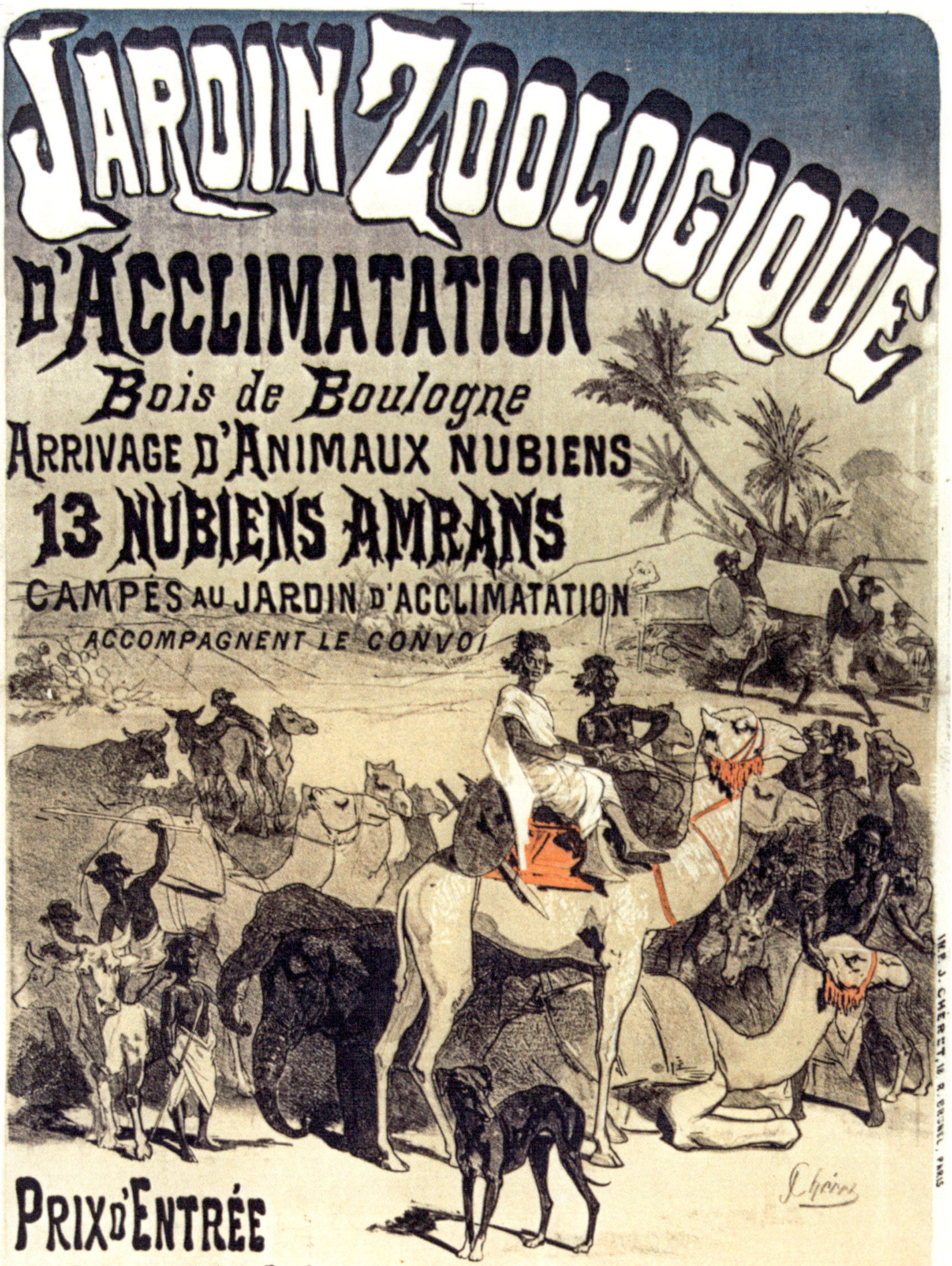
JARDIN ZOOLOGIQUE
D'ACCLIMATATION
Bois de Boulogne
ARRIVAGE D'ANIMAUX NUBIENS
13 NUBIENS AMRANS
CAMPÉS AU JARDIN D'ACCLIMATATION
ACCOMPAGNENT LE CONVOI
PRIX D'ENTRÉE
Semaine 1Fr. · Dimanche 50c.
IMP. J. CHÉRET, 18, R. BRUNEL, PARIS

Groupe d'indiens Omaha au Jardin d'acclimatation, 1883 [EXP. 262]

Roland Bonaparte, *Collection anthropologique du prince Roland Bonaparte*, album *Peaux-Rouges*

alors ethnologues et anthropologues, proposant des photographies en contexte, ou visant à mettre en exergue des « types raciaux », dont l'étude comparée vise à la hiérarchisation. Certaines images mêlent l'exotisme à l'ethnographie, d'autres tentent de transmettre un regard scientifique propre à l'anthropologie physique, mais toutes participent à la construction d'une culture visuelle de l'image de l'Autre, souvent nu ou demi-nu, évoquant sinon la sauvagerie, au moins une altérité irréductible[19]. Elles témoignent aussi d'une forme de prise de possession, alors que les sujets n'ont pas demandé à se faire photographier et le sont parfois sous la contrainte[20].

Ces clichés accompagnent les récits de voyage, mais circulent aussi indépendamment, parfois commercialisés en cartes postales. Pour satisfaire la curiosité du public pour cette diversité humaine, des produits et des objets sont également montrés lors des expositions universelles, avant que, de manière plus radicale, des êtres humains soient livrés à l'observation des Européens. Au musée du Trocadéro, ancêtre du musée de l'Homme, ouvert à Paris en 1878, des expositions de retour d'exploration sont organisées, livrant au regard des Européens, dans des présentations denses et jouant sur l'accumulation, des artefacts censés évoquer d'autres modes de vie. À l'instar des cabinets de curiosité du XVIIIe siècle, ces expositions anthropologiques inscrivent l'exploration dans une logique d'accumulation des connaissances, alors que les modes de collecte (achats, échanges, dons, vols, pillages) ne sont que très rarement documentés. L'intérêt se porte alors sur les objets présentés plus que sur leur histoire. Quid de leur véritable origine et de leur propriété ? La question qui concerne toutes ces collections issues d'un siècle d'exploration tous azimuts est aujourd'hui ouverte.

L'exploration suscite alors une curiosité dont les manifestations nous semblent aujourd'hui déplacées, dans la mesure où elles sont guidées par la certitude de la supériorité des Européens sur le reste du monde. L'époque est celle des *freak shows* et des expositions universelles et coloniales qui n'hésitent pas à mettre en scène des êtres humains venus de ces terres d'exploration, acteurs passifs d'un spectacle auquel ils n'ont pas demandé à participer, même quand ils sont embauchés sous contrat. Par ce biais du spectacle, l'exploration prend une nouvelle dimension en Europe. À la suite de Carl Hagenbeck, propriétaire d'une ménagerie à Hambourg et qui fut l'un des premiers à organiser, à partir de 1874, des expositions d'êtres humains vivants, les « zoos humains » se multiplient[21]. En 1877, des « Nubiens » sont présentés au Jardin d'acclimatation, au bois de Boulogne à Paris, bientôt suivis par les Indiens d'Amérique, les Fuégiens de Patagonie, etc[22]. La curiosité du public est à la hauteur des attentes des entrepreneurs de spectacle qui organisent ces monstrations[23]. Les visiteurs venant ausculter des figurants se font

19 L'Estoile, 2007.

20 Sontag, 1977.

21 Fauvelle, 2018.

22 W. Schneider, « Les expositions ethnographiques du Jardin zoologique d'acclimatation », *in* Blanchard, 2011, p. 132-141.

23 Blanckaert, 2002 ; Copans, Jamin, 1994.

explorateurs sans avoir à affronter les dangers du métier, dans des décors de carton-pâte; les objectifs scientifiques et commerciaux s'entremêlent: l'Europe fait venir à elle le lointain, s'offrant des découvertes sans la nécessité du voyage.

Les albums photographiques du prince Roland Bonaparte s'inscrivent dans cette culture, qui est aussi un moment de la science anthropologique. L'homme n'est pas un explorateur. Il voyage, mais seulement en Europe, à Paris, Londres ou Berlin. S'il organise une mission en Laponie en 1884, il photographie les habitants du Surinam à l'exposition coloniale d'Amsterdam en 1883, les Bushmens sur la scène des Folies-Bergère à Paris en 1886. Les clichés des Indiens d'Amérique du Nord ont été pris au Jardin d'acclimatation en 1883. Portraits de face et de profils, individus parés des attributs attendus dans les imaginaires (les plumes, les parures), dans des décors qui parfois laissent percer l'artifice alors qu'une case africaine ou des chaises repliées indiquent qu'on est bien loin des Grandes Plaines...

Rares sont ceux qui dénoncent alors les conditions dégradantes de ces exhibitions. Un certain nombre d'hommes et femmes sont morts de maladie du fait de leur déplacement forcé, ou se sont suicidés. Le succès de ces spectacles ethniques est pourtant une réalité, sans doute parce qu'ils donnent à ceux qui n'en ont pas les moyens l'impression de voyager, tout en renforçant l'impression du pouvoir hégémonique de l'Europe sur le reste du monde. Ces spectacles, indépendants de la geste des explorateurs, n'en sont pas moins indirectement liés: ils sont un des prolongements d'une longue tradition de curiosité, mêlant fascination, intérêt, humanitarisme, mais aussi volonté de hiérarchisation, racisme et domination.

Les modalités de la rencontre avec l'autre sont aussi diverses qu'il y a d'expéditions, et de mises en scène des expéditions. Les cultures de l'exploration au XIXe siècle sont à l'image d'un siècle européen fait de curiosités savantes, de découvertes et de convoitises sur les mondes lointains. L'exploration est un concentré des attentes et des ambitions du siècle; elle fait vivre les imaginaires, et sert parfois à conforter la domination coloniale. Entre les intentions, les réalisations et les usages, les décalages peuvent être importants. D'un lieu à l'autre, d'un moment à l'autre, la rencontre se fait selon des modalités très différentes, et la manière dont on la raconte dit beaucoup de l'horizon d'attente des publics européens. Manque toujours cependant dans ce récit la parole des « explorés », ceux dont les regards captés par les objectifs des voyageurs disent l'étonnement, le refus, le dédain peut-être aussi.

Collection anthropologique du prince Bonaparte, Exposition universelle, 1889 [EXP. 265]

Roland Bonaparte

S'appuyant sur les *Instructions générales sur l'anthropologie* publiées en 1865 par Paul Broca, Roland Bonaparte se lance au début des années 1880 dans la réalisation d'une « collection anthropologique » organisée en albums photographiques où seront rassemblés des clichés de face et de profil du même groupe ethnique. Roland Bonaparte fait photographier dans les expositions coloniales ou universelles des groupes ethniques exhibés. Ce projet qu'il conduit sur une décennie tourne court. Ces albums, malgré leur présentation dans des expositions, ne seront pratiquement pas utilisés par les anthropologues qui contestent la valeur scientifique d'une démarche strictement visuelle et purement statique. Sur le panneau exposant la « collection du prince Roland Bonaparte » sont notamment présentés, sur les trois rangs supérieurs, des portraits extraits de l'album *Peaux-Rouges*.

L'Ouest américain :
une histoire grandiose

Gilles Fumey

Les États-Unis sont un État colonial qui s'est construit dans la continuité géographique de son berceau oriental. Des décennies durant suivant l'acte d'indépendance de 1776, les présidents cherchent à asseoir les Treize Colonies anglaises sur un territoire plus vaste, considéré, de manière quasi biblique, comme un Nouveau Monde, comme une terre promise. Ils négocient ou prennent par la force des terres comme celles que le Mexique abandonne au traité de Guadalupe-Hidalgo en 1848, un immense territoire bordé par les Rocheuses et l'océan Pacifique, quasiment inconnu, à l'exception de la bourgade de Santa Fe (*Yootó*, en navajo) fondée en 1607 à deux mille cent mètres d'altitude. Le Congrès crée un corps d'ingénieurs topographes en 1838 et John C. Frémont, *the pathfinder*, lors de ses voyages de reconnaissance, repère le bassin-versant du Colorado. La mise à jour de filons aurifères en Californie dix ans plus tard va ancrer le rêve américain dans les terres de l'Ouest.

Sur la Grande Prairie, les derniers périmètres indiens, dont ceux des Apaches peuplés de centaines de milliers de bisons, sont en cours de dépeçage par l'administration qui active la construction d'un réseau de chemins de fer. Avides de forêts et de terres agricoles, les compagnies acheminent le bois et les céréales vers les villes. Même si déjà pointe l'inquiétude sur cette exploitation vue comme un « massacre de la nature » chez George Perkins Marsh dans son ouvrage pionnier *Man and Nature* (1864), rien n'arrêtera la conquête. Au sujet de ce qu'on appelle le « grand désert américain », on lit déjà en 1840 des mises en garde sur la répartition des pluviométries par un géologue qui deviendra le grand explorateur de l'Ouest, John Wesley Powell.

En 1853, le Congrès affecte des fonds spéciaux à des missions d'études de l'Ouest, destinées à repérer les trajets possibles pour un chemin de fer transcontinental méridional. Au sortir de la guerre de Sécession (1861-1865), quatre missions (*surveys*) sont lancées dans l'Ouest américain, identifiées par le nom de leur responsable (King, Wheeler, Hayden et Powell). Elles mobilisent topographes, géologues, botanistes, zoologues, et conduisent un inventaire général du territoire. Parmi ces quatre missions, celle dirigée par le major Powell (1869-1879), missionné par la Smithsonian Institution, est chargée plus particulièrement d'étudier

« The Cañon at Noon », 1872 [EXP. 247]
John K. Hillers, *Views on the Colorado River*, n° 181

Embauché comme rameur en 1871 lors de la mission Powell, John Hillers apprend la photographie auprès des membres de l'expédition Elias Olcott Beaman et James Fennemore. Photographe officiel de la mission en 1872, il prend plusieurs milliers de clichés des paysages traversés et des populations indiennes, clichés qui seront popularisés sous la forme de vues stéréoscopiques et contribueront à forger l'imaginaire géographique américain.

le bassin moyen du Colorado, notamment ce qu'on appelle aujourd'hui le « Grand Canyon » jusque-là non cartographié. Le 24 mai 1869, Powell se hasarde sur les eaux du gouffre pour se laisser porter par le flot jusqu'à la sortie. Dix hommes chevronnés, la plupart des vétérans de la guerre civile licenciés de l'armée, tentent de relier les hauts plateaux des Rocheuses avec le golfe du Mexique sur près de huit cents kilomètres. Le dénivelé est considérable : mille deux cent quatre-vingts mètres qui leur permettent en trois mois de rejoindre l'océan Pacifique en franchissant 520 rapides sur la rivière Green et le Colorado, jusqu'au confluent Colorado-Virgin dans le Nevada actuel.

L'expédition est un calvaire : plusieurs bateaux sont brisés, des milliers de fournitures sont perdues, les risques de noyade effraient les explorateurs et cassent le moral des troupes. Plusieurs abandons de membres de l'équipage transforment en exploit l'arrivée le 29 août 1869 des plus vaillants dans une colonie mormone à Saint-Thomas.

Grâce à John Hillers, photographe attitré de l'expédition, le récit de Powell sur son expédition, *Canyons of the Colorado,* fut un grand succès de librairie en 1895. Powell y a théorisé le rôle de l'eau et de la tectonique faillée dans la formation des canyons qu'il avait pu analyser lors d'une deuxième expédition financée par la Smithsonian Institution. Il était alors resté sur place entre les deux relevés, profitant des hivers pour s'initier aux langues et aux mythes indiens Utes et Navajos qui le firent devenir ainsi ethnographe. Sa force est d'avoir pensé à faire dessiner et peindre les paysages par William H. Holmes : 260 figures dont de nombreux dessins sur 400 pages donnent une idée des plateaux et des falaises jamais imaginées à une telle échelle.

Dans le volume de sa *Géographie universelle* publié en 1892, Élisée Reclus évoque plusieurs fois cette expédition : « On a désigné sous le nom de *paradis des géologues* ces plateaux, monts et falaises sans arbres, où des cônes volcaniques ont épanché leurs coulées raboteuses, où les granits et les roches archéennes dressent encore, çà et là, des saillies au-dessus de leurs manteaux de terrains secondaires et des couches tertiaires étendues dans les fonds[1]. » En haut, la végétation est « étrange », écrira Powell : « Rien que des tiges en forme de gourdins de plantes armées de stylets[2]. » Du reste, les missions Hayden, King et Wheeler des années 1870 ont donné les premières images du Colorado qui ont été montrées à la Société de géographie à Paris quelques années plus tard.

Ces missions d'exploration ont permis de forger l'identité américaine à travers des territoires nouvellement conquis qui furent portés, au cours du XXe siècle, à la connaissance de tous grâce aux westerns. On a pu dans le canyon lire aussi le résumé des deux cinquièmes de l'histoire de la Terre. Par ces paysages grandioses, les États-Unis ont trouvé les monuments qui faisaient défaut à leur courte histoire, celle-ci s'inscrivant alors dans une saga défiant les temps géologiques.

1 Reclus, 1892, p. 532.
2 Cité par Lehni, 2006.

« Ku-ra-tu », 1872 [EXP. 247]
John K. Hillers, *Indians of the Colorado Valley*, n° 8

ARIZONA — LES « CAPITAINES » DANS LE CANON DE CHELLY.
Gravure de Girardet, d'après une photographie communiquée par la Société de Géographie.

« Arizona - les “capitaines” dans le cañon de Chelly », 1892 [ILL. 16]
Girardet (gravure), d'après une photographie de John K. Hillers
Élisée Reclus, *Nouvelle Géographie universelle. La Terre et les hommes*, t. XVI, *Les États-Unis*, 1892

Élisée Reclus va abondamment puiser à la source photographique pour illustrer les volumes de sa *Nouvelle Géographie universelle*. Le fonds photographique de la Société de géographie, qui se constitue à partir de 1875, est un réservoir iconographique dont il se sert et qu'il contribue à enrichir. Reclus incorpore dans sa publication de nombreuses gravures sur bois réalisées d'après des images communiquées par la Société de géographie. Le volume consacré aux États-Unis, publié en 1892, en emprunte plusieurs qui ont été prises lors des quatre missions gouvernementales dans l'Ouest américain (1867-1879).

« Panorama from Point Sublime », 1882 [EXP. 246]

William H. Holmes (dessin)

Clarence Dutton, *Atlas to accompany the monograph on the Tertiary history of the Grand Cañon District*, 1882, pl. XV

THE GRAND CAÑON DISTRICT

« Détail de la porte principale du palais du Gouverneur à Uxmal (Yucatán) », 1860 [EXP. 177]

Désiré Charnay

Au Yucatán, Désiré Charnay s'attache à établir un inventaire minutieux des monuments, qu'il compare à des modèles connus : « Il est facile, à première vue, de distinguer trois époques : 1° Izamal, c'est l'âge cyclopéen ; 2° Chichen-Itza, le Moyen Âge ; 3° Uxmal, dernier degré de cette ère brillante, apogée d'une civilisation splendide, dont le palais du Gouverneur serait le Parthénon » (« Bref aperçu des antiquités de l'Amérique centrale », *Bulletin de la Société de géographie*, 1861).

Désiré Charnay :
voyageur photographe et conférencier

Olivier Loiseaux

Du 1er au 11 août 1875 se tient à Paris la deuxième session du Congrès international des sciences géographiques, dont l'organisation est confiée à la Société de géographie. Dans l'exposition qui accompagne le Congrès, 15 nations présentent leurs principales réalisations et innovations : instruments de mesures, travaux cartographiques, atlas et dictionnaires géographiques. La photographie a désormais acquis une place de choix dans le discours géographique, comme en atteste sa présence dans toutes les sections.

La même année sont organisées à la Société de géographie, dans un but de vulgarisation scientifique, les premières conférences illustrées par des projections de vues sur verre pour lesquelles le fabricant de matériel d'optique et projectionniste Alfred Molteni est sollicité. Plusieurs membres des missions françaises parties en 1874 en divers points du globe pour observer le passage de Vénus devant le Soleil présentent les résultats de leurs travaux. L'adhésion immédiate de l'auditoire convainc la Société de géographie de reconduire trois ans plus tard le principe de conférences publiques et illustrées, alors même qu'elle s'installe dans son nouvel hôtel particulier du 184, boulevard Saint-Germain à Paris en 1878.

Voyageurs, diplomates, ingénieurs, explorateurs, scientifiques et militaires vont se succéder à la tribune de la Société de géographie. Les thèmes des conférences sont très divers, mais les communications portant sur les voyages d'exploration et de découverte sont de loin les plus nombreuses et les plus suivies. Ce sont elles qui vont marquer les esprits et faire la renommée de ces manifestations.

Désiré Charnay est un voyageur au sommet de sa gloire quand il donne sa première conférence illustrée en 1879. Auréolé du succès de son premier voyage scientifique aux ruines du Yucatán (1858-1860), fort de la mission diplomatique qu'il a conduite à Madagascar (1863), il a parcouru l'Amérique du Nord (1867-1870), traversé la pampa argentine (1876) et revient tout juste d'une mission à Java et en Australie (1878-1879).

La conférence qu'il donne le 21 novembre 1879 sur ce voyage est une des plus documentées[1]. Son annonce a été relayée dans la presse et la salle, qui peut accueillir 450 personnes, est comble. L'obscurité dans laquelle elle est plongée participe à l'attente et à l'engouement du public pour ce genre d'événements. Charnay monte à la tribune et fait passer sous les yeux de l'assistance des plaques colorisées qui montrent Batavia (Djakarta) et l'incroyable diversité ethnique de la ville. Pour ses vues du temple de Boroboudour, il choisit de présenter des images en noir et blanc, sans doute pour mieux respecter la finesse du détail des bas-reliefs. La proximité visuelle de ces mondes lointains stupéfait

« Échantillons de vases trouvés dans le cimetière de Tenenepanco, 2100 m., Mexique », c. 1880-1881
[EXP. 180]

Désiré Charnay (photographie), Molteni (contretype)

Du 28 juillet au 4 août 1880, Désiré Charnay entreprend des fouilles dans le cimetière de Tenenepanco, sur les pentes du Popocatepetl. Pour faire face aux accusations de pillage parues dans la presse, il se rend à Mexico afin de régler la question des autorisations de fouilles et de l'acheminement d'objets vers la France. Il fait connaître les résultats de ses explorations dans *Le Tour du monde* (5 novembre 1881).

Vase à long col, anse torse, tête de Tlaloc pastillée sur la panse, c. XIIIe-XVIe siècle [EXP. 182]
Objet rapporté de Tenenepanco (Mexique) par Désiré Charnay en 1881

le représentant de la revue *La Nature* qui, dérouté dans son travail habituel de compte rendu, écrit : « Les ténèbres dans lesquelles la salle était plongée, et qui la faisaient ressembler à une chambre obscure, empêchaient de prendre des notes[2]. » Analogie évidente avec l'acte photographique, la séance de projection est pour l'auditoire une véritable « révélation ». À la fin de la conférence, Charnay a prévu une attraction. Il présente à la tribune quelques objets d'Australie qu'il a rapportés et la soirée se prolonge plus tard que d'habitude par une démonstration de boomerang.

Charnay retrouve la tribune de la Société de géographie à plusieurs reprises. Après chacun de ses trois nouveaux voyages au Yucatán (1880-1881, 1881-1882 et 1886), il donne une conférence illustrée de vues sur verre, qui connaît à chaque fois un grand succès. Tous les orateurs n'ont certes pas la même prestance, mais pour des conférenciers réguliers comme lui – ou Fernand Foureau –, qui sont eux-mêmes voyageurs et photographes, on peut imaginer beaucoup d'aisance dans la présentation et le commentaire de leurs propres images. Le voyage d'exploration, progression géographique avec son déroulé d'étapes et de rencontres, se prête bien à la succession d'images projetées faisant éprouver au spectateur la sensation du déplacement. Charnay, pour sa conférence de 1882, emmène ainsi son auditoire de Palenque à Lorillard-City, de Mérida à Uxmal, d'Aké à Chichen-Itza.

Si la projection photographique est une formidable découverte de l'Ailleurs – régions inexplorées, civilisations disparues, merveilles de la nature –, elle véhicule en même temps le regard européen sur l'Autre, et Charnay n'échappe pas à la vision ethnocentriste de son époque[3]. Parmi les nombreuses images de monuments du Yucatán figurent aussi quelques clichés d'objets exhumés lors de fouilles dans des cimetières. Charnay porte certes un regard émerveillé sur la civilisation qui a bâti Boroboudour à Java, mais il salue également la rapide progression de la colonisation anglo-saxonne en Australie et les clichés d'aborigènes pris dans la réserve de Koranderk, près de Melbourne, ne font que le conforter dans la conviction de la « décadence » de cette « race qui s'en va[4] ».

Après un ultime voyage au Yémen en 1896 qui donnera lieu à une dernière projection illustrée, le « vétéran des explorateurs français » tombe dans l'oubli. Charnay décède en 1915. Les projections photographiques de la Société de géographie gardent encore jusqu'à cette date une belle vitalité, même si elles sont concurrencées par d'autres événements similaires et par l'image photographique désormais largement répandue dans la presse illustrée et les revues de géographie. La fascination du grand public pour ces conférences illustrées, étroitement liée aux voyages de découvertes et d'exploration, s'estompe à mesure que se comblent les derniers blancs sur les cartes du monde. Il n'en demeure pas moins qu'au tournant du siècle, ces projections ont constitué un formidable outil d'appropriation visuelle de réalités et de territoires nouveaux, vecteur d'une vision européenne du monde.

1 *Journal officiel*, 28 nov. 1879, p. 20.
2 *La Nature*, 1er semestre 1880.
3 Mongne, 2001.
4 Charnay, 1880, p. 88.

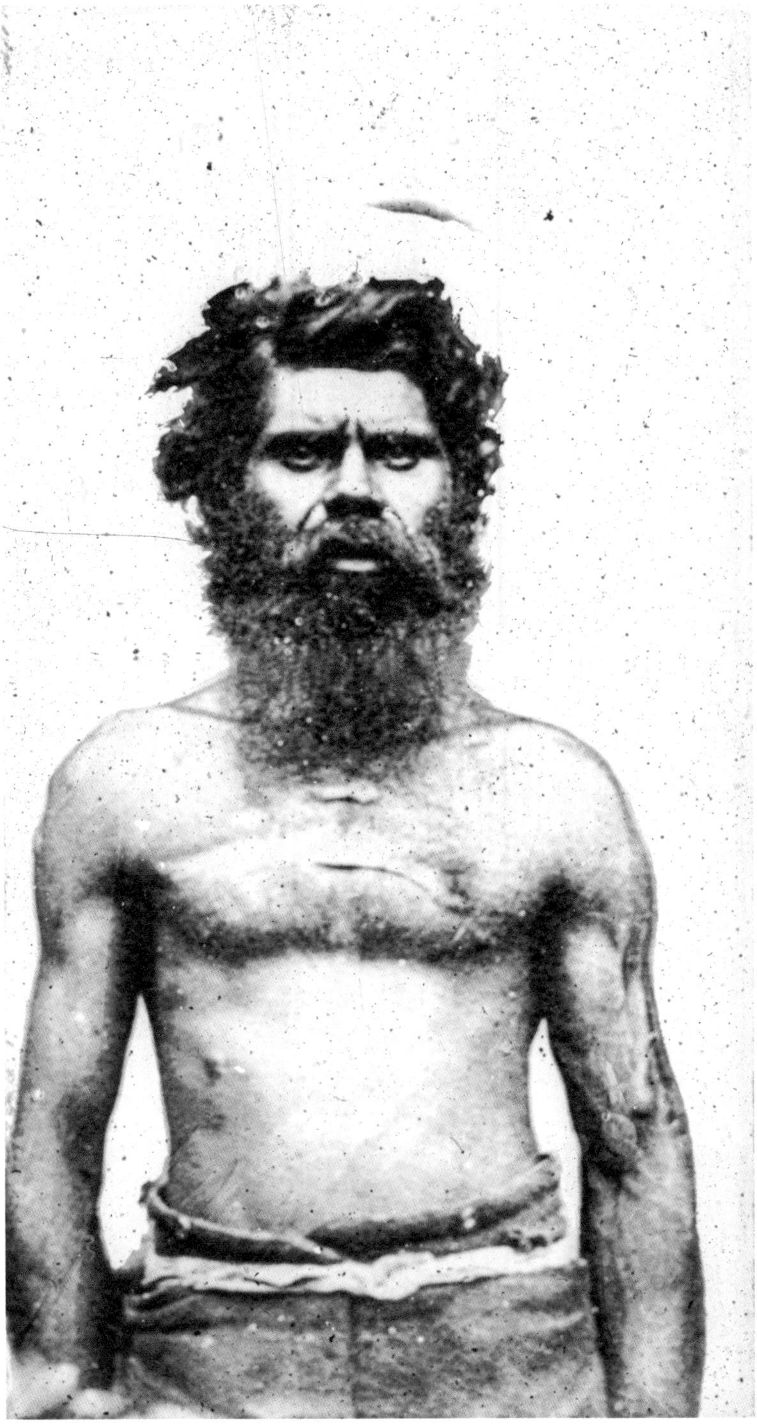

« Type de noir australien à Koranderk, Victoria », Australie, 1878 [ILL. 17]

Désiré Charnay (photographie), Molteni (contretype)

En 1878, lors d'un voyage en Australie, Désiré Charnay se rend dans la réserve de Koranderk, qui abrite les derniers représentants des populations autochtones, vivant dans des conditions déplorables.

Joseph-Napoléon Martin ou la quête de l'or sibérien

Daria Cevoli

Les objets rapportés à la fin du XIXe siècle par Joseph Martin de ses explorations aux confins de la Sibérie extrême suscitent une fascination indéniable. Couronnes à ramures, accessoires chamaniques aux formes étranges, statuettes énigmatiques recelant le souvenir de pouvoirs secrets, un costume de chamane au tambour inestimable, ces artéfacts anciens figurent aujourd'hui parmi les trésors ethnographiques qui émerveillent le public des musées et éveillent la curiosité à l'égard de cultures encore méconnues. Des milliers de regards se sont posés au cours de plus d'un siècle sur ces objets lointains, autant de discours les ont accompagnés et, au fil de l'histoire des musées, au gré des inventaires successifs, si l'aura du « trésor » de Joseph Martin est restée intacte, la sémantique de ce dernier a, elle, considérablement changé. Aussi une plongée dans l'histoire des expéditions du XIXe siècle et dans la biographie de cet explorateur devenu mythique est-elle une démarche révélatrice, qui amène à rebrousser le fil d'un parcours intellectuel et à un renversement spectaculaire de paradigme, à la découverte d'un trésor originel et d'une Sibérie rêvée, à jamais perdue.

Jeune étudiant à l'École des Mines de Paris, passionné de géographie, de sciences naturelles et surtout de géologie, Joseph Martin obtient en 1870 du directeur de l'établissement des lettres d'entrées qui lui permettent de nouer des relations avec l'ambassade de France à Saint-Pétersbourg. Il s'installe dans cette ville pour compléter ses études de géologie et tisse des liens étroits avec de grandes compagnies minières. Introduit dans les hautes sphères de l'administration, il est présenté au tsar Alexandre II. Son parcours d'études et sa courte expérience professionnelle en France auprès des services d'ingénierie civile affectés à l'embellissement de Paris attirent l'attention du grand-duc Nicolas qui le charge d'effectuer des travaux publics. Joseph Martin est brillant, et ses connaissances en géologie lui valent d'être recommandé à un riche propriétaire de mines d'or en Sibérie qui le recrute comme prospecteur de nouveaux gisements. Joseph Martin commence ainsi sa véritable carrière

« Joseph Martin avec son Toungouse Baris Constantin Greznoukine (ou Boris Grieznoukine) portant sa médaille d'or », c. 1884 [EXP. 25]

Petr Adamovič Milevskij (Irkoutsk)

Joseph Martin est ici représenté en compagnie de son guide toungouse Boris Grieznoukine qui l'accompagna dans son second voyage en Sibérie orientale. La composition de la photographie, plaçant les deux personnages côte à côte sur le même plan, suggère les liens étroits qui unissent le voyageur et son fidèle guide, véritable double de l'explorateur. Boris Grieznoukine reçut comme Joseph Martin de nombreuses distinctions de la part des autorités russes mais aussi françaises.

d'explorateur, géographe et prospecteur minier, d'abord dans la toundra glacée de la région de la Léna, puis dans le Grand Nord et, en 1880-1881, dans le bassin de l'Oussouri. Il reviendra en France avec des collections remarquables de photographies, d'échantillons géologiques et de faune et flore locale, ainsi qu'avec quelques objets et costumes de la vie quotidienne qui, perçus comme anecdotiques et peu documentés, ne susciteront pas un intérêt majeur auprès des instances de musées. Il faut dire que Joseph Martin, bien que médaillé d'or de la Société de géographie à Paris, demeurera toujours en marge des cénacles de la diplomatie et des hautes personnalités françaises, qui savent les richesses de ce nouveau « Far East », hélas, bien hors de leur portée.

Et pourtant, c'est un nouvel Eldorado hors pair que Joseph Martin dévoile en 1887 au palais du Trocadéro. Dans une salle immense sont exposés pêle-mêle des restes de mammouth sortis des glaces, des minerais, notamment de l'or, et le fameux « or souple » sibérien[1], principale richesse des autochtones : des peaux, des fourrures de toutes sortes, de toutes textures, brutes, sauvages, luisantes, flamboyantes, d'une taille jamais vue, puis déclinées en accessoires, sacs, gants, panneaux décoratifs... À cela s'ajoute le bois des immenses forêts sibériennes, travaillé pour donner des contenants aux multiples formes, en écorce, en vannerie tressée, des chapeaux... Un pan de mur entier devant lequel des drapeaux français immenses se déploient en nombre, comme un mirage... un lointain rêve d'enfant[2] peut-être...

Au milieu de cette grande salle d'exposition se détachent un chamane, visage masqué, avec à la main un tambour peint, et un « Yakoute », armé d'un long épieu à ours. Les deux personnages scénarisés en binôme visent à évoquer, d'une façon réductrice et télescopée (ils proviendraient de groupes ethniques différents, avec chacun une structure sociale spécifique et d'aucune façon généralisable selon un simple prisme de lecture en termes de dyarchie), deux « types humains » : une autorité temporelle, couverte de richesses matérielles, et une autorité spirituelle.

Le costume rituel est celui d'un chamane évenk, dont les accessoires sont en partie présentés noyés dans un ensemble d'objets divers exposés « en trophée » dans une vitrine. Joseph Martin, selon ses dires[3], aurait lui-même eu l'occasion d'assister à des rituels chamaniques lors de sa traversée des monts Stanovoï et il est vraisemblable qu'il ait pu collecter ce costume au gré de ses déplacements. Le costume de marchand, en revanche, est en soi une illustration tout à fait spécifique et contextuelle relative à la mission de prospection de richesses menée par Joseph Martin. Tantôt identifié dans la documentation comme « costume de

« Exposition au Palais du Trocadéro, à Paris, d'objets rapportés de la Sibérie orientale par Joseph Napoléon Martin, 1882-1886 », mai-juin 1887 [EXP. 256]

James Jackson

Originairement, les objets les plus valorisés des collections de Joseph Martin étaient sans doute les peaux et fourrures ainsi que les échantillons minéralogiques et géologiques. Les objets ethnographiques, méconnus, ont longtemps été considérés comme « mineurs » et regardés comme de simples vestiges anecdotiques, peu documentés et relevant d'une culture matérielle sans véritable dimension artistique. Depuis la fin du XXe siècle, au musée de l'Homme, une importance ethnographique majeure est accordée aux objets chamaniques de la collection, puis, au musée du quai Branly - Jacques Chirac, un nouveau regard esthétique a été porté sur le corpus d'objets rituels et du quotidien. A contrario, constat est fait que, malheureusement, beaucoup de fourrures, peaux et échantillons géologiques ont souffert des affres du temps.

29 Mai 1887 James Jackson phot.

Exposition au Palais du Trocadéro, à Paris, d'objets rapportés de la
Sibérie Orientale par Joseph-Napoléon Martin
1882 - 1886

A droite, costume de chamane tongouse des monts Stanovoï (versant sud). – A gauche, costume de Yakoute brodé par les Tchouktchis ; le bonnet est en peau d'ourson ; le vêtement est en peau de renne et en peau de castor de rivière

29 Mai 1887 James Jackson phot.

Exposition au Palais du Trocadéro, à Paris, d'objets rapportés de la
Sibérie Orientale par Joseph Napoléon Martin
1882 - 1886

Yakoute » (de par l'anonymat du propriétaire, cette appellation revient à indiquer un « type humain yakoute »), comme « costume de riche marchand » ou comme « costume de chasseur » (appellation probablement due à l'association – arbitraire ? – avec l'épieu à ours (inv. mqb-JC 71.1887.42.31) que le mannequin tient à la main en 1887), ce costume « complet » est en fait un « objet-vitrine », qui prend tout son sens au sein de l'étalage de richesses et ressources mises en avant dans l'exposition. La Sibérie de Joseph Martin est présentée comme un objet de convoitise marchande, une mine à ciel ouvert, pas comme un terrain d'étude ethnographique riche de traditions et de diversités culturelles. Toute dimension ethnographique est d'ailleurs gommée dans cet objet hybride qui présente des caractéristiques multiples, incompatibles, et dont l'intérêt fondamental semble résider dans son aspect spectaculaire aux yeux du public français. De la peau de renne en double couche et plusieurs tons pour le manteau et les gants, des cuissardes ornées d'une subtile marqueterie de fourrure en damier, une étrange coiffe en fourrure d'ourson : le mannequin de l'exposition est une véritable publicité de peausserie, synthèse du savoir-faire artisanal de diverses ethnies sibériennes.

Cette tenue improbable aurait-elle été celle d'un riche autochtone côtoyé par l'explorateur ? Un vaillant chasseur admiré localement ? Nous pouvons en douter : traditionnellement, le port d'une coiffe en fourrure d'ours ou d'ourson ne peut s'entendre comme anodin ; cet objet, chargé d'une puissante connotation rituelle, ne pouvait pas être « maîtrisé » par tout un chacun, ni porté dans un contexte du quotidien tel un banal trophée de chasse, sa matérialité ne pouvant se voir dissociée de sa dimension spirituelle intrinsèque. Un riche marchand russe rencontré sur le terrain ? Certainement une représentation fascinante, sauvage et raffinée, évocatrice de terres lointaines, promesse de richesses et de gloire rêvée.

1 Cevoli, 2015.

2 « Que le père ait prénommé son fils Napoléon en pleine révolution de 1848 donne à penser qu'il était bonapartiste. » Beffa, Delaby, 1999.

3 Martin, 1888.

4 Cevoli, 2019.

Manteau de riche marchand, 2e moitié du XIXe siècle [EXP. 257]

Ethnie Yakoute, Monts Stanovoï

Élément de costume rapporté par Joseph Martin de son voyage en Sibérie orientale (1882-1886) et exposé au palais du Trocadéro à Paris en juin 1887

Ce manteau yakoute collecté par Joseph Martin est orné d'une spectaculaire broderie tchouktche composée d'une frise en peau sur toile rouge, de broderies polychromes avec une variante du motif en damier typique des marqueteries de fourrure yakoutes, et de motifs rectangulaires traditionnels tchouktches en tendon sur peau chamoisée, doublés d'une fine lamelle de passementerie en peau de canidé[4]. Les Yakoutes du cercle polaire arctique voisinent à l'est avec les Tchouktches de l'extrême nord-est sibérien. Chez ces derniers, l'explorateur collectera diverses bandes décoratives finement travaillées, véritables trésors d'art textile, objets d'échanges dans la région et atouts indispensables pour embellir et/ou rénover les larges manteaux de fourrure.

Figurine support d'esprit, milieu du XIXe siècle [ILL. 18]

Objet rapporté par Joseph Martin de son voyage en Sibérie orientale (1882-1886) et exposé au palais du Trocadéro à Paris en juin 1887

(57)

Maintenant les Moundans se mettent à toutes les cultures, ce qui évitera le retour de pareils accidents.

La préparation du mil est la suivante :
On pile dans un mortier pour séparer le grain. Ensuite on vanne en faisant tomber d'une calebasse dans une autre et en marchant à contre-vent.

On réduit en farine entre deux pierres, qui constituent le moulin.

La farine est passée au tamis et on fait des espèces de pains sans levain, que l'on cuit dans des mar-mites à feu nu.

La moitié du mil se consomme en bière. Les Moundans en sont très friands et toute occasion est bonne pour en absorber des quantités.

Le mil est mouillé puis placé dans un endroit chaud, pour le faire germer; on le broie ensuite et on le fait cuire dans des grandes jarres pleines d'eau pendant IO à I2 heures. On le brasse à l'aide de bâtons et ensuite on filtre à travers des paniers serrés. Dès qu'il est froid, il commence à fer-menter et est assez agréable à boire,

Préparation du mil, 1906 [EXP. 253]
Eugène Brussaux (photographies et texte), « Notes sur les Moundans », 1906, p. 57

Eugène Brussaux,
photographe de la mission Moll : entre Cameroun et Congo

Olivier Loiseaux

L'Afrique, à l'aube du XXᵉ siècle, est un continent sous joug colonial. Les traités franco-allemands (1894 et 1897) et franco-anglais (1898 et 1899) ont achevé de partager l'Afrique sub-saharienne en zones d'influence. L'heure est désormais à la détermination précise des frontières entre des territoires marqués du sceau toponymique du colonisateur. C'est dans ce contexte qu'en 1905 est mise sur pied une commission de délimitation entre le Congo français et le Cameroun allemand. Sur le terrain, la mission française se divise en deux groupes : les régions allant de la Sangha jusqu'au Tchad sont sous l'autorité du commandant Henri Moll.

Le périmètre d'action de la mission Moll comprend les régions encore mal connues des bassins du Logone et du Chari et intéresse à ce titre la communauté scientifique. Parmi les membres de la mission figurent plusieurs civils, dont Eugène Brussaux, délégué conjointement par le ministère de l'Instruction publique, le Muséum national d'Histoire naturelle et la Société de géographie.

Compagnon de Pierre Savorgnan de Brazza de 1886 à 1891, second de la mission Cholet en 1890, Brussaux connaît le terrain de l'Afrique centrale et a, au cours de ces années, envoyé régulièrement des échantillons d'histoire naturelle au Muséum. Il a participé aux pourparlers de Berlin, qui ont abouti au premier règlement frontalier de 1894 entre Cameroun et Congo français. Au début du siècle, il est agent concessionnaire pour le compte de la Société commerciale et coloniale de la Kadéï-Sangha.

La mission Moll se déroule d'octobre 1905 à mars 1907, relevant plus de vingt mille kilomètres de frontières et fixant 160 positions astronomiques. Brussaux, plus spécifiquement chargé de recherches scientifiques et d'études à caractère ethnographique, conduit trois études principales : la première sur les Gbaya dans les premiers mois de 1906, la seconde sur les Moundang au terme d'un été passé avec eux, la troisième enfin sur les Laka. Il participe à la vie quotidienne des populations. Dans ses enquêtes, il aborde des thèmes aussi variés que le milieu géographique, les activités agricoles, la chasse et l'élevage, l'habitat, les caractères physiques des populations, le vêtement, la coiffure, les mœurs, la religion, les jeux, les fêtes, l'organisation politique ou encore la position de la femme. Il établit le premier vocabulaire comparé des six peuples principaux de la région : Gbaya, Moundang, Laka, Peul, Mbum et Toupouri.

Brussaux ne se contente pas de prendre des notes mais pratique la photographie, comme plusieurs autres membres de la mission, dont Moll lui-même. Depuis plus d'un quart de siècle, la photographie accompagne ainsi les campagnes coloniales : elle documente l'avancée des troupes, l'établissement des postes militaires, la création d'infrastructures routières ou ferroviaires et, si elle s'intéresse aux populations, c'est le plus souvent dans la mesure où la connaissance de ces dernières sert le projet colonial. Au Soudan, les officiers Pierre Delanneau ou Adrien Famin ont couvert les campagnes de Gustave Borgnis-Desbordes en 1882 et de Joseph Gallieni en 1887 ; en 1892, le journaliste Marcel Monnier a suivi Louis Binger dans son exploration de la Côte d'Ivoire.

La moisson photographique réalisée conduit Brussaux, en tant que photographe principal de la mission, à envisager au retour la réalisation d'un album. Son projet relève d'un choix sensiblement différent de ceux des autres campagnes militaires. Sur les 289 clichés qu'il rassemble, une petite dizaine seulement trahit la présence coloniale – alors même que de telles images sont bien présentes dans le fonds de négatifs conservé à la BnF : un palabre entre officiers et chefs locaux, une troupe de tirailleurs, des porteurs. Les membres de la mission n'apparaissent pas, ni les étapes de leur progression de la Sangha vers le Tchad. Les opérations de mesure le long de la frontière sont absentes (à l'exception d'un cliché de borne astronomique). Il s'agit pour Brussaux de décrire les peuples dans leur environnement géographique et à travers leur mode de vie : les jeux, les fêtes et autres scènes du quotidien témoignent de la relation de confiance instaurée par le photographe. Les activités agricoles et l'élevage occupent eux aussi une place importante, en lien avec la recherche de « potentialités » notamment commerciales dans un espace colonial qui se constitue. Les caractéristiques physiques des populations sont mises en évidence, sans céder néanmoins aux principes de la photographie anthropologique (couple face-profil ; fond neutre). La fascination pour la beauté plastique des corps est évidente, à travers un regard qui mêle ethnographie et érotisme.

Brussaux reviendra au Congo pour une dernière mission de délimitation en 1908-1909, cette fois-ci avec des instructions en matière de mesures anthropométriques qu'il conduira chez les Moundang. Très critique sur la gestion du pays par les autorités coloniales et les violences commises, il conclura, amer, dans l'un de ses carnets : « C'est navrant de voir comment on a saccagé ce pays[1]. »

De retour à Nancy, sa ville natale, en mai 1907, Brussaux entre en contact avec le milieu artistique alors foisonnant de l'École de Nancy, en particulier avec le relieur René Wiener et le peintre et graveur Victor Prouvé. En accord avec Moll, il décide alors de réaliser deux exemplaires exceptionnels de l'album pour les commanditaires de la mission : le président français Armand Fallières et l'empereur d'Allemagne Guillaume II. L'exemplaire offert au président Fallières conservé à la médiathèque Jean-Jaurès de Nevers est un album au caractère hybride. Cet objet de prestige, qui scelle un accord de découpage territorial entre puissances impériales, emprunte par les motifs de sa reliure Art nouveau aux thématiques de l'exotisme et du « modèle noir ». Son contenu photographique témoigne pourtant d'un regard complexe. Alors même que l'ordre européen s'impose en Afrique équatoriale, cette réalisation manifeste un véritable intérêt pour les populations rencontrées. Temps suspendu de la découverte de l'Autre au moment même de la conquête coloniale, il est un des premiers reportages photographiques ethnographiques du XXe siècle.

1 ANOM, FM 106, mission Brussaux : agenda 1909, cité par Sibeud, 2015.

Moundans, village de Léré, 1906 [EXP. 251]
Eugène Brussaux
Album de la *Mission Moll, Congo-Cameroun, 1905-1907*, 1907, pl. 26

« Cavaliers moundans », 1906 [ILL. 19]

Eugène Brussaux

Album de la *Mission Moll, Congo-Cameroun, 1905-1907*, 1907, pl. 43

Album de la *Mission Moll, Congo-Cameroun, 1905-1907*, 1907 [EXP. 250]

Eugène Brussaux (photographie) ; M. Chambolle-Duru, Victor Prouvé et René Wiener (reliure)

Exemplaire réalisé pour le président Armand Fallières

La reliure habillée d'un plein maroquin du Levant orange avec fleurettes en mosaïque de peau verte a été réalisée par le relieur parisien M. Chambolle-Duru. Elle est rehaussée d'une décoration en cuivre rouge repoussé et ciselé, dessinée et exécutée par MM. René Wiener et Victor Prouvé, artistes membres de l'École de Nancy. La forme de l'applique représente une femme moundan, inspirée d'une photographie prise par Eugène Brussaux. L'éléphant et le rhinocéros, animaux qui sont communs dans les pays traversés par la mission Moll, ont servi à compléter l'ornementation du plat. Le fermoir en cuivre jaune représente un serpent contournant deux cabochons de jade.

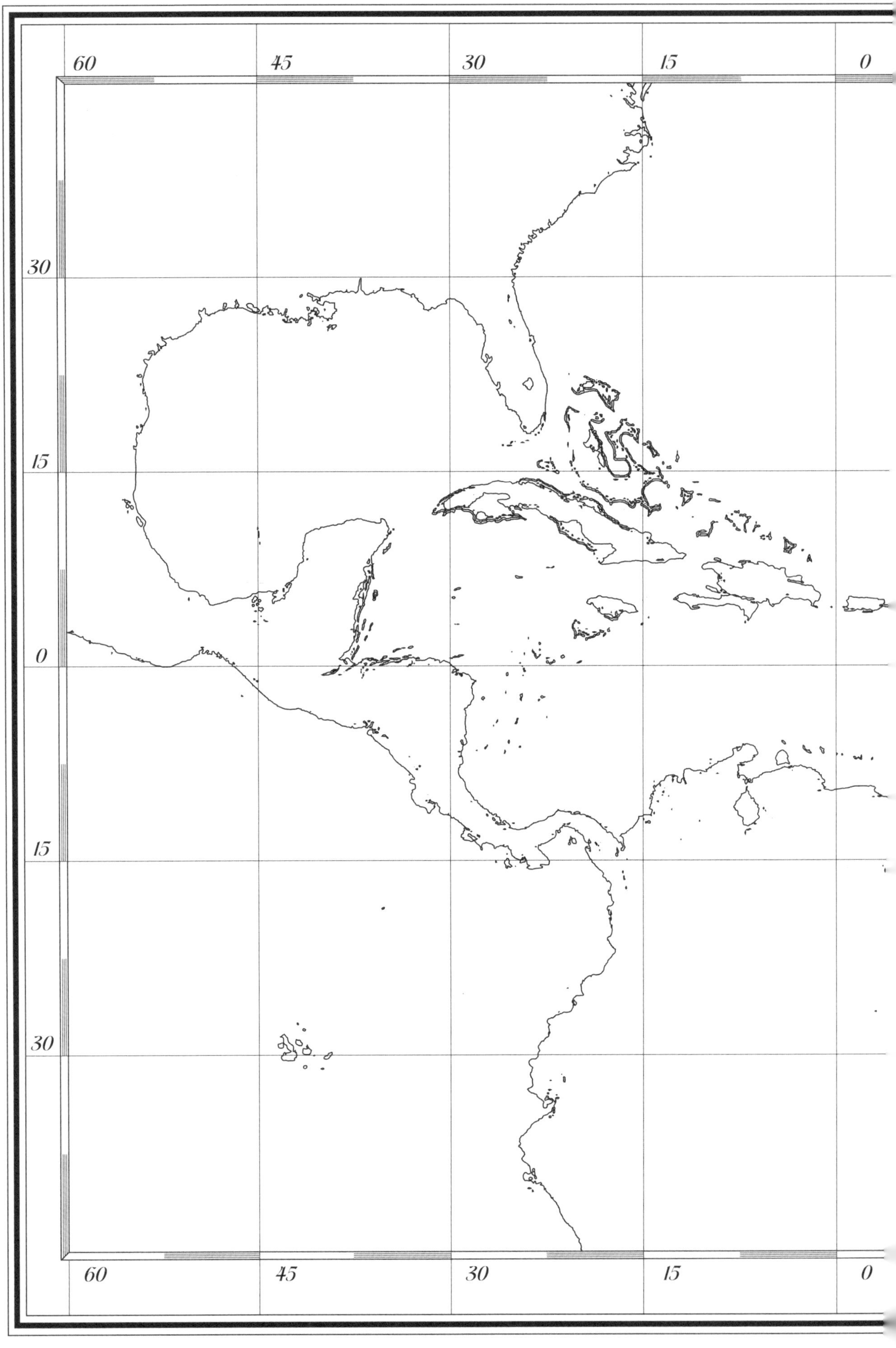
60
45
30
15
0
30
15
0
15
30
60
45
30
15
0

Annexes

Index des noms propres

A

B

C

Références et orientations bibliographiques

Ouvrages généraux

Angelier, 2011

François Angelier, *Dictionnaire des voyageurs et explorateurs occidentaux : du XIIIe au XXe siècle*, Paris, Pygmalion, 2011

Bertrand, 2019

Romain Bertrand (dir.), Hélène Blais, Guillaume Calafat, Isabelle Heullant-Donat (coord.), *L'Exploration du monde. Une autre histoire des grandes découvertes*, Paris, Seuil, 2019

Broc, 1999

Numa Broc, *Dictionnaire illustré des explorateurs et grands voyageurs français du XXe siècle*, Paris, Éditions du CTHS, 4 vol. : *Afrique*, 1988 ; *Asie*, 1992 ; *Amérique*, 1999 ; *Océanie*, 2003

Buisseret, 2007

David Buisseret, *The Oxford companion to world exploration*, Oxford, Oxford University Press, 2007

Demeulanaere-Douyère, 2005

Christiane Demeulanaere-Douyère (dir.), *Explorations et voyages scientifiques de l'Antiquité à nos jours*, La Rochelle, 2005, Paris, Éditions du CTHS, 2008

Duclos, Loiseaux, 2005

France Duclos, Olivier Loiseaux, *L'Afrique au cœur : carnets d'explorateurs français au XIXe siècle*, Paris, BnF Éditions/Seuil, 2005

Encyclopaædia Universalis, 1991

Le Grand Atlas Universalis des explorations, Paris, Encyclopædia Universalis, 1991

Fierro, 1983

Alfred Fierro, *La Société de géographie (1821-1946)*, Genève, Droz, 1983

Gonzales, 2021

Jacques Gonzales, *Décrire la Terre, écrire le Monde. Le livre du bicentenaire de la Société de géographie*, Paris, Glénat, 2021

Howgego, 2004

Raymond John Howgego, *Encyclopedia of exploration 1800 to 1850*, Potts Point (N. S. W.), Hordern House, 2004

Howgego, 2008

Raymond John Howgego, *Encyclopedia of exploration, 1850 to 1940. Continental exploration*, Potts Point (N. S. W.), Hordern House, 2008

Laboulais-Lesage, 2004

Isabelle Laboulais-Lesage (dir.), *Combler les blancs de la carte : modalités et enjeux de la construction des savoirs géographiques, XVIe-XXe siècle*, Strasbourg, Presses universitaires de Strasbourg, 2004

Loiseaux, 2006

Olivier Loiseaux, *Trésors photographiques de la Société de géographie*, Paris, BnF/Glénat, 2006

Riviale, 2016

Pascal Riviale (dir.), *Des Voyageurs à l'épreuve du terrain : études, enquêtes, explorations, 1800-1960* [catalogue d'exposition], Paris, Archives nationales, 2016

Singaravélou, 2008

Pierre Singaravélou (dir.), *L'Empire des géographes : géographie, exploration et colonisation, XIXe-XXe siècle*, Paris, Belin, 2008

Autres références

Sources manuscrites

Barth, 1855-1860

[Heinrich Barth], Huit lettres de Heinrich Barth à Jomard, 1855-1860, BnF-SG, SG CARTON BA-BIE (73)

Caillié, 1830

Lettre de René Caillié, 1er mai 1830, *Le Moniteur*, 6 mai 1830, BnF-SG, SG CARTON CA-CER (n° 158), 5, p. 90

Cholet, 1887

[Joseph Cholet], De Bouanza à Brazzaville, itinéraire de Joseph Cholet, 26 janvier-8 février 1887, BnF-SG, SG CARTON A-AN (8)

Crevaux, 1879

[Jules Crevaux], Carnet de route. Voyage dans le Rio Yca (Ica) (Brésil, Équateur-Pérou, Colombie), 1er cahier, 10 mars-25 avril 1879, BnF-SG, SG MS8-64 (1340)

Crevaux, 1880-1881

[Jules Crevaux], Carnets de route de la 3e expédition de Crevaux du rio Magdalena à l'Orénoque (Colombie et Venezuela), septembre 1880-juillet 1881, 7 carnets, BnF-SG, SG MS8-18 (1273)

Duveyrier, 1859

Lettre d'Henri Duveyrier à son père, 25 décembre 1859, Archives nationales, 47/AP/4

Fournereau, 1888

Lettre de Lucien Fournereau à la Société de géographie, Pimanacas, 26 février 1888, BnF-SG, SG COLIS 15 BIS (2702)

Le Saint, 1867

[François Le Saint], Carnet de voyage n° 5 contenant des indications sur son dernier voyage, en 1867 : Le Caire, Djeddah, Soudan méridional, BnF-SG, SG MS8-13 (1267)

Lefebvre, 1839

[Théophile Lefebvre], Carnet de vocabulaire de la langue du Tigré (province d'Éthiopie), [1839], BnF-SG, SG MS8-48 (1322)

Vayssière, 1847

[Alexandre Vayssière], « Notes de voyage au Soudan et en Érythrée », *in* Trois carnets de notes d'Alexandre Vayssière, l'un d'un voyage au Soudan et en Érythrée, de mai 1847 à janvier 1849, l'autre d'un voyage au Soudan de mars à mai 1851, le dernier de janvier à novembre 1853, BnF-SG, SG MS8-23 (1279)

Sources imprimées

Abbadie, 1867

Antoine d'Abbadie, « Instructions pour les voyages d'exploration », *Bulletin de la Société de géographie*, 1867, 5e série, t. 13, p. 257-293

Boilat, 1853

David Boilat, *Esquisses sénégalaises : physionomie du pays, peuplades, commerce, religions, passé et avenir, récits et légendes*, Paris, P. Bertrand, 1853

Bonola Bey, 1889

Frédéric Bonola Bey, *Sommaire historique des travaux géographiques exécutés en Égypte sous la dynastie de Mohammed Aly : l'Égypte et la géographie*, Le Caire, Imprimerie nationale, 1889

Bory, 1889

Paul Bory, *Les Explorateurs de l'Afrique*, Tours, Mame, 1889

[Brazza] Brunschwig, 1972

[Pierre Savorgnan de Brazza], Henri Brunschwig (éd.), *Brazza explorateur. Les traités Makoko, 1880-1882* (*Documents pour servir à l'histoire de l'Afrique équatoriale française*), 2, Paris, La Haye, Mouton & Co., 1972

Caillié, 1830B

René Caillié, *Journal d'un voyage à Temboctou et à Jenné, dans l'Afrique centrale, précédé d'observations faites chez les Maures Braknas, les Nalous et d'autres peuples, pendant les années 1824, 1825, 1826, 1827, 1828, avec une carte itinéraire et des remarques géographiques par M. Jomard*, Paris, Imprimerie royale, 1830, 4 vol.

Charnay, 1880

Désiré Charnay, « Six mois en Australie », *Le Tour du monde*, 1880, 1er trimestre, p. 33-112

Charnay, 1885

Désiré Charnay, *Les Anciennes Villes du Nouveau Monde. Voyages d'explorations au Mexique et dans l'Amérique centrale, 1857-1882*, Paris, Hachette, 1885

Coudreau, 1901

Octavie Coudreau, *Voyage au Cumina, 20 avril 1900-7 septembre 1900*, Paris, A. Lahure, 1901

Dehérain, 1898

Henri Dehérain, *Le Soudan égyptien sous Méhémet Ali*, Paris, 1898

Dumont d'Urville, 1832-1835

Jules Dumont d'Urville, *Voyage de découvertes de l'Astrolabe exécuté par ordre du roi, pendant les années 1826-1827-1828-1829, sous le commandement de M. J. Dumont d'Urville*, Paris, J. Tastu, 1832-1835

El-Tounsy, 1850

Muhammad ibn 'Umar ibn Sulaymān el-Tounsy, *Voyage au Darfour, ou L'aiguisement de l'esprit par le voyage au Soudan et parmi les Arabes du centre de l'Afrique ; autographié et publié par Mr. Perron*, Paris, 1850

El-Tounsy, 1851

Muhammad ibn 'Umar ibn Sulaymān el-Tounsy, *Voyage au Ouadây*; traduit de *l'arabe par le Dr Perron ; ouvrage publié par le Dr Perron et M. Jomard*, Paris, 1851

Foureau, 1883

Fernand Foureau, *Excursion dans le Sahara algérien : extrait du carnet de route* [15 avril 1883], [Paris], 1883 [BnF LK8- 1351]

Foureau, 1890

Fernand Foureau, *Une mission au Tademayt (territoire d'In-Salah) en 1890*, Paris, Challamel, 1890

Foureau, 1897

Fernand Foureau, « Mon neuvième voyage au Sahara et au pays touareg. Conférence faite à la Société de géographie le 5 novembre 1897 », *Bulletin de la Société de géographie*, Paris, 1897

Fournereau, 1889

Lucien Fournereau, « Les ruines khmères du Cambodge siamois », *Bulletin de la Société de géographie*, 1889, 7e série, t. 10

Fournereau, Porcher, 1890

Lucien Fournereau, Jacques Porcher, *Les Ruines d'Angkor*, Paris, E. Leroux, 1890

Gallieni, 1894

Joseph Gallieni, *Trois Colonnes au Tonkin*, Paris, R. Chapelot, 1894

Hornemann, 1802

Friedrich K. Hornemann, *Voyage dans l'intérieur de l'Afrique pendant les années 1797, 1798*, traduit de l'anglais par François Soulès, Paris, André, 1802

Jomard, 1842

Edme-François Jomard, « Second voyage à la recherche des sources du Bahr-el-Abia ou Nil Blanc, ordonné par Mohammed-Aly, vice-roi d'Égypte », *Bulletin de la Société de géographie*, 1er décembre 1842

Malte-Brun, 1823

Conrad Malte-Brun, « Proposition sur les moyens de donner une direction méthodique aux travaux géographiques en général », *Bulletin de la Société de géographie*, 1823, 1re série, t. 1, p. 47-58

Martin, 1888

Joseph Martin, « La Sibérie orientale et les monts Stanovoï », *Bulletin de la Société de géographie de Lyon*, Lyon, Imprimerie générale Vitte et Perrussel, 1888

New Zealand Journals, 1986

Extracts from New Zealand Journals written on ships under the command of d'Entrecasteaux and Duperrey, 1783 and 1824, transcrits et traduits par Isabel Ollivier Wellingon, Alexander Turnbull, Library Endownment Trust, 1986

Nordenskiöld, 1883-1885

Adolf Erik Nordenskiöld, *Voyage de la* Vega *autour de l'Asie et de l'Europe*, traduit du suédois par Charles Rabot et Charles Lallemand, 2 vol., Paris, Hachette, 1883-1885

Orbigny, 1835-1847

Alcide d'Orbigny, *Voyage dans l'Amérique méridionale (le Brésil, la république orientale de l'Uruguay, la République argentine, la Patagonie, la république du Chili, la république de Bolivia, la république du Pérou), exécuté pendant les années 1826, 1827, 1828, 1829, 1830, 1830, 1831, 1832 et 1833*, 9 vol., Paris/Strasbourg, Pitois-Levrault et Levraut, 1835-1847

[Orbigny] Béraud, 2002

[Alcide d'Orbigny], Gilles Béraud (éd.), *Lettres d'Amérique d'Alcide d'Orbigny*, La Rochelle, Rumeur des âges, 2002

Reclus, 1892

Élisée Reclus, *Nouvelle Géographie universelle. La Terre et les hommes*, t. XVI, *Les États-Unis*, Paris, Hachette, 1892

Rochet d'Héricourt, 1841

Charles-Xavier Rochet d'Héricourt, *Voyage sur la côte orientale de la mer Rouge, dans le pays d'Adel et le royaume de Choa*, Paris, A. Bertrand, 1841

Rochet d'Héricourt, 1846

Charles-Xavier Rochet d'Héricourt, *Second voyage sur les deux rives de la mer Rouge, dans le pays des Adels et le royaume de Choa*, Paris, 1846

Schubert, 1897

Gustav von Schubert, *Heinrich Barth. Der Bahnbrecher der deutschen Afrikaforschung. Ein Lebens- und Charakterbild, auf Grund ungedruckter Quellen entworfen*, Berlin, Dietrich Reimer, 1897

Société de géographie, 1875

Société de géographie, *Instructions générales aux voyageurs*, Paris, Ch. Delagrave, 1875

Vassal, 1911

Gabrielle Vassal, « Mes trois ans d'Annam », *Le Tour du monde*, 1911, vol. 17

Ouvrages et articles spécialisés

Alam, Subrahmanyam, 2007

Muzaffar Alam, Sanjay Subrahmanyam, *Indo-Persian Travels in the Age of Discoveries (1400-1800)*, Cambridge, Cambridge University Press, 2007

Avila, 2015

Isabelle Avila, « Les cartes de l'Afrique au xixe siècle et Joseph Conrad : perceptions d'une révolution cartographique », *PORTAL*, 2015, vol. 12, n° 1

Bacot, 2005

Jean-Pierre Bacot, *La Presse Illustrée au XIXe siècle. Une histoire oubliée*, Limoges, PULIM, 2005

Beffa, Delaby, 1999

Marie-Lise Beffa, Laurence Delaby, *Festins d'âmes et robes d'esprits*, Paris, Publications scientifiques du Muséum, 1999

Berger, Berger, 1971

Jean-Daniel Berger, Renée Berger, « Le dernier voyage de Joseph Martin, explorateur viennois », *Bulletin de la Société des Amis de Vienne*, Lyon, Imprimerie Bosc Frères, 1971

Besse, 2010

Jean-Marc Besse, Hélène Blais, Isabelle Surun (dir.), *Naissance de la géographie moderne (1760-1860)*, Lyon, ENS Éditions, 2010

Blais, 2004

Hélène Blais, « Le rôle de l'Académie des sciences dans les voyages d'exploration au XIXe siècle » [En ligne], *La Revue pour l'histoire du CNRS*, 2004, n° 10

Blais, 2005

Hélène Blais, *Voyages au Grand Océan. Géographies du Pacifique et colonisation, 1815-1845*, Paris, Comité des travaux historiques et scientifiques, 2005

Blanchard, 2011

Pascal Blanchard (dir.), *Zoos humains et exhibitions coloniales. 150 ans d'inventions de l'Autre*, Paris, La Découverte, 2011

Blanckaert, 1996

Claude Blanckaert (dir.), *Le Terrain des sciences humaines (Instructions et enquêtes. XVIIIe-XXe siècle)*, Paris, L'Harmattan, 1996

Blanckaert, 2002

Claude Blanckaert, « Spectacles ethniques et culture de masse au temps des colonies », *Revue d'histoire des sciences humaines*, 2002/2, n° 7, p. 323-332

Bondaz, 2018

Julien Bondaz (dir.), *Le Magasin des petits explorateurs*, Paris, Actes Sud/musée du quai Branly, 2018

Borlée, Doucet, 2019

Denise Borlée, Hervé Doucet (dir.), *La Plaque photographique : un outil pour la fabrication et la diffusion des savoirs, XIXe-XXe siècles*, Strasbourg, Presses universitaires de Strasbourg, 2019

Boulain, 2012

Valérie Boulain, *Femmes en aventure. De la voyageuse à la sportive, 1850-1936*, Rennes, Presses universitaires de Rennes, 2012

Bourguet, 1998

Marie-Noëlle Bourguet, Bernard Lepetit, Daniel Nordman, Maroula Sinarellis (dir.), *L'Invention scientifique de la Méditerranée : Égypte, Morée, Algérie*, Paris, Éditions de l'EHESS, 1998

Bourquin, 1993

Jean-Christophe Bourquin, *L'État et les Voyageurs savants. Légitimités individuelles et volontés politiques. Les missions du ministère de l'Instruction publique, 1840-1914*, thèse de doctorat en histoire, Paris 1-Sorbonne, 1993

Certeau, 1990

Michel de Certeau, *L'Invention du quotidien*, vol. 1, *Arts de faire*, Paris, Gallimard, 1990

Cevoli, 2015

Daria Cevoli (dir.), *Esthétiques de l'Amour*, Paris, Flammarion/musée du quai Branly, 2015

Chabaud, 2000

Gilles Chabaud, Évelyne Cohen, Natacha Coquery, Jérôme Penez (dir.), *Les Guides imprimés du XVIe au XXe siècle*. Villes, paysages, voyages, Paris, Belin, coll. « Mappemonde », 2000

Chrétien, 2005

Jean-Pierre Chrétien, « Les premiers voyageurs étrangers au Burundi et au Rwanda : les "compagnons obscurs" des "explorateurs" », *Afrique & histoire*, 2005, vol. 4, n° 2, p. 37-72

Collini, Vannoni, 2005

Sylvia Collini, Antonella Vannoni (dir.), *Les Instructions scientifiques pour les voyageurs, XVIIe-XIXe siècle*, Paris, L'Harmattan, 2005

Copans, Jamin, 1994

Jean Copans, Jean Jamin, *Aux origines de l'anthropologie française*, Paris, J.-M. Place, 1994

Dion, 2007

Isabelle Dion, *Pierre Savorgnan de Brazza : au cœur du Congo*, Aix-en-Provence, Archives nationales d'outre-mer, 2007

Driver, 2001

Felix Driver, *Geography Militant. Cultures of Exploration and Empire*, Oxford, Blackwell, 2001

Driver, Jones, 2009

Felix Driver, Lowri Jones, *Hidden Histories of Exploration. Researching and Exhibiting Geographical Collections*, Londres, Royal Holloway University of London, 2009

Dupuy, 2006

Lionel Dupuy, *Jules Verne, l'homme et la terre. La mystérieuse géographie des Voyages extraordinaires*, Paris, La Clef d'Argent, 2006

Duyker, 2021

Edward Duyker, *Dumont d'Urville : l'homme et la mer*, Paris, Éditions du CTHS, 2021

Fabian, 2000

Johannes Fabian, *Out of Our Minds. Reason and Madness in the Exploration of Central Africa*, Berkeley, Los Angeles, Londres, University of California Press, 2000

Fauconnier, 2020

Gérard Fauconnier, *Le Génie des frères Reclus. Élisée Reclus, 1830-1905*, Orthez, Éditions Gascogne, 2020

Fauvelle, 2018

François-Xavier Fauvelle, *L'Invention du Hottentot. Histoire du regard occidental sur les Khoisan, XV-XIXe siècle*, Paris, Éditions de la Sorbonne, 2018

Fisher, Fisher, 1987

Allan G. B. Fisher, Humphrey J. Fisher, « Nachtigal's Companion », *Paideuma*, 1987, vol. 33, p. 231-262

Grenouilleau, 2017

Olivier Grenouilleau, *Quand les Européens découvraient l'Afrique intérieure*, Paris, Tallandier, 2017

Guérin, 2021

Patrice Guérin, *Projections Molteni*, t. 2, *Vues et Conférences*, Écully, Club Niépce Lumière, 2021

Gulliver, 2020

Katrina Gulliver, « Gabrielle Vassal (1880-1959). Collecting specimens in Indochina for the British Museum (Natural History), 1900-1915 », *Archives of Natural History*, 2020, vol. 47, n° 1, p. 29-40

Havard, 2016

Gilles Havard, *Histoire des coureurs de bois. Amérique du Nord, 1600-1840*, Paris, Les Indes savantes, 2016

Hofman, 2012

Catherine Hofman (dir.), *Artistes de la carte*, Paris, Autrement, 2012 (notamment Hélène Blais, « L'explorateur cartographe »)

Hugon, 1991

Anne Hugon, *L'Afrique des explorateurs. Vers les Sources du Nil*, Paris, Gallimard, 1991

Kuklick, Kohler, 1996

Henrika Kuklick, Robert E. Kohler (éd.), « Science in the Field », *Osiris*, vol. 11, 1996

Kury, 1998

Lorelaï Kury, « Les instructions de voyage dans les expéditions scientifiques françaises (1750-1830) », *Revue d'histoire des sciences*, 1998, t. 51, n°1, p. 65-92

L'Estoile, 2007

Benoît de L'Estoile, *Le Goût des autres. De l'exposition coloniale aux arts premiers*, Paris, Flammarion, 2007

Laissus, 2004

Yves Laissus, *Jomard, le dernier Égyptien*, Paris, Fayard, 2004

Lassus, 1995

François Lassus, « La colombe d'Abyssinie ne niche point avec les ibis vagabonds. Xavier Rochet d'Héricourt, 1801-1854 », *Société d'émulation de Montbéliard*, 1995, n° 118, p. 327-366

Latour, 1983

Bruno LATOUR, « Comment redistribuer le Grand Partage ? », *Revue de synthèse*, 1983, n° 110, p. 206-236

Lefebvre, 2009

Camille LEFEBVRE, « Itinéraires de sable. Parole, geste et écrit au Soudan central au XIXe siècle », *Annales. Histoire, Sciences sociales*, 2009/4, vol. 64, p. 797-824

Lefebvre, Surun, 2008

Camille LEFEBVRE, Isabelle SURUN, « Exploration et transferts de savoir : deux cartes produites par des Africains au début du XIXe siècle » [En ligne], *M@ppemonde*, 2008/4, n° 92

Lehni, 2006

Caroline LEHNI, « De l'exploration au récit grand public », *Études photographiques*, 2006, n° 18, p. 72-95

Lejeune, 1993

Dominique LEJEUNE, *Les Sociétés de géographie en France et l'Expansion coloniale au XIXe siècle*, Paris, Albin Michel, 1993

Letourneux, 2010

Mathieu LETOURNEUX, « La colonisation comme un roman. Récits de fiction, récits documentaires et idéologie dans le *Journal des voyages* » [En ligne], *Belphégor*, février 2010, vol. IX, n° 1

Livingstone, Withers, 1999

David N. LIVINGSTONE, Charles W. J. WITHERS (dir.), *Geography and Enlightenment*, Chicago, Londres, The University of Chicago Press, 1999

M'Bokolo, 1992

E. M'BOKOLO, *Afrique Noire. Histoire et civilisations*, t. 2, *XIXe et XXe* siècles, Paris, Hatier-Aupelf, 1992

Mainterot, 2011

Philippe MAINTEROT, *Aux origines de l'égyptologie. Voyages et collections de Frédéric Cailliaud, 1787-1869*, Rennes, Presses universitaires de Rennes, 2011

Martin, 2005

Jean MARTIN, *Savorgnan de Brazza, 1852-1905. Une épopée aux rives du Congo*, Paris, Les Indes savantes, 2005

Mongne, 2001

Pascal MONGNE, « Désiré Charnay ou les vestiges d'une œuvre », *Outre-mers*, 2001, 2e semestre, t. 88, n° 332-333

Podgorny, 2009

Irina PODGORNY, « Portable antiquities ? Transportation, Ruins and Communication in Nineteenth-Century Archeology », *Historia, Ciencias, Saude*, n° 3, 2008, p. 577-585

Prévost Urkidi, 2009

Nadia PRÉVOST URKIDI, « Historiographie de l'américanisme scientifique français au XIXe siècle : le prix Palenque (1826-1839) ou le choix *archæologique* de Jomard », *Journal de la Société des américanistes*, 2009, vol. 95, n° 2, p. 117-149

Quella-Villéger, 2012

Alain Quella-Villéger, *René Caillié, l'Africain : une vie d'explorateur (1799-1838)*, Bordeaux, Aubéron, 2012

Raj, 2006

Kapil RAJ, *Relocating modern science : circulation and the construction of scientific knowledge in South Asia and Europe*, Delhi, Permanent Black, 2006

Romano, 2016

Antonella ROMANO, *Impressions de Chine. L'Europe et l'englobement du monde (XVIe-XVIIe siècle)*, Paris, Fayard, 2016

Rotberg, 1970

Robert I. Rotberg (ed.), *Africa and Its Explorers. Motives, Methods, and Impact*, Londres, Harvard University Press, 1970

Seillan, 2006

Jean-Marie SEILLAN, *Aux sources du roman colonial (1863-1914). L'Afrique à la fin du XIXe siècle*, Paris, Karthala, 2006

Sibeud, 2015

Emmanuelle SIBEUD, « Une science coloniale inutile ? Pratiques anthropométriques et colonisation au début du XXe siècle », *Carnets de Bérose*, 2015, n° 7, p. 122-131

Sontag, 1977

Susan SONTAG, *On Photography*, Londres, Penguin Books, 1977

Spittler, 1987

Gerd SPITTLER, « European Explorers as Caravan Travelers in the West Sudan. Some Thoughts on the Methodology of Journeys of Exploration », *Paideuma*, 1987, vol. 33, p. 393-406

Spittler, 1996

Gerd SPITTLER, « Explorers in Transit : Travels to Timbuktu and Agades in the Nineteenth Century », *History and Anthropology*, 1996, vol. 9, n° 2-3, p. 231-253

Stagl, 1995

Justin STAGL, *A History of Curiosity. The Theory of Travel, 1550-1800*, Londres, Routledge, 1995

Strassberg, 1994

Richard E. STRASSBERG, *Inscribed Landscape. Travel Writing from Imperial China*, Berkeley/Los Angeles/Londres, University of California Press, 1994

Surun, 2004

Isabelle SURUN (dir.), *Combler les blancs de la carte. Modalités et enjeux de la construction des savoirs géographiques (XVIIe-XXe siècle)*, Strasbourg, Presses universitaires de Strasbourg, 2004

Surun, 2006

Isabelle SURUN, « L'exploration de l'Afrique au XIXe siècle : une histoire précoloniale au regard des postcolonial studies », *Revue d'histoire du XIXe siècle*, 2006, n° 32, p. 11-17

Surun, 2006B

Isabelle SURUN, « Le carnet de route, archive du voyage. Notes manuscrites et récit du voyage de René Caillié à Tombouctou », *Revue de la Bibliothèque nationale de France*, 2006, n° 22, p. 30-37

Surun, 2007

Isabelle SURUN, « Les figures de l'explorateur dans la presse du XIXe siècle », *Le Temps des médias*, 2007, vol. 8, n° 1, p. 57-74

Surun, 2018

Isabelle SURUN, *Dévoiler l'Afrique. Lieux et pratiques de l'exploration*, Paris, Éditions de la Sorbonne, 2018

Touati, 2000

Houari Touati, *Islam et voyage au Moyen Âge. Histoire et anthropologie d'une pratique lettrée*, Paris, Seuil, 2000

Venayre, 2002

Sylvain VENAYRE, *La Gloire de l'aventure. Genèse d'une mystique moderne 1850-1940*, Paris, Aubier, 2002

Volait, 2013

Mercedes VOLAIT, *Le Caire dessiné et photographié au XIXe siècle*, Paris, Picard, coll. « D'une rive l'autre », 2013

Winichakul, 1994

Thongchai WINICHAKUL, *Siam Mapped. A History of the Geo-body of a Nation*, Honolulu, University of Hawaii Press, 1994

Zehnle, 2018

Stephanie ZEHNLE, « "Where is my Region ?" Geographical Representation and Textuality in Sokoto », *Islamic Africa*, 9.1, 2018, p. 10-33

Zehnle, 2020

Stephanie ZEHNLE, « "Urban by nature". The Sokoto Jihadist Approach to Urban Planning », *Afriques. Débats, méthodes et terrains d'histoire*, 11, 2020

Listes des pièces

La liste des pièces exposées est classée selon le plan de l'exposition; les images reproduites au catalogue sont signalées par leur numéro de page. La hauteur des pièces est donnée avant la largeur et, le cas échéant, la profondeur.

Abréviations des provenances:

BnF-CPL: Paris, Bibliothèque nationale de France, département des Cartes et plans
BnF-EST: département des Estampes et de la photographie
BnF-PHS: département Philosophie, histoire, sciences de l'homme
BnF-LLA: département Littérature et art
BnF-MMA: département des Monnaies, médailles et antiques
BnF-MSS: département des Manuscrits
BnF-SCT: département Sciences et techniques
BnF-SG: collections de la Société de géographie
BnF-SVM: département Son, vidéo, multimédia
ANOM: Aix-en-Provence, Archives nationales d'outre-mer
Beaux-arts: Paris, École nationale des Beaux-arts
MNAAG: Paris, musée des Arts asiatiques - Guimet
MQB-JC: Paris, musée du quai Branly - Jacques Chirac
Muséum national d'Histoire naturelle: MNHM

LISTE DES PIÈCES EXPOSÉES (EXP.)

Introduction L'explorateur, ce héros...

EXP. 1, p. 10
« Cte Savorgnan de Brazza », 1886
Nadar (Paris)
Épreuve sur papier albuminé, 57,8 × 42,1 cm, collée sur carton, 67 × 47 cm
BnF-SG, SG PORTRAIT-10154

EXP. 2
« Camille Douls », 1887
Nadar (Paris)
Épreuve sur papier albuminé, 22,6 × 16,6 cm, collée sur carton, 41 × 31 cm
BnF-SG, SG PORTRAIT-10127

EXP. 3, p. 18
« Fred'k Schwatka lieutenant US Army », c. 1873-1878
Bradley & Rulofson (San Francisco)
Épreuve sur papier albuminé, 10,3 × 15,1 cm, collée sur carton, 16,5 × 10,6 cm
BnF-SG, SG PORTRAIT-209

EXP. 4
Jean Chaffanjon sur les bords de l'Orénoque, 1886
Auteur non identifié
Épreuve sur papier albuminé, 17,3 × 12,1 cm, collée sur carton, 34 × 27 cm
BnF-SG, SG WF 280 (54)

EXP. 5
« R. Valverde, A. Thouar, Th. Novis », 1887
A. Valdez (Sucre & La Paz)
Épreuve sur papier albuminé, 20,5 × 15 cm, collée sur carton, 29 × 19,5 cm
BnF-SG, SG PORTRAIT-2422

EXP. 6
« Tiéma, interprète bambara », c. 1881-1882
Auteur non identifié
Mission Gallieni, Sénégal et Soudan, 1881-1882
Épreuve sur papier albuminé, 22,5 × 17 cm, collée sur carton, 35 × 27 cm
BnF-SG, SGE SG WE-14 (34)

EXP. 7
« Lydie Paschkoff », 1881
Jean Geiser (Alger)
Épreuve sur papier albuminé, 18,5 × 9 cm, collée sur carton, 21 × 10,3 cm
BnF-SG, SG PORTRAIT-226

EXP. 8
« Madame Bloyet à la station française de Condoa sur le Ngoro, Oussagara, Afrique orientale », 188.
Auteur non identifié
Épreuve sur papier albuminé, 16,5 × 8,6 cm, collée sur carton, 19 × 12 cm
BnF-SG, SG PORTRAIT-249

EXP. 9
« Le capitaine Bloyet à la station française de Condoa sur le Ngoro, Oussagara, Afrique orientale », 188.
Auteur non identifié
Épreuve sur papier albuminé, 15,5 × 6,5 cm, collée sur carton, 18,6 × 9,3 cm
BnF-SG, SG PORTRAIT-248

EXP. 10
« Le baron Kammerer », 1885
Auteur non identifié
Expédition Paulitschke, Harrar (Afrique orientale, Somalie), janvier-mars 1885
Épreuve argentique, 9,3 × 6,3 cm, collée sur carton, 10,5 × 6,3 cm
BnF-SG, SG PORTRAIT-1635

EXP. 11
« Alexandre Alexandrovitch Bunge », c. 1888
W. Clasen (Saint-Pétersbourg)
Épreuve sur papier albuminé, 14,3 × 10 cm, collée sur carton, 16,8 × 11 cm
BnF-SG, SG PORTRAIT-1985

EXP. 12, p. 18
« Sir Samuel White Baker », c. 1865-1870
Maull & Co. (Londres)
Épreuve sur papier albuminé, 9 × 5,8 cm, collée sur carton, 10,2 × 6,2 cm
BnF-SG, SG PORTRAIT- 319

EXP. 13
« Noël Eugène Ballay », 188.
Nadar (Paris)
Épreuve sur papier albuminé, 14,5 × 10 cm, collée sur carton, 16,5 × 10,8 cm
BnF-SG, SG PORTRAIT-217

EXP. 14
« Oscar Messerly », 1888
Salas & Martinez (Caracas)
Épreuve sur papier albuminé, 15 × 9,7 cm, collée sur carton, 16,5 × 11 cm
BnF-SG, SG PORTRAIT-1987

EXP. 15
« Paul Belloni du Chaillu », 1881
Markham & Johnson (Washington)
Épreuve sur papier albuminé, 19,2 × 9,6 cm, collée sur carton, 21 × 10 cm
BnF-SG, SG PORTRAIT-1363

EXP. 16
« Carl Sophus Lumholtz », c. 1889
L. Szacinski (Christiana)
Épreuve sur papier albuminé, 14,5 × 10 cm, collée sur carton, 16,8 × 10,6 cm
BnF-SG, SG PORTRAIT-2013

EXP. 17
« Alfred Bertrand », c. 1884
Bourne & Shepherd (Londres)
Épreuve sur papier albuminé, 14 × 10 cm, collée sur carton, 16,5 × 11 cm
BnF-SG, SG PORTRAIT-1190

EXP. 18
« Henri Moser », c. 1884
Tronel & Koch (Schaffhouse)
Épreuve sur papier albuminé, 14,2 × 10 cm, collée sur carton, 16,5 × 10,6 cm
BnF-SG, SG PORTRAIT-1385

EXP. 19
« William Cameron », c. 1886
J. M. Nauta (Penang)
Épreuve sur papier albuminé, 13,8 × 9,8 cm, collée sur carton, 16,5 × 10,8 cm
BnF, CPL, SG PORTRAIT-1759

EXP. 20
« Le rabbin Mardokhai Abi Serour », 187.
Osbert (Paris)
Épreuve sur papier albuminé, 9 × 5,7 cm, collée sur carton, 10,5 × 6,2 cm
BnF-SG, SG PORTRAIT-96

EXP. 21
« Interprète [Ahmadou Sa] et conducteur du docteur Bayol », 1882
Pierre Delanneau (attribué à)
Mission Borgnis-Desbordes, Soudan, 1882
Épreuve sur papier albuminé, 22 × 16 cm, collée sur carton, 35 × 26,5 cm
BnF-SG, SG WE 20 (8)

EXP. 22
« Abdoulaye Diack, interprète peuhl », 1882
Pierre Delanneau (attribué à)
Mission Borgnis-Desbordes, Soudan, 1882
Épreuve sur papier albuminé, 21,6 × 16 cm, collée sur carton, 35 × 26,5 cm
BnF-SG, SG WE 20 (17)

EXP. 23
« Mamadou Racine, capitaine de tirailleurs sénégalais, et sa femme », 1886-1887
Ernest Portier
Mission Gallieni, Sénégal et Soudan, 1886-1887
Épreuve sur papier albuminé, 16,6 × 12,2 cm, collée sur carton, 25 × 19 cm
BnF-SG, SG WE 126 (29)

EXP. 24
« Maiman, a Mohave Indian, guide and interpreter during a portion of the season in the Colorado country », 1871
Timothy H. O'Sullivan
George Montague Wheeler, *Explorations and Surveys West of the 100th Meridian, Expedition of 1871*, Washington, War Department, Corps of Engineers, US Army, ap. 1871
Carte stéréoscopique, 2 épreuves sur papier albuminé, 9,2 × 7,5 cm, collées sur carton, 10 × 17,8 cm
BnF-SG, SG WF-135 (16)

EXP. 25, p. 202
Boris Grieznoukine, détail de « Joseph Martin avec son Tongouse Baris Constantin Greznoukine (ou Boris Grieznoukine) portant sa médaille d'or », c. 1884
Petr Adamovič Milevskij (Irkoutsk)
Épreuve sur papier albuminé, 21,8 × 15,5 cm, collée sur carton, 25,5 × 17,7 cm
BnF-SG, SG PORTRAIT-2322

EXP. 26, p. 88
« Henson », c. 1898-1902
Auteur non identifié
Robert Edwin Peary, « Field work of the Peary Arctic Club », 1898-1902, pl. 66
Épreuve argentique, 11,5 × 9,4 cm, collée avec une autre épreuve sur feuille, 30 × 21,5 cm
BnF-SG, SG COLIS 22 BIS (3655)

EXP. 27, p. 104
Nain-Singh, détail de « N° 1 = Nain-Singh, chief Pundit trained by Colonel Montgomerie. G. T. Survey of India. N° 2 = Kishan Singh, asst Pundit, the explorer of the Tengri-Nur Lake N. of Lhassa. N° 3 = an ordinary Lama or Budhist monk. N° 4 = a Tibetan dog of the small terrier kind », 187.
Auteur non identifié
Épreuve sur papier albuminé, 10,2 × 7,3 cm, collée sur carton, 15 × 10,3 cm
BnF-SG, SG PORTRAIT-230

EXP. 28
Gabrielle Vassal aux Philippines, 1908
Joseph Vassal (attribué à)
Photographie sur verre pour projection, 8 × 8 cm
BnF-SG, SG XCO-206

EXP. 29, p. 76
« Mme Coudreau en costume de voyage », 1898
Auteur non identifié
Henri Coudreau, *Voyage à Itaboca et à l'Itacayuna, 1er juillet 1897-11 octobre 1897*, Paris, A. Lahure, 1898, p. 9
Reproduction photomécanique, 11 × 7,8 cm, dans ouvrage imprimé, 28 × 22,5 cm
BnF-SG, 4-SG BON H-3302

EXP. 30, p. 98
Gabrielle et Joseph Vassal à la chasse au tigre, Annam, c. 1906-1907
Auteur non identifié
Photographie sur verre pour projection, 8,5 × 8,5 cm
BnF-SG, SG XCM-1351

EXP. 31
« Carla Serena », 1883
H. Le Lieure (Rome)
Épreuve sur papier albuminé, 19,8 × 12,6 cm, collée sur carton, 21,7 × 13,6 cm
BnF-SG, SG PORTRAIT-2345

EXP. 32
Jane Dieulafoy, 1884
Eugène Pirou
Épreuve sur papier albuminé, 9,2 × 5,8 cm, collée sur carton, 10,5 × 6,3 cm
BnF-SG, SG PORTRAIT-1458

EXP. 33
Isabelle Massieu, 1897
Grand
Album Siam-Indochine, 1896-1897
Aristotype, 11,1 × 17,5 cm, monté sur onglet avec 2 autres images sur planche dans album, 28,6 × 38,8 cm
MQB-JC, inv. PA000371.113

EXP. 34, p. 19
Fanny Bullock Workman, c. 1905
Auteur non identifié
Bridgeman Images, PVD2085550

EXP. 35, p. 13
***Afrique nécrologique de 1800 à 1874*, 1874**
Henri Duveyrier (auteur), Jules Hansen (cartographie), Erhard (gravure)
Paris, Société de géographie
Carte imprimée (1:37 000 000), 27,8 × 32,5 cm
BnF-CPL, GE D 22978

EXP. 36, p. 14
***How I found Livingstone, travels, adventures and discoveries in Central Africa, including four months' residence with Dr. Livingstone*, 1872**
Henry M. Stanley
Londres, Marston, Low and Searle
Ouvrage imprimé, 23 × 15,5 cm
BnF-SG, 8-SG BON G-781

EXP. 37
***Stanley and Livingstone*, 1939**
Darryl F. Zanuck
Twentieth Century Fox
BnF-SVM, AUD, VDVD-98668 (DVD, 2014)

EXP. 38, p. 17
***Die Reise nach Afrika*, 1889**
AS [Adolf Sala] Luxus Papierfabrik (Berlin)
Panneaux lithographiés sur carton, armature en bois, 70 × 58 × 30 cm
BnF-CPL, GE A 2110

EXP. 39, p. 14
***René Caillié, 1799-1838. René Caillié devant Tombouctou « avril 1828 »*, c. 1900-1910**
Lithographie parisienne (Paris)
Collection « Les Explorateurs célèbres »
Chromolithographie, 7 × 10,5 cm
Coll. privée

EXP. 40, p. 15
***C[olo]nel Marchand né en 1863. La mission Marchand à Loango « 1897 »*, c. 1900-1910**
Lithographie parisienne (Paris)
Chromolithographie, 7 × 10,5 cm
Coll. privée

EXP. 41, p. 34
***Le Superbe Orénoque*, 1898**
Jules Verne (auteur), Georges Roux (illustration)
Paris, Jules Hetzel
Ouvrage imprimé, 28 × 18 cm
Paris, Bibliothèque L'Heure joyeuse, 2013-34752

EXP. 42
***L'Orénoque et le Caura, relation de voyages exécutés entre 1886 et 1887*, 1889**
Jean Chaffanjon
Paris, Hachette
Ouvrage imprimé, 18,2 × 10,5 cm
BnF-PHS, 8-PM-88

EXP. 43, p. 38
Pirogue de l'expédition Jean Chaffanjon sur le haut Orénoque, 1886
Auteur non identifié
Épreuve sur papier albuminé, 12 × 17,7 cm, collée sur carton, 26,7 × 34,2 cm
BnF-SG, SG WF 280 (51)

EXP. 44
***Partie de Terre Ferme ou sont Guiane et Caribane*, 1656**
Nicolas Sanson d'Abbeville
Paris, chez Pierre Mariette
Carte gravée (c. 1:3 900 000), tracés coloriés, 40,4 × 53,7 cm, sur feuille, 43 × 55,6 cm
BnF-CPL, GE D 15597

EXP. 45, p. 37
« Cours supérieur de l'Orénoque relevé à la boussole », 1886
Jean Chaffanjon
Croquis manuscrit à l'encre, crayon noir et de couleur, 27 × 21 cm
BnF-SG, SG CARTON CHAB-CHAR (213), f. 35

EXP. 46, p. 23
« Cimetière d'Indiens Piaroas : ossements et urnes funéraires, grotte du Cerro de los Muertos, 24 septembre 1886 »
Jean Chaffanjon
Épreuve sur papier albuminé, 12,2 × 17,8 cm, collée sur carton, 26,5 × 35 cm
BnF-SG, SG WF 105 (36)

EXP. 47
Couvercle d'urne funéraire, Venezuela, XIXe siècle
Objet rapporté par Jean Chaffanjon de son expédition sur le Haut Orénoque en 1886
Céramique brune à décor en relief, 18,5 × 23,6 × 21,9 cm
MQB-JC, inv. 71.1891.57.328

EXP. 48
***The Lost City of Z*, 2017**
James Gray
Paramount Pictures / Plan B Entertainment
BnF-SVM, DVDH-5328

Première partie Invitation et préparation au voyage

EXP. 49, p. 26
« Ne vous emportez pas, mes amis ! », 1898
Georges Roux (illustration)
Jules Verne, *Le Superbe Orénoque*, vol. 1,
Paris, Jules Hetzel, 1898, p. II
Ouvrage imprimé, 28 × 18 cm (env.)
BnF-LLA, 16-Y2-31933 (1)

EXP. 50
« Jomard », 186.
Schultz (gravure)
Gravure, 19,4 × 13,7 cm, collée sur carton,
33 × 24 cm
BnF-SG, SG PORTRAIT 10014

EXP. 51, p. 58
Edme-François Jomard, 1860
Adam Salomon (Paris)
Épreuve sur papier albuminé, 27 × 21 cm,
collée sur carton, 46,5 × 37,5 cm
BnF-CPL, GE D 7774

EXP. 52
Frontispice pour la *Description de l'Égypte*, c. 1803
François-Charles Cécile (dessin),
Abraham Girardet (gravure)
Gravure en taille-douce, 62 × 46 cm
(cuvette), sur planche, 72 × 55 cm
BnF-CPL (non coté)

EXP. 53
***Carte ancienne et comparée de l'Égypte rédigée par M. le Col.l Jacotin et par M. Jomard... d'après la grande carte topographique levée pendant l'expédition de l'armée française*, 182.**
Edme-François Jomard, Pierre Jacotin
(cartographie), Antoine Blondeau, Ongizzi
(gravure)
Carte imprimée (1:1 500 000), 60,5 × 43,1 cm,
sur feuille, 70 × 53,2 cm
BnF-CPL, GE C 8968

EXP. 54, p. 8
Globe terrestre, 1834
Félix Delamarche (cartographie),
A. Pelicier (gravure)
Paris, Barrière frères
Globe gravé, tracés coloriés, 18 cm
de diamètre (25 cm avec table d'horizon),
39 cm de hauteur (avec pied en bois)
BnF-CPL, GE A-1405

EXP. 55
Stadiomètre géographique et son étui, fin XIXe siècle
Laiton et ivoire, 15 × 2,4 cm (hors étui)
Inscription « Société de géographie »
Paris, Société de géographie, SG OBJET 105

EXP. 56
Baromètre holostérique (sans mercure) et son étui, fin XIXe siècle
Naudet (Paris)
Laiton, 7,5 cm de diamètre (hors étui)
Inscription « Société de géographie,
184 boulv. Saint-Germain Paris »
Paris, Société de géographie, SG OBJET 109

EXP. 57
Nécessaire de mathématiques et son étui, c. 1810
William Harris (Londres)
Règle à échelles pour le levé de terrain,
compas à pointe sèche et brisures
interchangeables, acier, argent, galuchat,
ivoire et velours; pour l'étui : 13 × 3,8 × 1,9 cm
Paris, musée du Louvre, département des
Objets d'art, OA10830

EXP. 58
***Vocabulaires de l'Afrique septentrionale et de l'Afrique centrale, réunis et comparés par Mr Jomard*, 1827**
Edme-François Jomard
Manuscrit, encre noire et rouge,
37 × 49,5 cm
BnF-SG, SG MSFOL-2 (1067)

EXP. 59
***Missionary travels and researches in South Africa*, 1857**
David Livingstone
Londres, John Murray
Ouvrage imprimé, 23 × 15 cm
Envoi manuscrit autographe de l'auteur à
la Société de géographie
BnF-SG, 8-SG E6-79 (RES)

EXP. 60
Lettre de David Livingstone à Edme-François Jomard, Hadley Green, Barnet [Londres], 12 juin 1857
Manuscrit autographe, encre (4 pages),
23 × 18,5 cm
BnF-SG, SG CARTON LET-LY (727)

EXP. 61, p. 29-30
Lettre de David Livingstone à Edme-François Jomard, Hadley Green, Barnet [Londres], 22 juillet 1857
Manuscrit autographe, encre (3 pages),
23 × 18,5 cm
BnF-SG, SG CARTON LET-LY (727)

EXP. 62
Mémoire de Juan Galindo à Edme-François Jomard, Copan, 19 juin 1834
Manuscrit autographe, encre, 32 × 20,5 cm
BnF-SG, SG MS4-8 (1111), f. 94

EXP. 63
Temple de Copan : tête trouvée dans chambre sépulcrale; buste gigantesque; pierre sphérique, 1834
Juan Galindo
Mémoire de Juan Galindo à Edme-François
Jomard, Copan, pl. 4
Dessin, encre et lavis, 33 × 25 cm
BnF-SG, SG MS4-8 (1111), f. 138

EXP. 64, p. 20-21
***Carte d'Afrique divisée en ses principaux états avec les découvertes faites dans les derniers voyages*, 1820**
Eustache Hérisson
Paris, Basset
Carte gravée (1:16 600 000), tracés coloriés,
52,7 × 76,2 cm, sur feuille, 58 × 82,2 cm
BnF, CPL, GE C-7724

EXP. 65
Notes et questions sur la Syrie et l'Asie mineure pour le voyage de Camille Antoine Callier et Stamati, 1830
Pierre Lapie
Manuscrit, encre (3 pages), 25,5 × 20 cm
BnF-SG, SG COLIS 3 BIS (1626), p. 139

EXP. 66
Laissez-passer en arabe, avec traduction française, destiné au voyageur français Camille Antoine Callier se rendant d'Égypte en Syrie, portant le cachet de Méhémet Ali, 9 safer 1249/28 juin 1833
Méhémet Ali
Manuscrit, encre, 47 × 24,5 cm
BnF-SG, SG CARTON MART-ME (783)

EXP. 67
***Instructions générales aux voyageurs*, 1875**
Société de géographie
Paris, Ch. Delagrave
Ouvrage imprimé, 18,5 × 12 cm
BnF-SG, 8 SG E9/25 (RES)

EXP. 68
« Encouragement pour un voyage à Tombouctou et dans l'intérieur de l'Afrique », 1825
Société de géographie
Texte publié dans le *Bulletin de la Société de géographie*, séance générale du 25 mars
1825, 1825, t. 3, p. 209
Manuscrit, encre, 33,3 × 21,3 cm
BnF-SG, SG NA 26

EXP. 69
Conseils hygiéniques, 1867
François Le Saint, Carnet de voyage
n° 7 au Caire, à Djeddah et au Soudan
méridional, p. 233-234
Manuscrit, encre, 15 × 20 cm (carnet ouvert)
BnF-SG, SG MS8-13 (1267)

EXP. 70
***Manuel de l'explorateur*, 1899**
E. Blim, M. Rollet de l'Isle
Paris, Gauthier-Villars
Ouvrage imprimé, 18,5 × 12,5 cm
BnF-SG, archives Foureau

EXP. 71
Carnet de vocabulaire et d'expressions courantes de la langue du Tigré (Éthiopie septentrionale), 1839
Théophile Lefebvre
Manuscrit, encre, 17 × 10 cm
BnF-SG, SG MS8-48 (1322)

EXP. 72
« Le chah et sa chasse », portrait de Naser ed-Din shah, 1889
Auteur non identifié
Album du « Voyage en Perse »
de Jean-Baptiste Feuvrier, 1889-1892
Épreuve sur papier albuminé, 12,7 × 17,5 cm,
collée sur carton, 23 × 33 cm
BnF-SG, SG WD 223 (59)

EXP. 73
***The Diary of H. M. the Shah of Persia during his tour through Europe in A. D.*, 1874**
Naser ed-Din (auteur), J. W. Redhouse
(traducteur)
Londres, John Murray
Ouvrage imprimé, 20,5 × 14,5 cm
BnF-PHS, 8-O2H-278

EXP. 74
***Trois ans à la cour de Perse*, 1900**
Jean-Baptiste Feuvrier
Paris, F. Juven
Ouvrage imprimé, 23,8 × 16 cm
Exemplaire unique signé par l'auteur avec illustrations collées avant impression
BnF-SG, 8-SG FR-66

EXP. 75, p. 53
« Préparation du mact [lait fermenté]. Iliats : nomades du Lar », 1890
Jean-Baptiste Feuvrier, Carnet de croquis n° 1 du voyage en Perse, 1889-1892, f. 49
Dessin, crayon, 10,5 × 18 cm
BnF-SG, SG MS8-3 (1256)

EXP. 76
« Pont du Polour », 1890
Jean-Baptiste Feuvrier, Carnet de croquis n° 1 du voyage en Perse, 1889-1892, f. 47
Dessin, crayon, 10,5 × 18 cm
BnF-SG, SG MS8-3 (1256)

EXP. 77, p. 53
« Seïd et Mollah », 1892
Jean-Baptiste Feuvrier, Carnet de croquis n° 2 du voyage en Perse, 1889-1892, f. 85
Dessin, crayon, 11 × 17 cm
BnF-SG, SG MS8-3 (1256)

EXP. 78
« Saltanetabad - l'Abdarkane », 1891
Jean-Baptiste Feuvrier, Carnet de croquis n° 3 du voyage en Perse, 1889-1892, f. 104
Dessin, crayon, 13,5 × 21,5 cm
BnF-SG, SG MS8-3 (1256)

EXP. 79
« Les hôtes de la France : S. M. Chulalongkorn, roi de Siam », 1897
Une du *Petit Journal*, supplément illustré, dimanche 19 septembre 1897
Lithographie, 63 × 45 cm (env.)
BnF-PHS, FOL-LC2-3011

EXP. 80, p. 57
***Copie et traduction d'une carte siamoise dressée par l'expédition revenue à Bangkok en juin 1887*, c. 1887**
Auteur non identifié
Reproduction photomécanique d'une carte manuscrite (1:1 000 000), 107 × 85 cm
BnF-CPL, GE SH 19 PF 1 QUATER DIV 21 P 72

EXP. 81
Temple de Boroboudour, 1896
Rama V (Chulalongkorn), *Diary of H. M. King Chulalongkorn during his second visit to Java*, 1923
[Bangkok], Impr. Rong Bim Thaï, 1923
Reproduction photomécanique dans ouvrage imprimé, 24 × 23 cm (ouvert)
BnF-PHS, 8-O2L-609

EXP. 82, p. 64
Méhémet Ali, vice-roi d'Égypte, en 1803, 1841
Auguste Couder
Huile sur toile, 92,5 × 76 cm
Château de Versailles, inv. MV 4845

EXP. 83, p. 69
« I. Cheikh Refah [...] II. Mohammed-Chafey [...] III. Mohammed-Aly », 1851
Alexandre Collette (dessin)
« Galerie iconographique égyptienne », *Mission égyptienne en France*, MDCCCXXVI, sous la direction de Mr Jomard, Paris, Impr. Deccan, 1851, pl. IX
Lithographie, 63 × 47,5 cm
BnF-CPL, GE CC 1440 (9)

EXP. 84
« 1.2.3. Stèles en bois peint. 4.5.6. Stèles en pierre calcaire. (4.5. ornées de couleurs) », 1862
Frédéric Cailliaud, *Voyage à l'Oasis de Thèbes et dans les déserts situés à l'Orient et à l'Occident de la Thébaïde fait pendant les années 1815, 1816, 1817 et 1818*, Paris, Impr. royale, 1821-1862, *Antiques*, pl. XXXIX
Lithographie, 28 × 36 cm, sur planche, 31,5 × 47,5 cm
BnF-SG, SG GR FOL-SG E6-3

EXP. 85, p. 66
« Nubie supérieure. Mélik du Fâzoql », 1826
Blanchard (gravure)
Frédéric Cailliaud, *Voyage à Méroé, au Fleuve Blanc, au-delà de Fâzoql dans le midi du royaume de Sennâr, à Syouah et dans cinq autres oasis ; fait dans les années 1819, 1820, 1821 et 1822*, t. 3, Paris, Impr. royale, 1826, p. 81
Lithographie en couleurs, 14,5 × 9 cm, sur planche, 20,2 × 12,5 cm
BnF-CPL, GE FF 4726

EXP. 86
Porteur, nouvel Empire
Statuette découverte à Thèbes (Égypte) et rapportée par Frédéric Cailliaud en 1822
Bois, 17 cm de hauteur
BnF-MMA, fonds Cailliaud, inv. 53.619

Deuxième partie Dans les bagages de l'explorateur

Au campement

EXP. 87
Fernand Foureau, 1900-1914
Nadar (Paris)
Épreuve sur papier baryté, 11,5 × 17,5 cm
MQB-JC, inv. PP0130938

EXP. 88
« Mission au Tademayt, janvier, février, mars 1890, itinéraire de Fernand Foureau », 1891
Fernand Foureau (cartographie), Erhard Frères (gravure)
Bulletin de la Société de géographie, Paris, Société de géographie, 1er trim. 1891, p. 6
Carte imprimée (1:1 000 000), tracés en couleurs, 62 × 41 cm
BnF-CPL, GE D 5737

EXP. 89, p. 117
« Fernand Foureau », Sahara algérien, c. 1895
Auteur non identifié
Épreuve argentique, 17,3 × 22,4 cm, collée sur carton, 19 × 25 cm
BnF-SG, SG PORTRAIT-2303

EXP. 90
« Grand erg du Nord-Est », c. 1896
Fernand Foureau
Épreuve argentique retouchée à la gouache, 18 × 23 cm
BnF-SG, archives Foureau

EXP. 91
Fusil à percussion de fabrication civile, 1820-1870
Arme utilisée au cours des voyages de Fernand Foureau au Sahara
Crosse en bois, canon en métal, 130 × 6 × 15 cm
Paris, Société de géographie, archives Foureau

EXP. 92
Appareil photographique *Express Détective*, dernier quart du XIXe siècle
Paul Nadar (Paris)
Matériel utilisé par Fernand Foureau au cours de ses voyages au Sahara
Bois, verre, métal, cuir, 16,5 × 12 × 20 cm
Paris, Société de géographie, archives Foureau

EXP. 93
Pied pour appareil photographique, fin XIXe-début XXe siècle
Bois et métal, pied réglable en hauteur de 96 à 130 cm, cercle de base ajusté de 70 cm environ
Coll. particulière

EXP. 94
Paires de jumelles longues avec leur sacoche, XIXe siècle
Matériel utilisé par Fernand Foureau au cours de ses voyages au Sahara
Métal, verre, gainage, 5,5 × 12,3 × 22 cm
Paris, Société de géographie, archives Foureau

EXP. 95
Paires de jumelles courtes avec leur sacoche, XIXe siècle
Goerz (Berlin)
Matériel utilisé par Fernand Foureau au cours de ses voyages au Sahara
Métal, verre, gainage, 7 × 11,5 × 15 cm, et sacoche en cuir, 8 × 14 × 18 cm
Paris, Société de géographie, archives Foureau

EXP. 96
Lunettes dans leur étui, XIXe siècle
Accessoire ayant appartenu à Fernand Foureau
Métal argenté et verre ; pour l'étui en cuir : 4 × 5,5 × 11,5 cm
Paris, Société de géographie, archives Foureau

EXP. 97
« Mission Foureau 1897 - Carnet de solde des hommes d'escorte »
Fernand Foureau
Manuscrit, encre, 15,5 × 20 cm (carnet ouvert)
BnF-SG, archives Foureau

EXP. 98
Échantillons d'histoire naturelle et artefacts préhistoriques
Silex taillés ; calebasse avec échantillons géologiques ; panier en osier avec échantillons géologiques ; liasse de fiches de description géologique « Mission F. Foureau » (manuscrit, encre, 11 × 8,5 cm)
Objets rapportés de la mission Foureau au Sahara de 1883
Paris, Société de géographie, archives Foureau

EXP. 99
Siège pliant, XXe siècle
Accessoire utilisé par le général Hubert Lyautey (1854-1934)
Bois et toile, 88 × 57 × 45 cm
Paris, musée de l'Armée, inv. 24034

EXP. 100
Lampe de travail, XIXe siècle
Accessoire utilisé à Alger par Pierre Savorgnan de Brazza
Verre soufflé, métal et peinture verte, 32 × 13 cm
MQB-JC, inv. 75.15778.1-2

EXP. 101
Table pliante, c. 1895-1900
Accessoire utilisé par l'officier Édouard Roulet (1863-1927) au cours de ses voyages en Afrique
Bois et acier, 115 × 50 × 66,5 à 69 cm
Paris, musée de l'Armée, inv. 2019.56.40

EXP. 102
Malle Conza, fin XIXe-début XXe siècle
Maison Conza (Paris)
Accessoire utilisé par Georges Thomann (1872-1943) au cours de ses voyages en Afrique
Métal, peinture et papier, 72 × 33 × 23 cm
MQB-JC, inv. 70.2017.63.48

EXP. 103
Théodolite
Instrument utilisé par l'officier Edouard Roulet (1863-1927) au cours de ses voyages en Afrique
Laiton, acier et verre, 26 × 17 × 22 cm (cadran de face)
Paris, musée de l'Armée, inv. 2019.56.59

EXP. 104
Ventilateur, fin XIXe-début XXe siècle
Accessoire utilisé par Georges Thomann (1872-1943) au cours de ses voyages en Afrique
Bois, alliage ferreux et nickelage, 27,4 × 14 × 5,7 cm
MQB-JC, inv. 70.2017.63.64

EXP. 105
Réchaud et chauffage d'appoint, XIXe siècle
Accessoire utilisé par l'officier Édouard Roulet (1863-1927) au cours de ses voyages en Afrique
Métal, 23 × 10,5 cm
Paris, musée de l'Armée, inv. 2019.56.45

EXP. 106, p. 119
« Dans l'Ouar (angle 80°) [campement du] 26-1-96 »
Fernand Foureau
Mission au Sahara algérien, 1896
Épreuve argentique retouchée à la gouache, 10,3 × 21 cm, collée sur carton, 11,8 × 21,8 cm
BnF-SG, archives Foureau

EXP. 107, p. 182 (vue n° 1)
Gabrielle Vassal en conférence à la Société de géographie, 17 mars 1911
Albert Harlingue
3 épreuves argentiques, 18 × 13 cm
BnF-SG, SG W-26 (1-3)

En marche

EXP. 108
« Mes 3 ans d'Annam », 1904-1907
Gabrielle Vassal
Voyage en Annam, 1904-1907
Boîte en bois, 17,5 × 38 × 8 cm, contenant une collection de négatifs sur verre, 6 × 6,4 cm
BnF-SG, fonds Gabrielle Vassal

EXP. 109, p. 100, 103
(1re et 3e photographies)
Trois photographies prises lors du voyage en Annam, c. 1904-1907
Auteur non identifié
Gabrielle Vassal à cheval; en bateau sur une rivière; dans un village moï
Négatifs sur verre, 6 × 6,4 cm
BnF-SG, fonds Gabrielle Vassal

EXP. 110
***South*, 1920**
Frank Hurley
Film sur l'expédition en direction du pôle Sud d'Ernest Shackleton à bord de l'*Endurance* (1914-1917)
BnF-SVM, VDVD-18417 (DVD, 2005)

EXP. 111
***The Epic of Everest*, 1924**
Captain John Novel
Explorer's films
BnF-SVM, VDVD-95735

EXP. 112
René Caillié, 1830
Amélie Legrand de Saint-Aubin
Huile sur toile, 83 × 66,5 cm
MQB-JC, inv. 75.10051.1

EXP. 113, p. 114
« Mr Caillé prenant des notes en feignant de méditer sur le Koran à l'approche de Maures », c. 1828-1830
René Caillié, *Notes du voyage à Tombouctou*, 1827-1830, f. 81
Dessin à l'encre et au lavis, 41,5 × 25 cm
BnF-MSS, NAF-2621

EXP. 114, p. 116
Fragment du manuscrit autographe de René Caillié relatant son voyage à Tombouctou (1er janvier-18 août 1828), 1828
René Caillié, Carnet, f. 13-14
Manuscrit, crayon, 19 × 20 cm (ouvert)
BnF-SG, SG CARTON CA-CER (158)

EXP. 115
Bague de René Caillié, c. 1825-1830
Chevalière portant une inscription en arabe signifiant soit « Tout se fait par la volonté d'Allah », soit « Abdallahi » (serviteur de Dieu), nom choisi par René Caillié lors de son voyage à Tombouctou
Or jaune, 2 cm de diamètre
Paris, Société de géographie, SG OBJET 8

EXP. 116
« Charles Huber », 1883
Gerschel (Strasbourg)
Épreuve sur papier albuminé, 9,8 × 15,6 cm, collée sur carton, 11 × 16,8 cm
BnF-SG, SG PORTRAIT-929

EXP. 117
« Gerhard Rohlfs », 1867
Auteur non identifié
Épreuve sur papier albuminé, 6,8 × 4,3 cm, collée sur carton, 10,1 × 6,2 cm
BnF-SG, SG PORTRAIT-9

EXP. 118, p. 72
« Aman Victor Camille Douls », 1888
Nadar (Paris)
Épreuve sur papier albuminé, 9,3 × 6 cm, collée sur carton, 10,4 × 6,2 cm
BnF-SG, SG PORTRAIT-1879

EXP. 119
« Carte de l'extrême Sud de la province d'Oran », 1885 et mentions postérieures
Capitaine Meunier (cartographie), Henry de La Croix, comte de Castries (révision), Lieutenant Marignac (mise à jour)
Carte imprimée sur tissu (1:400 000), compléments manuscrits à l'encre noire, rouge et bleue, 242 × 106 cm
BnF-CPL, GE B-5999 (RES)

Indispensables auxiliaires

EXP. 120, p. 83
Henry Morton Stanley, Alexandre Alberto de Serpa Pinto, Roberto Ivens et Hermenegildo Brito Capello accompagnés des auxiliaires de leur expédition au Congo, c. 1877
J. Silveira
Épreuve sur papier albuminé, 17,2 × 23,5 cm, collée sur carton, 20,2 × 27,8 cm
BnF-SG, SG PORTRAIT- 13014

EXP. 121, p. 75
« El Hadj Ahmed el Fellati », c. 1890-1895
Auteur non identifié
Épreuve sur papier albuminé, 15,5 × 9,8 cm, collée sur carton, 16,5 × 10,8 cm
BnF-SG, SG COLIS 3 (1614, fasc. 3, n° 156)

EXP. 122, p. 75
« Empire de Sokoto et pays environnants. Carte au 1/4 000 000 », 1892
François Rebillet
Carte manuscrite sur calque, encre et aquarelle, 56 × 56,4 cm
BnF-SG, SG COLIS 3 (1614, fasc. 3, n° 157)

EXP. 123
« Malamine – Brazzaville », sous-officier membre des missions Brazza, 27 septembre 1884
Charles de Chavannes
Dessin au crayon, 23,5 × 14,6 cm
BnF-SG, SG CARTON MA-MAR (752)

EXP. 124
« Abéga, interprète du Dr Barth actuellement interprète de M. Mattei au Niger », c. 1883
Antoine Matteï
Épreuve sur papier albuminé, 16 × 12 cm, collée sur carton, 32,5 × 20 cm
BnF-SG, SG WE 19 (37)

EXP. 125
« Pandit Nain Singh C. I. E. Survey of India. The first of the pandits of Tibetan Exploration. 1865-75 », 186.
Survey of India Offices
S. G. Burrard, *Exploration in Tibet and Neighbouring Régions*, Part I, *1865-1879*, *Records of the Survey of India*, vol. 3, Dehra Dun, Survey of India Press, 1915
Reproduction photomécanique dans ouvrage imprimé
Londres, Royal Geographical Society

EXP. 126, p. 106-107
***Carte de l'Himalaya central et du Thibet méridional pour suivre l'itinéraire des deux Pandits indiens d'après T. C. Montgomerie, R. Schlagïnweit et A. Pétermann*, 1868**
Victor-Adolphe Malte-Brun
Annales des voyages, de la géographie, de l'histoire et de l'archéologie, t. IV, Paris, Challamel aîné, 1868, p. 160
Carte imprimée (1:4 000 000), tracés en couleurs, 22 × 33 cm
BnF-CPL, GE FF 6043

EXP. 127
Moulin à prières tibétain, 185.-190.
Objet rapporté par Isabelle Massieu d'un de ses voyages dans l'Himalaya
Ivoire, bois et argent, 8 × 23 × 8 cm
MQB-JC, inv. 71.1933.5.12 D

EXP. 128
« Lt-Colonel Thomas George Montgomerie », 1875
The London Stereoscopic Photographic Company (Londres)
Épreuve sur papier albuminé, 14,7 × 10 cm, collée sur carton, 16,5 × 10,7 cm
BnF-SG, SG PORTRAIT-108

EXP. 129, p. 109
« N° 1. Colonel Montgomerie's Havildar of Sappers, explorer of Chitral & Oxus. N° 2. Naik of Sappers or native Corps du Génie, assist[t] to Havildar », 187.
Auteur non identifié
Épreuve sur papier albuminé, 9,4 × 5,8 cm, collée sur carton, 10,5 × 6,2 cm
BnF-SG, SG PORTRAIT-98

EXP. 130, p. 110
« N° 1. Explorer of Mont Everest, Nepal and Tibetan lakes », 187.
Auteur non identifié
Épreuve sur papier albuminé, 9,3 × 5,3 cm, collée sur carton, 10,5 × 6,2 cm
BnF-SG, SG PORTRAIT-97

EXP. 131
« Apatou, compagnon de Jules Crevaux », 188.
Auteur non identifié
Épreuve sur papier albuminé, 9,7 × 6,2 cm
BnF-SG, SG PORTRAIT-2147

EXP. 132, p. 86-87
« Le Dr Crevaux et Apatou », c. 1877-1881
Michel Yrondy
Épreuve sur papier albuminé d'après dessin, 22 × 31 cm, collée sur carton, 31 × 40 cm
BnF-SG, SG PORTRAIT-10185

EXP. 133
« Le rabbin Mardokhai Abi Serour », 187.
Osbert (Paris)
Épreuve sur papier albuminé, 9 × 5,7 cm, collée sur carton, 10,5 × 6,2 cm
BnF-SG, SG PORTRAIT-95

EXP. 134
« Charles Eugène, vicomte de Foucauld », c. 1885
Georges Penabert
Épreuve sur papier albuminé, 8,8 × 5,5 cm, collée sur carton, 10,5 × 6,3 cm
BnF-SG, SG PORTRAIT-1494

EXP. 135
« Rabbin Mardochée à Mogador », 186.
Charles F. Hecquard
Épreuve sur papier albuminé, 9,1 × 5,5 cm, collée sur carton, 11,5 × 7,2 cm
BnF-SG, SG PORTRAIT-53

EXP. 136
Croquis. Route de Qaçba Beni Mellal à Tikrit, 1888
Charles de Foucauld, *Reconnaissance du Maroc. 1883-1884*, Paris, Challamel et Cie, 1888, p. 84-85
Ouvrage imprimé, 33,5 × 26,5 cm
BnF-CPL, 4-SG BON G-1959

EXP. 137
***Voyage au Cuminá, 20 avril 1900-7 septembre 1900*, 1901**
Octavie Coudreau
Paris, A. Lahure
Comprend « Rio Cuminá, carte levée et établie par O. Coudreau » en 18 segments insérée dans l'ouvrage imprimé, 28,5 × 23 cm
BnF-SG, 8 SG BON H 841

EXP. 138
« Henri Coudreau et Mme Henri Coudreau », 1898
Auteur non identifié
Henri Coudreau, *Voyage à Itaboca et à l'Itacayuna, 1er juillet 1897-11 octobre 1897*, Paris, A. Lahure, 1898, p. 4
Reproduction photomécanique, 10 × 14 cm, dans ouvrage imprimé, 28 × 22,5 cm
BnF-SG, 4-SG BON H-3302

EXP. 139
Matthew Henson, c. 1910
Auteur non identifié
Épreuve photographique
Washington, Library of Congress, 00650163

EXP. 140
« Peary », 191.
Henri Manuel
Épreuve argentique, 21,5 × 15 cm, collée sur carton, 37,6 × 25,6 cm
BnF-SG, SG PORTRAIT 10121

Négociations

EXP. 141
« Chief, Yakutat Alaska », 1886
William Libbey
Épreuve sur papier albuminé (2 vues), 12,2 × 19,5 cm, collée sur carton, 20,6 × 24 cm
BnF-SG, SG WF 156 (34)

EXP. 142, p. 79
« L'Amiral Dupetit-Thouars chez le roi Iotete », 1842
Max Radiguet, *Les Derniers Sauvages : la vie et les mœurs aux îles Marquises (1842-1859)*, Paris, Duchartre et Van Buggenhoudt, 1929, pl. 3
Ouvrage imprimé, 20 × 24 cm
BnF-PHS, 8-LK13-87 (A)

EXP. 143, p. 85
Copie de la « Réduction de la carte de l'Afrique centrale établie par le sultan Mohamed Bello », 182.-183.
Hugh Clapperton (cartographie), Ambroise Tardieu (copie)
Carte originale parue dans *Voyages et découvertes dans le Nord et dans les parties centrales de l'Afrique…, exécutés pendant les années 1822, 1823 et 1824, par le major Denham, le capitaine Clapperton et feu le docteur Oudney*, Paris, A. Bertrand, 1826
Carte manuscrite (1:2 000 000) sur calque, 21 × 32,5 cm
Coll. Bibliothèques municipales de Chambéry/Camberi@, fonds Lannoy de Bissy, CAR AFR A 000.419-002

EXP. 144, p. 139
Carte du monde en arabe, 1852
Heinrich Barth, Carnet de route n° 4 du voyage dans le Soudan central, 1852, p. 88
Manuscrit et dessin, encre, 7,4 × 13,2 cm
BnF-SG, SG MS8-47 (4)

EXP. 145
« Amélie Bel », 190.
Eugène Pirou
Épreuve argentique, 13,6 × 10 cm, collée sur carton, 27 × 20,3 cm
BnF-SG, SG PORTRAIT-2437

EXP. 146, p. 80, 81
« Au village de Kimpalanga. En offrant à Mme Bel des papaïes les femmes lui dirent : "vous êtes une femme comme nous, c'est pour cela que nous vous faisons un cadeau." » ; « Distribution de perles à des femmes Bakhamba », c. 1906-1907
Jean-Marc Bel (attribué à)
Mission de Jean-Marc Bel au Congo français, 1906-1907, vol. 2, pl. 3, n° 191 ; vol. 1, pl. 52, n° 180
Épreuves argentiques, 6 × 8,5 cm, collées avec 3 autres épreuves sur carton, 19,5 × 25,5 cm
BnF-SG, SG WE-243

EXP. 147
Trois bracelets, 2e moitié du XIXe siècle
Objets rapportés par Amélie Bel de son voyage au Congo, 1906-1907
Métal, 10,6 cm (diamètre extérieur) ; cuivre ou bronze, 8,7 cm ; cuivre, 7 cm
MQB-JC, inv. 71.1930.41.256, 71.1930.41.253, 71.1930.41.251

EXP. 148
Couteau de jet, XIXe siècle
Ethnie Bayanda ou Yangere, objet rapporté entre 1883 et 1896 par la Mission de l'Ouest africain dirigée par Pierre Savorgnan de Brazza
Fer, fibres végétales, alliage cuivreux, 80 × 20 cm
MQB-JC, inv. 71.1896.28.132

EXP. 149
Statuette magique, XIXe siècle
Ethnie Kongo, objet rapporté entre 1883 et 1886 par la Mission de l'Ouest africain dirigée par Pierre Savorgnan de Brazza
Bois, miroir, argile (kaolin, ocre rouge), résine, matières animales, végétales et minérales, pigments, 38,5 × 17,5 × 13 cm
MQB-JC, inv. 71.1886.79.11

EXP. 150
Siège, XIX-XXᵉ siècle
Ethnie Bondjo, Bas Oubangui (Congo), objet rapporté par Jules Saintoyant (1869-1949) d'un de ses voyages au Congo
Bois, clous en laiton, 39 × 46 × 26 cm
MQB-JC, inv. 75.8850

Troisième partie Enquêtes et confrontations sur le terrain

L'inventaire du monde

EXP. 151
« Vendredi 29 Ramadan 1255-6 octobre 1839 », 1839
Muhammad Selim Pacha (auteur), Artin-Bey Tcherakian (traduction)
Journal du voyage tenu par Selim Bimbachi, chef de l'expédition envoyée par S. A. le vice-roi d'Égypte pour découvrir les sources du Fleuve Blanc, tableaux de relevés, 1839-1840, f. 110
Manuscrit, encre, 53 × 37 cm
BnF-SG, SG COLIS-20 (3389)

EXP. 152
« S.E. d'Arnaud Bey, colonel du Génie », 187.-188.
Émile Devos
Épreuve sur papier albuminé, 8,6 × 5,5 cm, collée sur carton, 10,5 × 6,3 cm
BnF-SG, SG PORTRAIT-327

EXP. 153
« Journal de route - observations diverses, le vendredi 21 janvier 1841 »
Joseph Pons d'Arnaud, « Journal de route de la seconde expédition envoyée à la recherche des sources du Nil 1840-1841 », 2ᵉ expédition envoyée par S. A. le vice-roi d'Égypte, 1840-1841, vol. 1, f. 125-126
Manuscrit, encre, 31 × 44 cm (cahier ouvert)
BnF-SG, SG COLIS 20 (3387)

EXP. 154, p. 120-121
« Journal de route - observations diverses, le vendredi 26 mars 1841 »
Joseph Pons d'Arnaud, « Journal de route sur le fleuve Blanc en retournant du 4°42'latitude à Khartoum, à la jonction avec le fleuve Bleu », 2ᵉ expédition envoyée par S. A. le vice-roi d'Égypte, 1840-1841, vol. 2, f. 284-285
Manuscrit, encre, 31 × 44 cm (cahier ouvert)
BnF-SG, SG COLIS 20 (3387)

EXP. 155
Cercle de réflexion ou cercle de Borda, c. 1790
Lenoir (Paris)
Instrument utilisé par Joseph Pons d'Arnaud lors des deux expéditions sur le Fleuve Blanc (1840-1842)
Laiton, 30 cm (diamètre) × 17 cm (largeur)
Paris, Société de géographie, SG OBJET 102

EXP. 156
« H. Barth Dr. », 1853
Otto Speckter
Lithographie, 25,8 × 21,2 cm, collée sur carton, 42 × 30,5 cm
BnF-SG, SG PORTRAIT-10052

EXP. 157
Extrait du *Tarikh es-Soudan* recopié par Heinrich Barth lors de son séjour à Gando, 1853
Heinrich Barth, Carnet de route n° 1 du voyage dans le Soudan central, 1853, p. 62-63
Manuscrit, crayon, 16 × 19 cm (carnet ouvert)
BnF-SG, SG MS8-47 (1)

EXP. 158
Description du pays songhai, boucle du Niger, 1853
Heinrich Barth, Carnet de route n° 2 du voyage dans le Soudan central, 1853, p. 8-9
Manuscrit et dessin, crayon et encre, 16,5 × 20 cm (carnet ouvert)
BnF-SG, SG MS8-47 (2)

EXP. 159
Vocabulaire et alphabet touareg, 1854
Heinrich Barth, Carnet de route n° 3 du voyage dans le Soudan central, 1854, p. 154-155
Manuscrit, encre, 17,5 × 22,5 cm (carnet ouvert)
BnF-SG, SG MS8-47 (3)

EXP. 160, p. 140-141
Pages de texte en allemand et dessin d'une mosquée, c. 1850-1851
Heinrich Barth, Carnet de route n° 5 du voyage dans le Soudan central, 1850-1851, p. 34-35
Manuscrit avec dessin, encre, 13,2 × 14 cm (carnet ouvert)
BnF-SG, SG MS8-47 (5)

EXP. 161, p. 139, 136
Inscriptions en tifinagh translittérées et alphabet arabe-tifinagh, 1864
Heinrich Barth
Manuscrit, encre, 55 × 67 cm
BnF-SG, SG COLIS 62 (4195)

EXP. 162
David Boilat, 184.-185.
Auteur non identifié
Joseph Roger de Benoist, *Histoire de l'Église catholique au Sénégal...*, Paris, Karthala; Dakar, Clairafrique, 2008, p. 297
Reproduction d'une gravure dans ouvrage imprimé
BnF-PHS, 2008-54645

EXP. 163
***Carte des peuples du Sénégal dressée par D. Boilat... pour servir à l'intelligence de leur histoire*, 1853**
David Boilat (cartographie), L. Bouffard (gravure)
Paris, P. Bertrand
Carte imprimée (sans échelle), 30,2 × 48,9 cm, sur feuille, 34,3 × 54,6 cm
BnF-CPL, GE DL 1853-125

EXP. 164
« Presqu'île de Dakar, village de n'Caille », 1846
David Boilat, *Voyage à Joal*, , 1846, f. 8
Aquarelle, 22 × 28,8 cm, collée sur feuille, 26,6 × 41 cm, reliée dans un cahier
BnF-SG, SG CARTON BO-BON (109)

EXP. 165, p. 97
« Presqu'île de Dakar », 1846
David Boilat, *Voyage à Joal*, 1846, f. 9
Aquarelle, 22,5 × 31,6 cm, collée sur feuille, 26,6 × 41 cm, reliée dans un cahier
BnF-SG, SG CARTON BO-BON (109)

EXP. 166, p. 94, 95
« Marabout mandingue »; « Homme et femme toucoulaures. Marabout faisant un Grigri », 1853
David Boilat (dessin), Jacques-François Llanta (lithographie)
David Boilat, *Esquisses sénégalaises. Physionomie du pays, peuplades, commerce, religions, passé et avenir, récits et légendes,* Paris, P. Bertrand, 1853, pl. 10; pl. 20
Lithographies en couleurs, 19,3 × 13,4 cm; 19,8 × 13,5 cm, sur planche, 28 × 18 cm
BnF-SG, 8-SG BON G-369 (2)

EXP. 167
« Quelques mots en langue des Maures du Sénégal recueillis par Mr Boilat, 4 juillet 1843 »
Fandi-Sate
David Boilat, Carnet n° 2, p. 169-170
Manuscrit et dessin, encre noire et bistre, 14,5 × 45 cm (carnet ouvert)
BnF-SG, SG MS8-49 (1323, 2)

EXP. 168, p. 90
« Ce grigris était enfermé dans une corne de mouton », 184.
Auteur non identifié
« Notes du Fouta Toro. Lettres, mœurs, superstitions, dessins, chanson du Fouta... », cahier de dessins et de textes recueillis par David Boilat, 1843, f. 40
Manuscrit et dessin, encre, 39 × 31 cm
BnF-SG, SG MS8-49 (1324)

EXP. 169
« Alcide d'Orbigny », 185.
C. A. Schule (gravure)
Reproduction d'une gravure, 13,6 × 9,7 cm, collée sur carton, 16,6 × 11,1 cm
BnF-SG, SG PORTRAIT-3051

EXP. 170, p. 124-125
***Carte générale de la République de Bolivia dressée par A. d'Orbigny d'après ses itinéraires relevés dans le cours des années 1830, 1831, 1832 et 1833*, 1842**
Alcide d'Orbigny
Paris, Levrault
Carte imprimée (1:1 000 000), lithographie et aplats de couleurs manuscrits, 96,5 × 112,5 cm
BnF-CPL, GE C-10642

EXP. 171
Ensemble d'échantillons géologiques
Échantillons de roches récoltés par Alcide d'Orbigny en 1834 au cours de son voyage en Bolivie (Oligiste laminaire (Potosi); fluorine verte (Oruro); talcite phylladiforme gris, veiné de rouge (Cochabamba); micaschite jaune plissé (Santa Cruz); quartz blanc avec polybasite cristallisé en sidérose (Cochabamba); calcaire magnésien concrétionné jaunâtre (Potosi); quartz améthyste géodiques (Chiquitos))
De 7 × 3 cm à 10 × 10 cm
MNHM, MNHM-GG-2002-34; MNHM-GG-2002-43; MNHN-GG-2002-33; MNHM-GG-2002-30; MNHM-GG-2002-37; MNHM-GG-2002-35; MNHM-GG-3L279

EXP. 172
« Chamaedorea lanceolata (Ruiz & Pav.) [palmier des forêts] »
Spécimen végétal récolté en Bolivie par Alcide d'Orbigny entre 1830 et 1834
43 × 26,5 cm (feuille de réserve)
MNHM, MNHM-P00246250

EXP. 173, p. 128
« Hyospathe Montana », 1842
Jean Delarue
Recueil de dessins d'arbres et de plantes réalisés pour le *Voyage dans l'Amérique méridionale* d'Alcide d'Orbigny, pl. 5
Aquarelle, 34,5 × 26 cm
MNHM, Bibliothèque, MS 329

EXP. 174
« Passereaux », 1826-1833
Alcide d'Orbigny
Recueil de dessins d'oiseaux réalisés pour le *Voyage dans l'Amérique méridionale*, pl. 12
Aquarelle et encre, 30 × 23 cm
MNHM, Bibliothèque, MS2092

EXP. 175, p. 129
Ensembles d'oiseaux naturalisés
Spécimens récoltés par Alcide d'Orbigny au cours de son voyage en Amérique du Sud, 1827-1833
« Colaptes melanochloros nigroviridis » (Argentine); « Tersina viridis » (Bolivie); « Patagonia gigas peruviana » (Bolivie)
24 × 25 × 11 cm; 15 × 13 × 8 cm; 14 × 20 × 8 cm
MNHM, MNHN-ZO-2019-663; MNHN-ZO-2019-666; MNHN-ZO-2019-664

EXP. 176
« Désiré Charnay », 188.
Napoléon Sarony (New York)
Épreuve sur papier albuminé, 15,3 × 10,3 cm, collée sur carton, 16,4 × 10,7 cm
BnF-SG, SG PORTRAIT-242

EXP. 177, p. 196
« Détail de la porte principale du palais du Gouverneur à Uxmal (Yucatán) », 1860
Désiré Charnay
Album de planches photographiques accompagnant l'ouvrage de Désiré Charnay, *Cités et ruines américaines, Mitla, Palenqué, Izamal, Chichen-Itza, Uxmal*, Paris, Gide, A. Morel & Cie, 1862-1863
Épreuve sur papier albuminé, 42,5 × 34,3 cm, collée sur carton, 71,5 × 54 cm
BnF-SG, GR FOL-SG C9-148 (RES), pl. 47

EXP. 178
« Sacrifice à Cuculcan quetzalcoatl, Lorillard, Yucatán », c. 1881-1882
Désiré Charnay (photographie), Molteni (contretype)
Photographie positive sur verre pour projection, 10 × 8,5 cm
BnF-SG, SG XGD-121

EXP. 179
« [Désiré Charnay devant] Un escalier de la pyramide Ka-bul à Izamal, Yucatán », 1886
Désiré Charnay (photographie), Molteni (contretype)
Photographie positive sur verre pour projection, 10 × 8,5 cm
BnF-SG, SG XGD-150

EXP. 180, p. 198
« Échantillons de vases trouvés dans le cimetière de Tenenepanco, 2 100 m., Mexique », c. 1880-1881
Désiré Charnay (photographie), Molteni (contretype)
Photographie positive sur verre pour projection, 10 × 8,5 cm
BnF-SG, SG XGD-45

EXP. 181
Moulage d'un bas-relief de Yaxchilan (Mexique)
Moulage d'après un estampage réalisé par Désiré Charnay à Yaxchilan en 1882
Plâtre, 117 × 81 × 11 cm
MQB-JC, inv. 71.1882.17.1

EXP. 182, p. 199
Vase à long col, anse torse, tête de Tlaloc pastillée sur la panse, c. XIIIe-XVIe siècle
Objet rapporté de Tenenepanco (Mexique) par Désiré Charnay en 1881
Céramique, 23 × 12,5 × 13,5 cm
MQB-JC, inv. 71.1882.17.60

EXP. 183
Vase tripode à pieds zoomorphes, XIIIe-XVIe siècle
Objet rapporté de Tenenepanco (Mexique) par Désiré Charnay en 1881
Terre cuite, décoration polychrome, 8,8 × 14,8 × 14,7 cm
MQB-JC, inv. 71.1882.17.620

EXP. 184
Petit vase à tête de Tlaloc sur la panse, XIIIe-XVIe siècle
Objet rapporté de Tenenepanco (Mexique) par Désiré Charnay en 1881
Céramique rose, 8,9 × 10,8 × 0,85 cm
MQB-JC, 71.1882.17.374

EXP. 185, p. 142
(1re photographie convertie en positif) Quatre photographies prises lors de la mission à Angkor, 1887-1888
Lucien Fournereau
Temple du Bayon, petite tour du troisième étage; Temple de Ta Prohm, fausse baie à claustras; Vue du campement; Moines bouddhistes
Négatifs au gélatino-bromure d'argent sur verre, 24 × 18 cm (pour les deux premiers); 18 × 24 cm (pour les deux derniers)
BnF-SG, SG XXCM-3; SG XXCM-5; SG XXCM-121; SG XXCM-2

EXP. 186, p. 148-149
« Ruines khmères du Cambodge », c. 1887-1888
Lucien Fournereau
Dessin, aquarelle et encre de Chine, 114 × 141 cm, sur feuille, 129 × 155 cm
Beaux-Arts, inv. PC25872-3

EXP. 187, p. 146
Moulage de la partie centrale d'un linteau de Pré Rup, c. 1887-1888
Réalisé par Sylvain Raffegeaud lors de la mission de Lucien Fournereau à Angkor, 1887-1888
Plâtre, 40 × 45 × 15 cm
MNAAG, MO3B.17

EXP. 188, p. 144-145
Carnet de recommandations à Lucien Fournereau pour un voyage à Angkor, 1887
Louis Delaporte
Manuscrit, encre et aquarelle, 30,5 × 23 cm (carnet fermé)
Coll. particulière

EXP. 189
« Angkor Thom : restauration du Baïon, ou monument aux quarante-deux tours », c. 1870-1875
Louis Delaporte
Aquarelle, gouache, rehauts de blanc, 31,5 × 60,3 cm
MNAAG, MG26675

EXP. 190, p. 150
***Dumont d'Urville, contre-amiral*, 183.**
Jacques-François Llanta (lithographie)
Lithographie, 21,5 × 15 cm
BnF-SG, SG PORTRAIT-2742

EXP. 191, p. 156-157
« Vue du Village de Nama, île de Vanikoro », 1827
Louis Auguste de Sainson
Aquarelle ayant servi à illustrer le *Voyage de la corvette L'Astrolabe exécuté pendant les années 1826-1827-1828-1829 sous le commandement de M. Jules Dumont d'Urville*, Paris, J. Tastu, 1833
Aquarelle, 23 × 30,5 cm, sur planche, 29 × 35 cm
BnF-SG, FOL-SG 4 (RES), pl. 20

EXP. 192, p. 154-155
« Carte pour l'intelligence du mémoire de M. le capitaine D'Urville sur les îles du Grand Océan (Océanie) », 1833
Ambroise Tardieu (cartographie et gravure)
Voyage de la corvette L'Astrolabe exécuté pendant les années 1826-1827-1828-1829 sous le commandement de M. Jules Dumont d'Urville, Atlas, vol. 1, Paris, J. Tastu, 1833
Carte gravée en couleurs (c. 1:58 000 000), 24 × 36,7 cm, sur planche, 31,8 × 50,8 cm
BnF-SG, GR FOL-SG BON C-9

EXP. 193
« Nouvelle Zélande. Costumes des naturels du Cap Palliser. Costumes des naturels du détroit de Cook », 1833
Louis Auguste de Sainson (dessin), Auguste Raffet (lithographie)
Voyage de la corvette L'Astrolabe exécuté pendant les années 1826-1827-1828-1829 sous le commandement de M. Jules Dumont d'Urville, Atlas historique, pl. 41, Paris, J. Tastu, 1833
Lithographie en couleurs, 36 × 54 cm
BnF-SG, SG WG-167 (3)

EXP. 194, p. 153
« Naturel de Nouka-Hiva », 1843
Louis Le Breton (dessin), Émile Lassalle (lithographie)
Lithographie, 42 × 28 cm, sur planche, 52,5 × 34 cm
Voyage au pôle Sud et dans l'Océanie sur les corvettes l'Astrolabe et la Zélée... pendant les années 1837-1838-1839-1840 sous le commandement de M. J. Dumont d'Urville, Atlas pittoresque, vol. 1, Paris, Gide et J. Baudry, 1846-1853, pl. 58
BnF-SG, FOL-SG-141 (1)

EXP. 195
Sépulture antique de Téa-Kaou, c. 1841-1842
Photographie prise par Louis-Auguste Bisson d'un crâne rapporté par Pierre Marie Dumoutier lors de la mission de Jules Dumont d'Urville au pôle Sud, 1837-1840
Daguerréotype, 16 × 12 cm (plaque), sur montage, 20,5 × 16,5 cm
MBQ-JC, PM000162

EXP. 196
« Céphalomètre du Dr Dumoutier », 1842-1847
Eugène Wormser (dessin et gravure)
Voyage au pôle Sud et dans l'Océanie sur les corvettes l'Astrolabe et la Zélée… pendant les années 1837-1838-1839-1840 sous le commandement de M. J. Dumont-d'Urville, t. 4, Anthropologie, Paris, Gide et J. Baudry, 1842-1847, pl. 48
Gravure, 49,7 × 33 cm, sur planche, 54,8 × 35,4 cm
BnF-SG, GR FOL-SG BON C-10 (2)

EXP. 197
Moulage ethnologique sur nature d'un visage, c. 1880
Pierre Marie Dumoutier
Plâtre, 19 × 15,5 × 0,7 cm
Beaux-Arts, inv. MU 12098-01

EXP. 198, p. 135
« Matoua Tawai, néo-zélandais d'Ika-Na-Mawi (tête tatouée) », Cororareka, Île du Nord (Nouvelle-Zélande), c. 1837-1840
Buste réalisé par Pierre Marie Dumoutier à partir d'un moulage fait au cours de la mission de Jules Dumont d'Urville au pôle Sud, 1837-1840
Plâtre, 38 × 23 × 23 cm
MNHM, HA-866-1

EXP. 199, p. 132
« Vue d'El Goléa – 10 novembre 1885 »
Charles de Foucauld, Carnet de croquis n° 2 du voyage aux confins algéro-tunisiens, 1885, f. 20
Dessin au crayon fait à la chambre claire, 13,2 × 21 cm
BnF-SG, SG MS8-4 (1257, 2)

EXP. 200
« Vue du ravin de l'Ouad Magroun et, dans le lointain de la vallée de l'Ouad Massin où le premier va se jeter, prise de la qantra (région des qantra). 1 h soir. 29 octobre 1885 »
Charles de Foucauld, Carnet de croquis n° 1 du voyage aux confins algéro-tunisiens, 1885, f. 35
Dessin au crayon fait à la chambre claire, 13,2 × 21 cm
BnF-SG, SG MS8-4 (1257, 1)

EXP. 201
« Touggourt. Une rue couverte. 5 décembre 1885 »
Charles de Foucauld, Carnet de croquis n° 3 du voyage aux confins algéro-tunisiens, 1885, f. 13
Dessin au crayon fait à la chambre claire, 12,4 × 21,7 cm
BnF-SG, SG MS8-4 (1257, 3)

EXP. 202
Chambre claire, XIXe siècle
Instrument utilisé par Charles de Foucauld lors de ses voyages au Maroc (1883-1884) et en Algérie (1885)
Laiton, 40,5 × 9 cm (largeur du miroir)
Paris, Société de géographie, SG OBJET 10

EXP. 203
« Dessin à la chambre claire »
Eugène-Oscar Lami, *Dictionnaire encyclopédique et biographique de l'industrie et des arts industriels*, t. II, Paris, Librairie des Dictionnaires, 1882, p. 536
Gravure
BnF-SCT, 4-V-1219 (2)

EXP. 204
Portrait de Savorgnan de Brazza, 1886
Alphonse Monchablon
Huile sur toile, 146 × 119,7 cm
MQB-JC, inv. 75.15648

EXP. 205
***Congo français ou France équatoriale pour suivre l'exposé fait à la Société de géographie par P. Savorgnan de Brazza*, 1886**
Jules Hansen (cartographie)
Paris, Société de géographie
Carte imprimée (1:3 500 000), mentions manuscrites en couleurs, 29,4 × 37,2 cm, sur feuille, 34,1 × 44,8 cm
BnF-CPL, GE D 25703 (1)

EXP. 206
Podomètre et télémètre, 1789
Borde (Paris)
Instrument utilisé par Pierre Savorgnan de Brazza lors de ses expéditions au Congo
Métal, 9,5 × 2 cm
MQB-JC, inv. 75.15776.1.1

EXP. 207, p. 126
« De Bouanza à Brazzaville, itinéraire de Joseph Cholet, 26 janvier-8 février 1887 »
Joseph Cholet
Manuscrit, 13,8 × 8,5 cm
BnF-SG, SG CARTON A-AN (8)

EXP. 208
Itinéraire entre Loudima et Tchiloango, Congo, carte relevée au podomètre, 1887
Joseph Cholet
Croquis cartographique manuscrit (sans échelle), encre noire et de couleur, 22,8 × 14,5 cm
BnF-CPL, GE F CARTE 8424 (3)

EXP. 209
Zones de confluence entre les rivières Alima, Licounda, Sangha et Congo, c. 1878-1886
Auteur non identifié
Croquis cartographiques manuscrits sur calque (échelles diverses), encre, 29,5 × 47 cm
BnF-SG, SG CARTON BOR-BU 130, pl. 8

EXP. 210
Appareil de géodésie de type sextant, XIXe siècle
Peacock (Auckland)
Instrument utilisé par Pierre Savorgnan de Brazza lors de ses expéditions au Congo
Verre, métal, étui en cuir, 12 cm de hauteur
MQB-JC, inv. 75.15776.2

EXP. 211, p. 123
Sextant à visée par œilleton, XIXe siècle
Lenoir (Paris)
Instrument utilisé par Pierre Savorgnan de Brazza lors de ses expéditions au Congo
Corps et alidade en laiton, limbe en argent, 27 cm (hauteur)
MQB-JC, inv. 75.15675.1

Exploration et colonisation

EXP. 212
« G.al Gallieni », 1893
Eugène Pirou
Épreuve sur papier albuminé, 14 × 10 cm, collée sur carton, 16,4 × 10,8 cm
BnF-SG, SG PORTRAIT-2087

EXP. 213
« Itinéraires de Médine à Nango par la mission Galliéni : routes du Ba-oulé et du Bélé-dougou par le capitaine Piétri, routes du Ba-khoy et du Manding par le capitaine Vallière », 1882
Jules Hansen (cartographie)
Bulletin de la Société de géographie, Paris, Société de géographie, 3e trim. 1882, p. 160
Carte imprimée (1:800 000), tracés en rouge, 36 × 76 cm, sur feuille, 39,6 × 76,6 cm
BnF-CPL, GE C 10955

EXP. 214
« Territoires contrôlés par Ahmadou – Territoires en révolte contre Ahmadou », c. 1880-1881
Jean Vallière (attribué à)
Croquis cartographique manuscrit sur calque (sans échelle), encre et crayon de couleur, 20,2 × 25,1 cm
BnF-CPL, GE BB 1122 (93B)

EXP. 215, p. 158
***Le général Galliéni et Amadou, sultan de Ségou, signent le traité de protectorat de la France*, c. 1895**
Louis Bombled
Collection L. Geisler / Sénégal – Les hommes d'action, 5
Chromolithographie, 22,6 × 17,7 cm
BnF-EST, PET FOL-QB MAT 1a TOPO 1565

EXP. 216
« Passage difficile du Fello Touma », c. 1881-1882
Ernest Noirot
Mission du docteur Bayol au Fouta Djalon, Guinée, 1881-1882
Reproduction photomécanique d'un dessin, 15 × 23 cm, collée sur carton, 27,2 × 35,7 cm
BnF-SG, SG WE 13 (18)

EXP. 217
« Panorama de la chaîne de Donhol Fella », 1881-1882
Ernest Noirot
Mission du docteur Bayol au Fouta Djalon, Guinée, 1881-1882
Reproduction photomécanique d'un dessin, 8,6 × 26,6 cm, collée sur carton, 27,2 × 35,7 cm
BnF-SG, SG WE 13 (24)

EXP. 218
« Alassane Dia », c. 1887
Eugène Chéron
Épreuve sur papier albuminé, 14,1 × 10,3 cm, collée sur carton, 16,4 × 10,8 cm
BnF-SG, SG PORTRAIT-1992

EXP. 219
« Peuhls de la mission topographique », c. 1881-1882
Auteur non identifié
Mission Gallieni, Sénégal et Soudan, 1881-1882
Épreuve sur papier albuminé, 16,4 × 20,2 cm, collée sur carton, 27 × 35 cm
BnF-SG, SG WE 14 (10)

EXP. 220, p. 160
« Indigènes de la mission Gallieni », c. 1881-1882
Auteur non identifié
Mission Gallieni, Sénégal et Soudan, 1881-1882
Épreuve sur papier albuminé, 19,2 × 24,8 cm, collée sur carton, 27 × 35 cm
BnF-SG, SG WE 14 (5)

EXP. 221
« Province de Nam Dinh – rivières à l'ouest du Thai Binh », carte annamite du Sud-Ouest des Bouches du Fleuve rouge (Tonkin), 18..
Auteur non identifié
Carte manuscrite (sans échelle), encre et aquarelle, 124 × 57 cm
BnF-CPL, GE SH 19 PF 180 DIV 2 P 22/12

EXP. 222
« Signature des travaux de l'abornement du Kwang-Si », 1895
Pierre Famin, *Au Tonkin et sur la frontière du Kwang-Si*, Paris, A. Challamel, 1895
Gravure imprimée d'après une photographie
BnF-PHS, 8-LK10-351

EXP. 223, p. 162-163
***Carte administrative des territoires militaires et postes militaires du Tonkin*, 1894**
Bureau topographique des troupes de l'Indochine
Carte imprimée en couleurs (1:500 000), 87 × 126 cm
BnF-CPL, GE C-1919

EXP. 224, p. 47
***La Guerre à Madagascar*, 1895**
Louis Bombled (dessin)
Carte accompagnant l'ouvrage paru en livraisons : H. Galli, *La Guerre à Madagascar, histoire anecdotique des expéditions françaises de 1885 à 1895*, Paris, Garnier frères, 1897
Affiche, chromolithographie, 114,5 × 74,5 cm
BnF-SG, SG WE 527

EXP. 225
***Le général Galliéni, pacificateur de Madagascar*, c. 1898**
Imagerie Pellerin
Imagerie d'Épinal, n° 115
Affiche, gravure sur bois, 50 × 35 cm
BnF-EST, N-2 (GALLIÉNI, Joseph-Simon)

EXP. 226
« Hova Manjakandriana », c. 1896-1905
État-major de Gallieni (service géographique)
Épreuve sur papier baryté, 16,9 × 11,8 cm
ANOM, fonds Gallieni, FR ANOM 44PA221/26

EXP. 227
« Type Bezanozano. Nom : Rahasy; âge : 25 ans; taille : 1 m 54; résidence : Moramanga », c. 1896-1905
État-major de Gallieni (service géographique)
Épreuve sur papier baryté, 16,9 × 11,8 cm
ANOM, fonds Gallieni, FR ANOM 44PA143/14

EXP. 228
« Andreba. Type sihanaka », c. 1896-1905
État-major de Gallieni (service géographique)
Épreuve sur papier baryté, 16,9 × 11,8 cm
ANOM, fonds Gallieni, FR ANOM 44PA151/84

EXP. 229
« Vieillard betsimisaraka. Nom : Rainiboto; âge : 70 ans; taille : 1 m 69; résidence : Androranga », c. 1896-1905
État-major de Gallieni (service géographique)
Épreuve sur papier baryté, 16,9 × 11,8 cm
ANOM, fonds Gallieni, FR ANOM 44PA154/24

EXP. 230
« Femme sihanaka du lac Aloatra. Nom : Ravolabe; âge : 30 ans; taille : 1 m 70; résidence : Amparihimpona », c. 1896-1905
État-major de Gallieni (service géographique)
Épreuve sur papier baryté, 16,9 × 11,8 cm
ANOM, fonds Gallieni, FR ANOM 44PA154/24

EXP. 231, p. 165
« Petite fille betsimisaraka. Nom : Poraka; âge : 3 ans et demi; taille : 0,87 m; résidence : Antanambao, Madagascar, district de Vatomandry », c. 1896-1905
État-major de Gallieni (service géographique)
Épreuve sur papier baryté, 16,9 × 11,8 cm
ANOM, fonds Gallieni, FR ANOM 44PA154/46

EXP. 232, p. 160
Scène de travail dans une tranchée, Madagascar, c. 1902-1903
État-major de Gallieni (service géographique)
Épreuve sur papier baryté, 11,8 × 16,9 cm
ANOM, fonds Gallieni, FR ANOM 44PA165/130

EXP. 233
« Travail de route sur le plateau calcaire entre Ampanihy et Ampalaza », Madagascar, c. 1896-1905
État-major de Gallieni (service géographique)
Épreuve sur papier baryté, 11,8 × 16,9 cm
ANOM, fonds Gallieni, FR ANOM 44PA147/51

EXP. 234
« Les piles du pont sur le Mangoro à Antanjona », Madagascar, c. 1896-1905
État-major de Gallieni (service géographique)
Épreuve sur papier baryté, 11,8 × 16,9 cm
ANOM, fonds Gallieni, FR ANOM 44PA221/9

Quatrième partie
Au retour du voyage

Le récit de l'exploration

EXP. 235, p. 172-173
***Carte itinéraire du voyage de M. Caillié à Jenné et à Temboctou rédigée d'après le Journal du voyageur par M. Jomard*, 1829**
Edme-François Jomard
Paris, Duval
Carte imprimée (1:1 000 000), 59 × 89 cm, sur feuille, 65 × 97 cm
BnF-CPL, GE C-8861

EXP. 236
***Journal d'un voyage à Temboctou et à Jenné, dans l'Afrique centrale, précédé d'Observations faites ches les Maures Braknas, les Nalous et d'autres peuples, pendant les années 1824, 1825, 1826, 1827, 1828*, t. I, 1830**
René Caillié
Paris, Impr. royale
Ouvrage imprimé, 21 × 13,5 cm
BnF-CPL, GE FF 5315

EXP. 237, p. 174
« Vue d'une partie de la ville de Tombouctou prise du sommet d'une colline à l'est-nord-est », 1830
René Caillié, *Journal d'un voyage à Temboctou*, Atlas, Paris, Impr. royale, 1830, pl. 6
Lithographie, 17 × 21,5 cm, sur planche, 22 × 28,5 cm
BnF-CPL, GE FF 5318

EXP. 238
« Le Cheykh Mohammed Ibn Omar El-Tounsy », c. 1851
M. Machereau
Dessin pour le *Voyage au Ouadây*, 1851
Dessin, fusain, 29,5 × 20 cm, collé sur carton, 42 × 30,6 cm
BnF-SG, SG PORTRAIT 10021

EXP. 239, p. 176
***Voyage au Ouadây*, 1851**
Mohammed Ibn-Omar El-Tounsy (auteur), Nicolas Perron (traduction)
Paris, B. Duprat
Ouvrage imprimé, 25 × 16 cm, comprenant un portrait gravé « Cheykh Mohammed Ibn-Omar El-Tounsy », 24 × 15 cm (dessin : M. Machereau); une carte gravée, « Essai de carte du Ouadây », 46 × 29 cm (cartographie : Nicolas Perron)
BnF-SG, 8-SG BON G-610

EXP. 240
« Ville de Ouarah, capitale du Ouadây », 1851
M. Machereau (dessin)
Gravure extraite de Mohammed Ibn-Omar El-Tounsy, *Voyage au Ouadây*, Paris, B. Duprat, 1851, pl. IV
Lithographie, 18, × 26,2 cm, sur planche, 24,5 × 27,8 cm
BnF-Sg, 8-SG BON G-610

EXP. 241
Portraits d'habitants du Ouadây, 1851
Machereau (dessin), Llanta (lithographie)
Gravure extraite de Mohammed Ibn-Omar El-Tounsy, *Voyage au Ouadây*, Paris, B. Duprat, 1851, pl. VII
Lithographie, 24,2 × 13,6 cm
BnF-SG, 8-SG BON G-610

EXP. 242
« Chants du Ouadây », 1851
Gravure extraite de Mohammed Ibn-Omar El-Tounsy, *Voyage au Ouadây*, Paris, B. Duprat, 1851, pl. IX
Lithographie, 17,9 × 25,6 cm, sur planche, 24,3 × 27,6 cm
BnF-SG, 8-SG BON G-610

EXP. 243, p. 179, 180-181 (planches n° 25 et 15)
Cinq gouaches originales, 1839-1840, ayant servi à illustrer le *Voyage sur la côte orientale de la Mer Rouge, dans le pays d'Adel et le royaume de Choa*, Paris, Arthus Bertrand, 1841
Charles-Xavier Rochet d'Héricourt
« Femme amhara broyant du blé », 23,5 × 15,8 cm ; « Kol-Quall (Euphorbia abyssinica) », 23,5 × 15,8 cm ; « Mahamet Loëta, ras de la Kabyle Débenet », 23,2 × 15,8 cm ; « Passage de l'Aouache », 17,5 × 25,8 cm ; « Vue de la ville d'Angobar, capitale du royaume de Choa (Abyssinie méridionale) », 17,2 × 26,5 cm
BnF-SG, SG CARTON RE-RU (926) (pl. 25, 17, 13, 15, 21)

EXP. 244
« Femme amhara broyant du blé », 1841
P. Blanchard (dessin)
Charles-Xavier Rochet d'Héricourt, *Voyage sur la côte orientale de la mer Rouge, dans le pays d'Adel et le royaume de Choa*, Paris, A. Bertrand, 1841
Gravure, 19,5 × 11,5 cm, sur planche, 23,5 × 15 cm
BnF-SG, 8-SG BON G-296 (1)

EXP. 245
« John Wesley Powell », c. 1883
Auteur non identifié
Épreuve sur papier albuminé, 14,7 × 10,1 cm, collée sur carton, 16,5 × 10,8 cm
BnF-SG, SG PORTRAIT-1103

EXP. 246, p. 194-195
« Panorama from Point Sublime », 1882
William H. Holmes (dessin)
Clarence Dutton, *Atlas to accompany the monograph on the Tertiary history of the Grand Cañon District*, 1882, pl. XV
Lithographie, 44,5 × 76 cm, sur feuille, 50,5 × 84 cm
BnF-SG, GR FOL-SG D7-555

EXP. 247, p. 190, 193 (1re et 3e photographies)
Six photographies prises lors de la mission de John Wesley Powell *US Topographical and Geological Survey of the Colorado River of the West*, 1871-1873
John K. Hillers
« The Cañon at Noon », *Views on the Colorado River*, n° 181 ; « The Last of the Colodion », *Views on the Rio Virgen*, n° 28 ; « Ku-ra-tu », *Indians of the Colorado Valley*, n° 8 ; « The Basket Maker », *Indians of the Colorado Valley*, n° 13 ; « Kindling a fire by friction », *Indians of the Colorado Valley*, n° 15 ; « The Hunter », *Indians of the Colorado Valley*, n° 42
Cartes stéréoscopiques, 2 épreuves sur papier albuminé, 11 × 7,7 cm, collées sur carton, 11,3 × 17,8 cm
BnF-SG, SG WF 2 (vues n° 3, 6, 9, 11, 16 et 28)

EXP. 248
« Noon-day rest in Marble Cañon », 1875
John W. Powell, *Exploration of the Colorado River of the West and its Tributaries. Explored in 1869, 1870, 1871, and 1872, under the direction of the secretary of the Smithsonian institution*, Washington, Government printing office, 1875, p. 74-75
Reproduction photomécanique, 16,5 × 11 cm, dans ouvrage imprimé, 30 × 24 cm
BnF-CPL, GE FF 2202

EXP. 249
« M. Eugène Brussaux », c. 1905-1907
Auteur non identifié
L'Illustration, n° 3347, 20 avril 1907, p. 260
Reproduction photomécanique
BnF-PHS, 2000-900004

EXP. 250, p. 213
Album de la *Mission Moll, Congo-Cameroun, 1905-1907*, 1907
Eugène Brussaux (photographie), M. Chambolle-Duru, Victor Prouvé et René Wiener (reliure)
Exemplaire réalisé pour le président Armand Fallières, 60 × 51 × 10 cm
Nevers, Médiathèque Jean-Jaurès, MAG 709.2 MOL

EXP. 251, p. 211
Moundans, village de Léré, 1906
Eugène Brussaux
Album de la *Mission Moll, Congo-Cameroun, 1905-1907*, 1907, pl. 26
Huit épreuves argentiques de formats divers sur planche, 54 × 40 cm
BnF-SG, SG WE 260

EXP. 252
Tata [palais fortifié] et cases du village de Léré, 1906
Eugène Brussaux
Album de la *Mission Moll, Congo-Cameroun, 1905-1907*, 1907, pl. 27
Sept épreuves argentiques de formats divers sur planche, 54 × 40 cm
BnF-SG, SG WE 260

EXP. 253, p. 208
Préparation du mil, 1906
Eugène Brussaux (photographies et texte), « Notes sur les Moundans », 1906, p. 57
3 épreuves argentiques, 8,5 × 7,5 cm, et dactylographie, collées sur feuille, 27 × 21 cm
BnF-SG, 4-SG C6-498 (6)

EXP. 254
Pêcheurs avec filets, 1906
Eugène Brussaux (photographies et textes), « Notes sur les Moundans », 1906, p. 58
4 épreuves argentiques, 8,5 × 7,5 cm, et dactylographie, collées sur feuille, 27 × 21 cm
BnF-SG, 4-SG C6-498 (6)

La mise en scène de l'« autre »

EXP. 255
« Joseph Napoléon Martin », 1882
S. Ptaschinsky (Saint-Pétersbourg)
Épreuve argentique, 13,3 × 10 cm, collée sur carton, 15,6 × 10,5 cm
BnF-SG, SG PORTRAIT-265

EXP. 256, p. 205 (vues n° 1 et 6)
« Exposition au Palais du Trocadéro, à Paris, d'objets rapportés de la Sibérie orientale par Joseph Napoléon Martin 1882-1886 », mai-juin 1887
James Jackson
3 épreuves sur papier albuminé, 12 × 17,3 cm, collées sur carton, 21 × 27 cm
BnF-SG, SG WD 70 (vues n° 1, 6 et 8)

EXP. 257, p. 206 (manteau)
Costume de riche marchand (manteau, bonnet, bottes et moufles), 2e moitié du XIXe siècle
Ethnie Yakoute, Monts Stanovoï
Costume rapporté par Joseph Martin de son voyage en Sibérie orientale (1882-1886) et exposé au palais du Trocadéro à Paris en juin 1887
Peau de renne, fourrure de renne et de renard, 129 × 95 × 18 cm (manteau), 33 × 41 × 29 cm (bonnet), 82 × 30 × 45 cm (bottes), 82 × 30 × 45 cm (moufles)
MQB-JC, inv. 71.1887.42.25 ; 71.1887.42.26 ; 71.1887.42.28.1-2, 71.1887.42.27.1-2

EXP. 258
Épieu à ours avec fourreau, milieu du XIXe siècle
Ethnie Yakoute, Monts Stanovoï
Objet rapporté par Joseph Martin de son voyage en Sibérie orientale (1882-1886) en Sibérie orientale et exposés au palais du Trocadéro à Paris en juin 1887
Bois, fer, peau, 130 × 4,9 × 3,3 cm
MQB-JC, inv. 71.1887.42.31.1-2

EXP. 259
Couteau avec fourreau, fin XIXe-début XXe siècle
Minoussinsk (Krasnoïarsk)
Objet rapporté par Joseph Martin de son voyage en Sibérie orientale (1882-1886) et exposés au palais du Trocadéro à Paris en juin 1887
Bois, fer, 29,8 × 6,8 × 2,5 cm
MQB-JC, inv. 71.1943.27.600.1-2

EXP. 260
Ensemble d'objets sibériens, milieu du XIXe siècle
Objets rapportés par Joseph Martin de son voyage en Sibérie orientale (1882-1886) et exposés au palais du Trocadéro à Paris en juin 1887
Pendeloque, accessoire de costume chamanique, fer, 15 × 7 × 2 cm ; pendeloques, accessoires de costume chamanique, métal, 10 × 4 × 1 cm ; figurine support d'esprit, bois et fourrure de renne, 4 × 12 × 2,4 cm ; troussequin de selle de renne, bois de renne sculpté, 21 × 15,5 × 2,5 cm ; support d'esprit, plongeon, bois, 12,5 × 11 × 33,5 cm ; troussequin de selle de rennes, bois de renne gravé et cuir, 14,5 × 22 × 2 cm
MQB-JC, inv. 71.1994.0.3.1-2 X AS ; 71.1943.27.604 ; 71.1887.42.19 ; 71.1887.42.23 ; 71.1887.42.14 ; 71.1887.42.22

EXP. 261, p. 185
***Jardin zoologique d'acclimatation. Bois de Boulogne. Arrivage d'animaux nubiens…*, 1877**
Jules Chéret
Affiche, lithographie en couleurs, 128 × 90 cm
BnF-EST, ENT DN-1 (CHERET, Jules /77)-ROUL

EXP. 262, p. 186
Groupe d'indiens Omaha au Jardin d'acclimatation, 1883
Roland Bonaparte, *Collection anthropologique du prince Roland Bonaparte*, album *Peaux Rouges*
Épreuve sur papier albuminé, 16,8 × 22,5 cm, collée sur carton, 31,5 × 40,5 cm
BnF-SG, SG WF 12 (35)

EXP. 263, p. 184
« White Swan - Mi-Khasga, 25 ans; il est marié et a un enfant », face et profil, 1883
Roland Bonaparte, *Collection anthropologique du prince Roland Bonaparte*, album *Peaux Rouges*
Épreuves sur papier albuminé, 22,5 × 16,8 cm, collées sur carton, 40,5 × 31,5 cm
BnF-SG, SG WF 12 (vues n° 15 et 16)

EXP. 264
« Beautiful Hill - Va-shesh-na-bé, 35 ans; c'est la fille d'un chef célèbre nommé Big-Eye (Inshta-Tanga) », face et profil, 1883
Roland Bonaparte, *Collection anthropologique du prince Roland Bonaparte*, album *Peaux Rouges*
Épreuves sur papier albuminé, 22,5 × 18,6 cm, collées sur carton, 40,5 × 31,5 cm
BnF-SG, SG WF 12 (vues n° 31 et 32)

EXP. 265, p. 189
Collection anthropologique du prince Bonaparte, Exposition universelle, 1889
Roland Bonaparte
Épreuve sur papier albuminé, 22,5 × 16,8 cm, collée sur carton, 40 × 31 cm
BnF-SG, SG W 63 (5)

Sons et lumières: projections

EXP. 266
Lanterne de projection, c. 1875-1900
Molteni (Paris)
Appareil de projection de vues sur verre, laiton et bois, 55 cm (avec objectif) × 21 cm (avec socle) × 46 cm (avec cheminée)
BnF-CPL, GE A 2058

EXP. 267
« Séance de projections photographiques dans le grand amphithéâtre de la Sorbonne », 10 avril 1880
Auguste Hilaire Léveillé
L'Univers Illustré, Paris, Lévy, n° 1307
Gravure d'après gravure sur bois, 22,3 × 30,2 cm, sur page, 27 × 40 cm
BnF-PHS, FOL-LC2-2956

EXP. 268, p. 42 (3e photographie)
Conférence de Gabrielle Vassal à la Société de géographie, 17 mars 1911
Photographies prises lors de son voyage en Annam, 1904-1907
Village Moï; Gabrielle Vassal dans une automobile; Le *Salazie*, paquebot des messageries maritimes; Village Moï; Rivière à Nhatrang; Jeune femme dans le jardin autour de la maison à Nhatrang; Pêcheurs; Porteurs; Femme annamite et ses enfants dans le jardin à Nhatrang
Photographies positives sur verre pour projection, 8,5 × 8,5 cm
BnF-SG, SG XCM-1414, SG XCM-1364, SG XCM-1421, SG XCM-1416, SG XCM-1420, SG XCM-1415, SG XCM-1409, SG XCM-1339, SG XCM-1356

EXP. 269
Conférence de Fernand Foureau à la Société de géographie, 27 avril 1894
Photographies prises lors de son voyage au Sahara algérien, 1893-1894
« Ma caravane dans le Gassi Touïl (Erg) »; « Falaise du Tinghert à 10 kil N-O. de Timassânine »; « Mon campement près des notables Azdjer à Afara-n-Ouech[e] cherane (Ouad Tikhamalt, Tassili) »; « Arrivée des Kebar Azdjer à mon camp (ouad Tikhamalt) »; « Moulay-ag-Khaddadj et M-ben-Ikhenoukhen, notables des Azdjer »; « Groupes de dignitaires Azdjer attendant mes cadeaux (à Gour Isouitar = Tassili) »; « Femmes touareg »; « Négrillon de l'Adrar appartenant à Ikhenoukhen »; « L'ouad mïa à Djelgoum Tademayt »; « Les chefs des Adjer quittant mon camp après avoir reçu mes cadeaux »
Photographies positives sur verre pour projection, 10 × 8,5 cm
BnF-SG, SG XEC- 261, SG XEC-134, SG XEC-97, SG XEC-108, SG XEC-107, SG XEC-98, SG XEC-161, SG XEC-168, SG XEC-112, SG XEC-100

EXP. 270
Conférences de Désiré Charnay à la Société de géographie, 1er juillet 1881, 15 décembre 1882 et 17 décembre 1886
Photographies prises lors de ses voyages au Mexique, 1881-1886
« Rivage de la mer, île de Jaïna »; « Volan Coche »; « Statue Tlaloc. Tlascala »; « Têtes diverses en terre cuite à Teotihuacan »; « Gr[an]de pyramide. Izamal »; « El Castillo. Chichen Itza »; « Entre deux palais à Ek-balam »; « Kabah. 1er palais »; « Groupe de Lacandons »; « Types mayas »
Photographies positives sur verre pour projection, 10 × 8,5 cm
BnF-SG, SG XGD-251, SG XGD-74, SG XGD-64, SG XGD-53, SG XGD-77, SG XGD-129, SG XGD-144, SG XGD-99, SG XGD-71, SG XGD-123

EXP. 271
Conférence d'Isabelle Massieu à la Société de géographie, 5 avril 1898
Photographies prises lors de son voyage en Birmanie, 1896-1897
« Rangoon Entrée de la Sway-Dagon Pagoda »; « Embarquement de l'éléphant »; « Rue de village »; « Le Monastère doré construit par Supulayat »; « Marchands Shane »; « Jeune Katchin »; « Types de Dacoïts »; « Jeune beauté Shane »; « Un Swabwa et sa femme »; « Tatouage »
Photographies positives sur verre pour projection, 10 × 8,5 cm
BnF-SG, SG XCJ-3, SG XCJ-23, SG XCJ-24, SG XCJ-27, SG XCJ-11, SG XCJ-17, SG XCJ-13, SG XCJ-9, SG XCJ-19, SG XCJ-22

EXP. 272
Conférence de Lucien Fournereau à la Société de géographie, 16 novembre 1888
Photographies prises lors de son voyage à Angkor, 1887-1888
« Rivière de Siem Reap »; « Bonze »; « Sculpture: Angkor-Vat »; « Angkor Vat: vue prise de la tour N.E. »; « Ba-Cong: édicules en briques »; « Bayon: petite tour au 3e étage »; « Mi-bon: une porte »; « Porte sud d'Angkor Thom »; « Garuda de la G[ran] de terrasse de Pimean-acas »
Photographies positives sur verre pour projection, 10 × 8,5 cm
BnF-SG, SG XCM-90, SG XCM-101, SG XCM-80, SG XCM-81, SG XCM-89, SG XCM-542, SG XCM-91, SG XCM-85, SG XCM-84

EXP. 273
Conférences de Jean Chaffanjon à la Société de géographie, 6 novembre 1885 et 18 novembre 1887
Photographies prises lors de ses voyages dans le bassin de l'Orénoque, 1887-1888
« Palmier Coroba. Départ de l'expédition pour le Caura »; « Paysage »; « Indiens Yaruros »; « Indiens Guahibos du Vi[ehada] »; « Indiens Yaruros »; « Vue générale du raudal d'Atures »; « Inscriptions indiennes. Grotte du Raudal de Chicarro (Cuchivero) »; « Poterie indienne »; « Dernier Raudal de l'Orénoque »; « La Curiara de l'expédition »
BnF-SG, SG XGF-103, SG XGF-136, SG XGF-104, SG XGF-134, SG XGF-137, SG XGF-122, SG XGF-113, SG XGF-108, SG XGF 123, SG XGF-119

Conclusion L'histoire de l'exploration et ses silences

EXP. 274
« Mission Saharienne. El Hadj Mohamed et Boubaker à Iferouane, Aïr », 1899
Fernand Foureau (photographie), Molteni (contretype)
Photographie positive sur verre pour projection, 10 × 8,5 cm
BnF-SG, SG XEC-173

EXP. 275
Ella Maillart prêtant son appareil photographique à une femme, Chine, c. 1935
Ella Maillart
Épreuve photographique
Lausanne, musée de l'Élysée

EXP. 276
« Fuégiens, baie d'Ouftaténa, canal Lajarte », c. 1882-1883
Jean-Louis Doze (ou autre membre de la mission)
Mission scientifique du Cap Horn, 1882-1883
Épreuve sur papier albuminé, 16,8 × 11,8 cm, collée sur planche, 35 × 26 cm
BnF-SG, SG WF 162 (95)

EXP. 277
« Canaque de St-Vincent. Côte Sud-Ouest », Nouvelle-Calédonie, 1871
Ernest Robin
Épreuve sur papier albuminé, 17,2 × 12,6 cm, collée sur carton, 43 × 32,5 cm
BnF-SG, SG WG 40 (65)

EXP. 278
« Mindanao. Atas du lac de Ligabanan, versant O. du mt Apô », 1880
Joseph Montano (photographie),
Molteni (contretype)
Photographie positive sur verre pour projection, 10 × 8,5 cm
BnF-SG, SG XCO-23

EXP. 279, p. 19
« Type chamelier », 1896
Désiré Charnay (attribué à),
Molteni (contretype)
Photographie positive sur verre pour projection, 10 × 8,5 cm
BnF-SG, SG XCH 198

EXP. 280
« Servante-esclave. Moguedouchou », 1882-1883
Georges Révoil (photographie),
Molteni (contretype)
Photographie positive sur verre pour projection, 10 × 8,5 cm
BnF-SG, SG XEK-79

EXP. 281
« Noak Elisej », Nord-Est sibérien, 1878
Louis Palander
Voyage de la *Vega*, expédition d'A. E. Nordenskiöld
Épreuve sur papier albuminé, 10 × 10 cm, collée sur carton, 22 × 15 cm
BnF-SG, SG WA 21 (32)

EXP. 282
Trois jeunes filles, Brésil, 1908-1909
Thomas William Whiffen
Mission d'exploration d'Eugène Robuchon, Amazonie brésilienne, 1908-1909
Épreuve argentique, 12 × 16,5 cm, collée avec une autre épreuve sur carton, 24 × 30 cm
BnF-SG, SG WF 223 (5)

EXP. 283
« Kinc Sandy, Brisbane », Aborigène, Australie, 186.-187.
Auteur non identifié
Épreuve sur papier albuminé, 36,2 × 31 cm, collée sur carton, 44,2 × 35,2 cm
BnF-SG, SG WG 97 (4)

EXP. 284
« Un mendiant dans les rues de Haï-Phong », 1885
Xavier Brau de Saint-Pol Lias
Épreuve sur papier albuminé, 22,5 × 17 cm, collée sur carton, 31 × 24 cm
BnF-SG, SG WD 78 (14)

EXP. 285
« Le khalifa de la tribu des Chaanba Mouadhi », Sahara, Algérie, c. 1888-1889
Victor Deporter
Cyanotype, 17,6 × 12 cm, collé sur carton, 20,7 × 23,8 cm
BnF-SG, SG WE 143 (14)

EXP. 286
« Danseuses annamites », c. 1883-1886
Édouard Hocquard
Le Tonkin, vues photographiques prises par Mr le Dr Hocquard, Paris, Cremnitz, 1883-1886
Épreuve au charbon, 16 × 21,5 cm, collée sur carton, 27 × 35 cm
BNF-SG, SG WD 54 (15)

EXP. 287
« Danakiles de la tribu de Bita. Erer », Éthiopie, c. 1888
Édouard Joseph Bidault de Glatigné
Épreuve sur papier albuminé, 28,4 × 22,9 cm, collée sur carton, 43 × 32,5 cm
BnF-SG, SG WE 139 (81)

EXP. 288
« Type taïta », Afrique orientale, 1894
Joseph Chanel (attribué à)
Voyage de Joseph Chanel en 1894 : canal de Suez, Obock, Aden, Tanganyika, Kenya, Zanzibar
Épreuve argentique, 12,6 × 9,5 cm, collée avec 3 autres épreuves, sur planche, 32 × 24,5 cm
BnF-SG, SG WE 480 (74)

EXP. 289
« Types de Tahiti », 188.
Auteur non identifié
Épreuve sur papier albuminé, 14,6 × 11 cm, collée sur carton, 27 × 21 cm
BnF-SG, SG WG 19 (2)

EXP. 290
« Koudlouktou, Groenland, Golfe d'Inglefield », c. 1894-1895
William Libbey
Peary Auxiliary expedition, 1894
Épreuve argentique, 11,2 × 16,4 cm, collée sur carton, 12,5 × 17,5 cm
BnF-SG, SG WA 10 (129)

EXP. 291
« Indien Aguaruna, Haut Amazone », Pérou, 188.
Eugenio Courret (photographie),
Molteni (contretype)
Photographie positive sur verre pour projection, 10 × 8,5 cm
BnF-SG, SG XGJ-33

EXP. 292
Jeune femme des Philippines portant des bijoux, 1908
Auteur non identifié
Photographie positive sur verre pour projection, 10 × 8,5 cm
BnF-SG, SG XCO-254

EXP. 293
« Wuzeerun. Bazar Woman. Mahomedan. Saharunpoor », 186.
Auteur non identifié
John W. Forbes, John W. Kaye, Philip M. Taylor (ed.), *People of India, a series of photographic illustrations, with descriptive letterpress, the races and tribes of Hindustan, originally prepared under the authority of the Government of India, and reproduced by order of the secretary of state for India in council*, vol. 3, Londres, India Museum, 1868, pl. 165
Épreuve sur papier albuminé, 16 × 12 cm, collée sur carton, 34 × 24,5 cm
BnF-SG, 4-SG BON F-1949 (3 RES)

EXP. 294
« Toungouses, gouvernement de l'Iénisséï », 1896
Joseph de Baye
Second voyage en Sibérie de Joseph de Baye, 1896
Photographie positive sur verre pour projection, 10 × 8,5 cm
BNF-SG, SG XCD-161

EXP. 295
« View on Apache Lake, Sierra Blanca Range, Arizona », 1873
Timothy O'Sullivan
George M. Wheeler, *Geographical & Geological Explorations & Surveys West of the 100th Meridian, expedition of 1873*, 1875
Épreuve sur papier albuminé, 27,5 × 20,2 cm, collée sur carton, 51 × 40,6 cm
BnF-SG, SG WF 6 (3)

EXP. 296
« Orang Battak, Demô, Deli intérieur de Sumatra », Indonésie, 1880-1881
Xavier Brau de Saint-Pol Lias
Épreuve sur papier albuminé, 11,3 × 8,3 cm, collée sur carton, 31,5 × 24 cm
BnF-SG, SG WG 6 (99)

EXP. 297
« À droite jeune fille somali, à gauche, deux jeunes filles gallas », Éthiopie, c. 1888
Édouard Joseph Bidault de Glatigné
Épreuve sur papier albuminé, 27,5 × 22 cm, collée sur carton, 43 × 32,5 cm
BnF-SG, SG WE 139 (85)

EXP. 298
Homme avec fusil, c. 1908-1909
Thomas William Whiffen
Mission d'exploration d'Eugène Robuchon, Amazonie brésilienne, 1908-1909
Épreuve argentique, 15,5 × 10 cm, collée avec une autre épreuve sur carton, 24 × 30 cm
BnF-SG, SG WF 223 (11)

EXP. 299
Quatre photographies prises lors de la mission Moll, 1906
Eugène Brussaux
« Coiffeuses Bayas » ; « Baya du Nord » ; « Haoussas » ; « Porteurs Toubouris »
Album de la *Mission Moll, Congo-Cameroun, 1905-1907*, 1907
Épreuves argentiques de formats divers sur planche, 54 × 40 cm
BnF-SG, SG WE 260 (vues n° 77, 81, 117 et 229)

EXP. 300
Femme galibi (Guyane française) et enfant, Paris, Jardin d'acclimatation, 1882
Pierre Petit
Album *Jardin zoologique d'acclimatation*, 1882
Épreuve sur papier albuminé, 10,4 × 7,1 cm, collée avec cinq autres épreuves sur carton, 27 × 35,5 cm
BnF-SG, SG W 133, pl. XXV, 140

LISTE DES PIÈCES NON EXPOSÉES REPRODUITES AU CATALOGUE (ILL.)

ILL. 1, p. 18
« Campement de Lanjora. Un guide Taveta », 1894
Joseph Chanel (attribué à)
Album du voyage de Joseph Chanel en 1894 : canal de Suez, Obock, Aden, Tanganyika, Kenya, Zanzibar
Épreuve argentique, 15,5 × 11 cm, collée avec 2 autres épreuves sur planche, 32 × 24,5 cm
BnF-SG, SGE SG WE-480 (105)

ILL. 2, p. 19
Isabelle Eberhardt, 1897
Auteur non identifié
Archives François Cominardi
Robert Randau, *Isabelle Eberhardt. Notes et souvenirs*, Paris, La Boîte à documents, 1989, p. 68
Reproduction photomécanique dans ouvrage imprimé
BnF-PHS, 8-LN27-96451

ILL. 3, p. 32-33
« Costumes annamites, cambodgiens et siamois », 1873
Louis Delaporte (d'après), Janet-Lange (dessin), Eugène Cicéri (lithographie)
Francis Garnier (dir.), *Atlas du Voyage d'exploration en Indo-Chine effectué pendant les années 1866, 1867 et 1868 par une commission française présidée par M. le capitaine de frégate Doudart de Lagrée*, 2e partie, album pittoresque, Paris, Hachette, 1873, pl. 10
Chromolithographie, 28 × 40 cm, sur planche, 36 × 49,5 cm
BnF-CPL, GE DD-1112

ILL. 4, p. 39
« Pour varier votre ordinaire ! dit M. Miguel », 1898
Georges Roux (illustration)
Jules Verne, *Le Superbe Orénoque*, Paris, Jules Hetzel, 1898, p. 73
Ouvrage imprimé, 28 × 18 cm
Paris, Bibliothèque L'Heure joyeuse, 2013-34752

ILL. 5, p. 44
« L'Explorateur », 1894
Athanase Fossé (sculpture), Roland Bonaparte (photographie)
Épreuve sur papier albuminé, 22 × 16,5 cm, collée sur carton, 39 × 32 cm
BnF-SG, SG WC 1064 (138)

ILL. 6, p. 48
***An account of the progress of the expedition to Central Africa…*, 1854**
Augustus Petermann
Londres, Stanford ; Gotha, Justus Perthes
Lithographie en couleurs, 59 × 43 cm
BnF-CPL, GE DD 1793

ILL. 7, p. 50-51
***Astronomers of the United States Geographical Survey*, 1872**
William Henry Jackson
F. V. Hayden, *Photographs of the principal points of interest in Colorado, Wyoming, Utah, Idaho & Montana : from negatives taken in 1869, '70, '71, '72, '73, '74 & '75*, f. 513, Washington, Department of interior, 1876, f. 513
Épreuve sur papier albuminé, 16,5 × 22 cm, collée avec une autre épreuve sur planche, 39,5 × 25 cm
BnF-SG, FOL SG D7-268 (I)

ILL. 8, p. 60
Pyramides en briques à l'est du Fayoum et minaret, c. 1798-1817
Edme François Jomard
Dessin préparatoire pour la *Description de l'Égypte ou Recueil des observations et des recherches qui ont été faites en Égypte pendant l'expédition de l'armée française*, t. 4, *Antiquités*
Dessin, aquarelle, crayon et plume, 44,6 × 25,1 cm
BnF-EST, RESERVE UB-181 (G BIS, 2)-FT 4

ILL. 9, p. 62-63
« Principal court of the palace at Palenque », 1844
Frederick Catherwood
John Lloyd Stephens, *Views of ancient monuments in Central America, Chiapas and Yucatan*, Londres, F. Catherwood, 1844, pl. VII
Lithographie, 18 × 27,5 cm, avec une autre lithographie sur planche, 53,5 × 36,5 cm
BnF-CPL, GR FOL-SG BON H-17

ILL. 10, p. 68
« Assour. Vue générale des pyramides à une lieue du Nil, prise du Nord-Est », c. 1826-1827
Frédéric Cailliaud, *Voyage à Méroé, au Fleuve Blanc, au-delà du Fâzoql dans le midi du royaume de Sennâr, à Syouah et dans cinq autres oasis ; fait dans les années 1819, 1820, 1821 et 1822*, t. 1, Paris, Impr. royale, 1826-1827, pl. XXXVI
Lithographie
BnF-CPL, SG, GR FOL-SG E6-5

ILL. 11, p. 92-93
« Forêt de Joal (Sénégambie) », l'abbé David Boilat à cheval, 1846
David Boilat, *Voyage à Joal*, 1846, f. 13
Aquarelle, 23,5 × 29,3 cm, collée sur feuille, 26,6 × 41 cm, reliée dans un cahier
BnF-SG, SG CARTON BO-BON (109)

ILL. 12, p. 102
« Notre convoi Moï se déroule dans les replis de la montagne », Annam, c. 1904-1907
Gabrielle Vassal
Photographie sur plaque de verre pour projection, 8 × 8 cm
BnF-SG, SG XCM-1375

ILL. 13, p. 126
« Carte pour servir à l'intelligence du rapport sur M'Boco Songko avec le cours du Niari et l'itinéraire de Loango à Brazzaville [1885-1887], 15 mai 1888 »
Joseph Cholet
Manuscrit, encre noire et de couleur, 70,2 × 117,5 cm
BnF-CPL, GE C 22600

ILL. 14, p. 168
Sven Hedin à sa table de travail, 1897
Carl Hedin
Épreuve photographique
Stockholm, Sven Hedin Foundation/ Museum of Ethnography

ILL. 15, p. 182
« La conférence de M. de Lesseps à la Sorbonne, le 17 avril, à son retour d'Amérique », 1880
Jules Gaildreau (dessin), Charles Baude (gravure)
L'Illustration, 1er mai 1880, n° 1940, p. 280
Gravure, 12 × 22 cm, sur planche, 37,5 × 26,5 cm
Coll. particulière

ILL. 16, p. 193
« Arizona - les "capitaines" dans le cañon de Chelly », 1892
Girardet (gravure), d'après une photographie de John K. Hillers
Élisée Reclus, *Nouvelle Géographie universelle. La Terre et les hommes*, t. XVI, *Les États-Unis*, Paris, Librairie Hachette et Cie, 1892, p. 623
Gravure sur bois
BnF-PHS, 4-G-18 (16)

ILL. 17, p. 201
« Type de noir australien à Koranderk, Victoria », Australie, 1878
Désiré Charnay (photographie), Molteni (contretype)
Photographie positive sur verre pour projection, 10 × 8,5 cm
BnF-SG, SG XDA-2

ILL. 18, p. 206
Figurine support d'esprit, milieu du XIXe siècle
Objet rapporté par Joseph Martin de son voyage en Sibérie orientale (1882-1886) et exposé au palais du Trocadéro à Paris en juin 1887
Bois, perles et peau chamoisée, 9 × 30 × 3 cm
MQB-JC, inv. 71.1887.42.13

ILL. 19, p. 212
« Cavaliers moundans », 1906
Eugène Brussaux
Album de la *Mission Moll, Congo-Cameroun, 1905-1907*, 1907, pl. 43
Épreuve argentique, 23 × 36,3 cm, sur planche, 40 × 54 cm
BnF-SG, SG WE 260

Biographies des auteurs

Hélène Blais est professeure d'histoire contemporaine à l'École normale supérieure de la rue d'Ulm. Spécialiste de l'histoire des voyages au XIXe siècle, de l'histoire de la cartographie et de l'histoire des savoirs en situation coloniale, elle a notamment publié *Voyages au Grand Océan. Géographies du Pacifique et colonisation, 1815-1845* (CTHS, 2005), *Mirages de la carte. L'invention de l'Algérie coloniale* (Fayard, 2014) et co-dirigé *L'Exploration du monde. Une autre histoire des grandes découvertes* (Seuil, 2019).

Olivier Loiseaux est conservateur général au département des Cartes et plans de la BnF, chef du service Acquisitions et collections géographiques, chargé des collections de la Société de géographie. Il est l'auteur de *L'Afrique au cœur. Carnets d'explorateurs français au XIXe siècle* (BnF/Seuil, 2005), *Trésors photographiques de la Société de géographie* (BnF/Glénat, 2006), *Les Premiers Voyageurs photographes* (BnF/Glénat, 2018).

François Bellec, officier de marine de formation, s'est orienté vers la culture et l'héritage historique. Il a dirigé pendant dix-huit ans le musée national de la Marine, et fut pendant une vingtaine d'années le rapporteur du patrimoine maritime à la Commission nationale des monuments historiques. Il a publié près d'une trentaine d'ouvrages sur les relations entre les hommes et la mer. Conférencier, il a contribué à de nombreux ouvrages collectifs et encyclopédies, et signé plusieurs articles et communications. Il est membre de l'Académie des sciences d'outre-mer, membre et ancien président de l'Académie de marine, membre associé de l'Academia de Marinha du Portugal, et vice-président de la Société de géographie. Il a quitté la marine avec le grade de contre-amiral.

Marie-Noëlle Bourguet Seckel est professeure émérite des universités (Université de Paris, Paris Diderot). Spécialiste de l'histoire des voyages et des expéditions scientifiques (XVIIe-XIXe siècle), elle a publié récemment *Le Monde dans un carnet. Alexander von Humboldt en Italie, 1805* (Éditions du Félin, 2017; prix Léon Dewez de la Société de géographie).

Daria Cevoli, anthropologue et ethnologue, est responsable des collections Asie au musée du quai Branly - Jacques Chirac. Autrice de plusieurs publications sur les objets et leur histoire, elle est directrice de recherche sur les collections extra-européennes à l'École du Louvre. En 2015, elle a été commissaire de l'exposition « Esthétiques de l'amour », consacrée aux objets et costumes rapportés de Sibérie extrême-orientale par les explorateurs à la fin du XIXe siècle et au début du XXe (le catalogue est paru sous sa direction : *Esthétiques de l'amour*, Flammarion/musée du quai Branly, 2015).

Felix Driver est professeur de géographie humaine à la Royal Holloway (Université de Londres). Il est l'auteur de *Geography Militant : Cultures of Exploration and Empire* (Blackwell Publishers, 2001) et a dirigé des projets de recherche sur la culture visuelle de l'exploration, les représentations de la nature tropicale et l'histoire des collections. En 2009, il a co-organisé l'exposition « Hidden Histories of Exploration » à la Royal Geographical Society de Londres. Il mène actuellement des recherches sur les collections des jardins botaniques royaux de Kew.

Lionel Dupuy est géographe au laboratoire TREE (Université de Pau et des Pays de l'Adour). Ses recherches portent sur l'imaginaire géographique dans la littérature, la représentation de l'espace et des lieux dans les fictions romanesques (Jules Verne, Julien Gracq, Alejo Carpentier, Marcel Proust). Il est notamment l'auteur de *L'Imaginaire géographique. Essai de géographie littéraire* (Presses de l'UPPA, 2018).

Gilles Fumey est professeur de géographie culturelle à Sorbonne-Université et chercheur au CNRS (laboratoire Sirice). Il a notamment publié, avec Olivier Loiseaux, *Les Premiers Voyageurs photographes* (BnF/Glénat, 2018). Il anime le blog « Géographies en mouvement » sur *Mediapart*.

Jacques Gonzales, pédiatre devenu docteur en biologie humaine, professeur de biologie et de médecine du développement et de la reproduction à l'université Paris-VI, est un des pionniers de la fécondation in vitro en France. Historien de la médecine, il a notamment publié *Histoire de la procréation humaine. Croyances et savoirs dans le monde occidental* (Albin Michel, 2012). Il est secrétaire général de la Société de géographie depuis 2013 et membre du comité de rédaction de *La Géographie. Terre des hommes*. Auteur de nombreuses publications, il enseigne aussi en économie et géographie de la santé.

Camille Lefebvre est historienne, directrice de recherche au CNRS, à l'Institut des mondes africains. Elle a reçu la médaille de bronze du CNRS en 2016 et dirige le projet européen ERC-Langarchiv. Spécialiste de l'histoire de l'Afrique saharo-sahélienne aux XIXe et XXe siècles, elle a publié *Frontières de sable, frontières de papier. Histoire de territoires et de frontières, du jihad de Sokoto à la colonisation française du Niger, XIXe-XXe siècles* (Publications de la Sorbonne, 2015) et *Des pays au crépuscule. Le moment de l'occupation coloniale* (Fayard, 2021). Elle est membre du comité de rédaction des *Annales HSS*.

Eve Netchine conduit des travaux en histoire du livre (*Le Livre entre le commerce et l'histoire des idées*, avec A. Charon et C. Lesage, ENC, 2011 ; *La Grande Aventure du livre*, A. Zali (dir.), Hatier, 2013), et en histoire de la cartographie (*Le Globe et son image*, avec D. Lecoq, M. Pelletier et C. Hoffmann, BnF, 1995 ; « Le globe de Mentelle », avec C. Hofmann, *Cartes et géomatique*, n° 243-244, mars-juin 2021, p. 137-156). Elle est directrice du département des Cartes et plans de la BnF.

Cécile Van den Avenne, normalienne, agrégée de grammaire, est directrice d'études à l'EHESS. Sociolinguiste, elle consacre ses recherches aux échanges langagiers en situation de contact colonial en Afrique de l'Ouest, ainsi qu'aux pratiques de l'écrit et aux circulations textuelles entre Afrique et Europe. Elle a publié *De la bouche même des indigènes. Échanges linguistiques en Afrique coloniale* (Vendémiaire, 2017).

Stephanie Zehnle enseigne l'histoire extra-européenne à l'université de Kiel (Christian-Albrechts-Universität). Ses travaux portent sur l'histoire de l'Afrique, l'histoire de l'Islam, les relations entre l'homme et l'animal et la bande dessinée africaine. Elle a récemment publié *A Geography of Jihad: Sokoto Jihadism and the Islamic Frontier in West Africa* (ZMO-Studien, 2020).

Édition

Direction éditoriale
Marie-Caroline Dufayet

Suivi éditorial
Cécile Martin

Correction
Charlotte Fontanella

Suivi et coordination iconographiques
Caterina D'Agostino
Franck Bougamont

Cheffe de fabrication
Sandra Lalanne

Conception graphique et mise en pages
Audrey Desanti

Presse
Fiona Greep

Crédits photographiques

Sauf mention contraire, les illustrations de ce volume sont issues des collections de la Bibliothèque nationale de France et les clichés en ont été réalisés par le département Images et prestations numériques.

Elles sont disponibles à la consultation sur Gallica : ‹http://gallica.bnf.fr› et à la vente auprès du département Images et prestations numériques : ‹reproduction@bnf.fr›.

Gabrielle Vassal / Droits réservés : p. 42, p. 102.
Albert Harlingue / Roger-Viollet : p. 182b.

Collection particulière, photo BnF : p. 14 h, p. 15 h.
Archives François Cominardi / Paris, la Boîte à documents, 1989 / Droits réservés : p. 19 hm.
PVDE / Bridgeman Images : p. 19 hd, deuxième rabat de couverture.
Bibliothèque L'Heure joyeuse : p. 26, p. 39.
Photo RMN-Grand Palais (Château de Versailles) / Gérard Blot : p. 64.
Collections Bibliothèques municipales de Chambéry Camberi@ : p. 85.
Photo musée du quai Branly - Jacques Chirac, Dist. RMN-Grand Palais / Enguerran Ouvray : p. 123.
Bibliothèque centrale du Muséum national d'histoire naturelle : p. 128.
Muséum national d'histoire naturelle / Musée de l'Homme, photo Jean-Christophe Domenech : p. 129, p. 135.
Photo Frédéric Hanoteau : p. 144-145.
Photo RMN-Grand Palais (MNAAG, Paris) / Thierry Ollivier : p. 146.
Photo Beaux-Arts de Paris, Dist. RMN-Grand Palais / image Beaux-arts de Paris : p. 148-149.
Archives nationales d'Outre-mer, Aix-en-Provence : p. 160 b, p. 165.
The Sven Hedin Foundation / Museum of Ethnography, Stockholm : p. 168.
Photo musée du quai Branly - Jacques Chirac, Dist. RMN-Grand Palais / Claude Germain : p. 199.
Musée du quai Branly – Jacques Chirac, photo Pauline Guyon : p. 206.
Photo musée du quai Branly - Jacques Chirac, Dist. RMN-Grand Palais / Patrick Gries / Valérie Torre : p. 206 bd.
Médiathèque Jean-Jaurès (Nevers), photo Youri Gavriloff : p. 213.

Typographies
Tongari, dessinée par A is for, Émilie Rigaud ;
New Forest, dessinée par Typeverything

Photogravure
IGS, l'Isle d'Espignac

Achevé d'imprimer en avril 2022 sur les presses de Graphius à Gand, sur Munken Pure Rough 120 g, issu de forêts gérées durablement.

Dépot légal : mai 2022
Imprimé en Belgique

En couverture
Camille Douls, 1888, Nadar (Paris) [EXP. 118]

Premier rabat
Matthew Henson, c. 1898-1902, auteur non identifié [EXP. 26]

Deuxième rabat
Fanny Bullock Workman, c. 1905, auteur non identifié [EXP. 34]